Willi Fährmann

Ein Stern ist aufgegangen

Geschichten zur Advents- und Weihnachtszeit

Willi Fährmann,
geboren 1929 in Duisburg, lebt heute in Xanten am Niederrhein.
Mit seinem Gesamtwerk, für das ihm neben zahlreichen Einzelauszeichnungen der
»Große Preis der Deutschen Akademie für Kinder- und Jugendliteratur« verliehen wurde,
gehört er zu den profiliertesten Autoren der deutschen Kinder- und Jugendliteratur.
Seine im Arena Verlag erschienenen Bücher haben die Millionenauflage bereits weit übertroffen.

Dorothea Göbel
ist seit ihrem Studium der Kunsterziehung als freischaffende Künstlerin tätig.
Neben zahlreichen Ausstellungen ihrer Werke gestaltet sie auch
Buchausstattungen für Verlage.

Willi Fährmann

Ein Stern
ist aufgegangen

Geschichten zur Advents- und Weihnachtszeit

Illustriert von Dorothea Göbel

In neuer Rechtschreibung

2. Auflage 1999
© 1998 by Arena Verlag GmbH, Würzburg
Alle Rechte vorbehalten
Quellenhinweise am Schluss des Buches
Einband und Illustrationen von Dorothea Göbel
Gesamtherstellung: Westermann Druck Zwickau GmbH
ISBN 3-401-04843-0

Inhalt

Vorwort

ohl kaum eine andere Zeit im Jahr lockt so sehr dazu, Geschichten zu erzählen und vorzulesen, wie die Advents- und Weihnachtszeit. Sicher, vieles ist wichtig in diesen Wochen vor dem Fest. Da müssen Geschenke ausgesucht werden, der Weihnachtsbaum, der Festbraten, das Plätzchenbacken, die Weihnachtspost... Schade, wenn jene Stunden vor lauter Hektik auf der Strecke blieben, in denen es Geschichten gelingen kann, sich dem zu nähern, worum es bei Weihnachten vor allem geht.

Geschichten, das ist nicht nur etwas für Kinder. Gewiss, die spüren es, wenn erzählt und vorgelesen wird: Geschichten sind schön. Da sitzen Vorleser und Zuhörer dichter beieinander, da wächst das Gefühl von Zusammengehörigkeit. Mit dem Wissen »Geschichten sind schön« ist ein Grundstein gelegt für den Willen, selber zu lesen, Leser oder Leserin zu werden. Wer nicht ganz tief innen weiß, dass Geschichten schön sind, warum sollte der lesen?

Aber über die Geschichten hinaus, die für Kinder fassbar sind, gibt es in dieser Auswahl auch Texte, die den Erwachsenen und Jugendlichen Aspekte von Advent und Weihnachten erschließen. Lesen und Vorlesen ist ein lebensbegleitendes Kulturgut. Viele Dichter und Poeten haben eine bunte Vielfalt von Geschichten niedergeschrieben.

Ich habe von den vielen die ausgewählt, die mir besonders am Herzen liegen und denen ich wünsche, dass sie vorlesend oder lesend zum Leben erweckt werden. Vielleicht gelingt es ihnen, dem stillen Leser, der Leserin oder auch in Schule und Familie, den Kindern und den Großen Geschichtenlust einzuhauchen.

Willi Fährmann

GEORG TRAKL

Ein Winterabend

Wenn der Schnee ans Fenster fällt,
Lang die Abendglocke läutet,
Vielen ist der Tisch bereitet
Und das Haus ist wohl bestellt.

Mancher auf der Wanderschaft
Kommt ans Tor auf dunklen Pfaden.
Golden blüht der Baum der Gnaden
Aus der Erde kühlem Saft.

Wanderer tritt still herein;
Schmerz versteinerte die Schwelle.
Da erglänzt in reiner Helle
Auf dem Tische Brot und Wein.

WILLI FÄHRMANN

Barbara und die Bergleute

er alte Antonius Faller hatte damals damit angefangen, den Schacht in die Erde zu treiben und die Kohlen zu fördern. Er nannte seine Grube »Fröhliche Morgensonne«. Später sind seine Söhne August und Andreas und noch ein paar andere junge Männer aus der Fallerfamilie mit ihm eingefahren. Sie haben gute Kohlenflöze gefunden und viel von dem schwarzen Gold ans Tageslicht gebracht. Der Antonius Faller kannte sich gut aus da unten im Schacht und brachte seinen Söhnen und den anderen Männern alles bei, was ein Bergmann können muss. Er war ein starker Mann und konnte einen eisernen Nagel mit der bloßen Hand krumm biegen.

Aber schließlich ist er alt geworden. Die schwere Arbeit und die ständige Feuchtigkeit da unten vor der Kohle, die haben ihm den Rücken krumm gezogen und das Atmen schwer gemacht. Seine Söhne haben ihm eines Tages die Hacke aus der Hand genommen und gesagt: »Vater, du hast genug gearbeitet. Bleib zu Hause und mache dich nicht kaputt.«

Antonius hat dann im Sommer oft auf der Bank vor dem Haus gesessen und sich die Sonne auf den krummen Rücken scheinen lassen. Im Winter war sein Platz nahe am Ofen. »Die Wärme tut den alten Knochen gut«, hat er gesagt. Sooft es ging, hat sich seine Enkelin Anna neben ihn gesetzt.

Einmal, es war am Morgen des 4. Dezember, nahm er ein Messer und schnitt einen Kirschzweig vom Baum.

Da fragte die Anna ihn: »Warum machst du das? Die Zweige sind doch dürr.«

»Heute ist Barbaratag«, antwortete Antonius.

»Und?«, fragte Anna. »Was hat das mit dem Zweig zu tun?«

»Na«, sagte Antonius, »den stell ich ins Wasser und dann wird er Weihnachten blühen.«

»Ach, Opa, hör auf mit deinen Lügengeschichten. Immer erzählst du mir solche Sachen. Erzähl lieber wahre Geschichten.«

Antonius war beleidigt und schwieg. Aber Anna ließ nicht nach ihn zu bitten.

Die Oma unterbrach ihre Erzählung, strich der Bärbel über das Haar und sagte: »Sie war genauso beharrlich wie du, Bärbel, wenn du eine Geschichte von mir hören willst.«

»Weiter, Oma, erzähl weiter«, bat Bärbel.

Die Oma fuhr fort:

Da sagte Antonius schließlich: »Soll ich dir von dem Grubenpferd Hektor erzählen? Das ist drüben im Nachbardorf von einem Bergmann im Zorn erschlagen worden. Jahre später hat man Hektor als Pferdegeist durch die Stollen galoppieren hören.«

»Opa, bitte, bitte. Wahre Geschichten.«

Antonius schmunzelte:

»Na ja«, gab er zu, »ob das stimmt mit dem alten Gaul Hektor, das weiß ich auch nicht so genau. Aber ich werde dir von der heiligen Barbara erzählen, die vor vielen hundert Jahren gelebt hat.«

»Hör auf, Opa.« Anna wurde wütend. »Unser Lehrer hat gesagt, niemand weiß etwas Genaueres über Barbara. Vielleicht, hat er gesagt, vielleicht hat sie gar nicht gelebt.«

Antonius schimpfte: »Der Quatschkopf. Der will Lehrer sein und erzählt den Kindern so etwas. Wir Bergleute wissen besser über Barbara Bescheid als die meisten Lehrer.« Er stand auf, nahm ein Glas und stellte den Kirschzweig ins Wasser.

»Deine Geschichten von Barbara will ich erst glauben, wenn der tote Zweig an Weihnachten wirklich blüht«, bockte Anna und lief hinaus.

»Sie ist richtig störrisch«, brummte Antonius.

Vierzehn Tage später kamen die Bergleute ziemlich besorgt aus dem Schacht.

August und Andreas gingen zu ihrem Vater in die Stube und sagten: »Vater, irgendetwas stimmt nicht in unserer Grube. Wir arbeiten an einem dicken Kohlenflöz und schaffen viele Kohlen ans Licht. Aber irgendetwas stimmt nicht.«

»Habt ihr alles gut verbaut und abgestützt?«, fragte Antonius.

»Sicher, Vater, wie immer.«

»Ich fahre morgen selber mal ein«, sagte Antonius. »Ich schau's mir mal an.«

»Morgen ist Sonntag, Vater«, sagte Andreas.

»Macht nichts, Junge. Ich will ja nicht arbeiten. Ich will nur horchen und schauen.«

»Nun, wenn du meinst«, sagte Andreas.

Am nächsten Tag, gleich nach dem Mittagessen, zog Antonius seinen alten Arbeitsanzug an. Dann nahm er den Kirschzweig aus dem Wasser und schaute ihn an. Der Zweig hatte kleine grüne Knospen getrieben. »Ich nehme dich mit, weil heute Sonntag ist«, lachte Antonius und steckte sich den Zweig ins Knopfloch.

Am Schacht zündete er seine Öllampe an. Dann stieg er in den Korb und die Söhne ließen ihn in die Tiefe. Unten angekommen, kletterte er aus dem Korb. Das Grubenpferd Max begrüßte ihn fröhlich und wieherte. Antonius tätschelte ihm den Hals und sagte: »Du kennst mich noch, Max, nicht wahr?«

Antonius musste lange gehen. Die Söhne hatten den Stollen weit in den Berg getrieben. Immer wieder hob Antonius die Öllampe und prüfte, wie der Stollen abgestützt und verbaut war.

»Gut, gut«, murmelte er, »sie haben doch was gelernt vom alten Antonius.«

Endlich war er an dem Ort, wo die Kohle herausgebrochen wurde. Hier war Antonius weniger zufrieden. Er stieß mit dem Fuß an eine Blechtasse.

»Keine Ordnung«, schimpfte er vor sich hin. Dann sah er, dass die Tasse wohl absichtlich an die Stelle gestellt worden war, denn es tröpfelte Wasser von oben. Blubb, blubb, blubb. Immer genau in die Tasse hinein. Aber noch einmal maulte Antonius: »Keine Ordnung«, und hob einen Meißel vom Boden auf. »Alles lassen sie herumliegen. Sogar die Ölkanne haben sie einfach mitten im Stollen stehen lassen.« Er nahm die Kanne und stellte sie an die Seite. Dann prüfte er noch einmal die Stempel und Stützen und klopfte mit dem Meißel gegen das Holz.

»Singt doch gut«, sagte er. »Was mögen die gestern wohl im Berg gehört haben?«

Er lachte auf: »Ist sicher das Geisterpferd Hektor hier herumgestampft.«

Kaum hatte er das ausgesprochen, da lief ein scharfes Knistern durch das Gestein. Und dann brach es los, Bersten, Kreischen, Donnergrollen. Ein Windstoß wirbelte eine dicke Staubwolke heran und blies seine Lampe aus. Antonius hatte sich niedergeduckt und ganz klein gemacht. Er wusste es gleich, hinter ihm war der Berg gebrochen. Der Stollen war verschüttet. Mit zittrigen Fingern zündete er das Öllicht wieder an. Keine zehn Meter weiter waren die dicken Stempel zersplittert und herabgestürztes Gestein versperrte den Rückweg. Antonius begann wie irr die Brocken wegzuzerren, aber die Steine rutschten immer wieder nach. Bald hatte er sich die Hände an den scharfen Felsbrocken aufgerissen. Antonius hockte sich nieder. Als er wieder klare Gedanken fassen konnte, wusste er, dass es sinnlos war, auf diese Weise weiterzumachen. »Mit bloßen Händen schaffst du das nie«, murmelte er.

Er nahm den Meißel und klopfte gegen den Stein. Seine Söhne sollten ihn hören und ihn herausholen. Sie hatten ein Klopfzeichen vereinbart: lang, kurz, kurz, kurz, kurz, kurz, lang, lang, lang. Antonius hatte es selber vor Jahren ausgedacht. Man konnte es gut auf den Rhythmus vor sich hin sprechen: »Hei-li-ge Bar-ba-ra, steh uns bei!« Und so klopfte er in immer gleichen Abständen: Poch-pochpochpochpochpoch-poch-poch-poch. Außer diesem Signal und dem unablässigen Tropfen des Wassers war nichts zu hören. Antonius trank einen Schluck. Das Wasser schmeckte bitter. Sein Blick fiel auf den Kirschzweig an seiner Jacke.

»Du sollst nicht verdursten«, sagte Antonius und steckte den Zweig in die Tasse.

Die Stunden vergingen. Unablässig klopfte er. Zweimal hatte er schon Öl aus der Kanne in die Lampe gefüllt. Daran erkannte er, dass er schon über 20 Stunden in dem steinernen Gefängnis saß. Er wurde müde.

»Ich darf nicht einschlafen«, sagte er sich. »Sie müssen mein Zeichen hören. Sonst ist es aus mit mir.«

Er begann leise vor sich hin zu singen. Alle Lieder, die er kannte, sang er von der ersten bis zur letzten Strophe. Seine Stimme wurde rau.

»Wie gut, dass der Berg tropft«, sagte er und trank ab und zu ein Schlückchen von dem Bitterwasser. Gelegentlich nickte er ein, schrak aber nach einer Weile immer wieder auf und begann erneut das Signal zu klopfen.

Hei-li-ge Bar-ba-ra, steh uns bei! Poch-pochpochpochpochpoch-poch-poch-poch. Seine Handflächen brannten. In seinem Rücken zerrte das Rheuma. Antonius nahm die Tasse vom Boden auf, benetzte seine Lippen und schaute den Zweig an. Die Knospen waren dicker geworden.

»Ob ich je deine Blüten sehen werde?«, fragte Antonius und stellte die Tasse wieder an die Tropfstelle.

Von Stunde zu Stunde klang sein Klopfen leiser. Die Pausen wurden länger und länger.

»Gut, dass sie das Öl hier gelassen haben.« Er musste lachen. Das klang rau und heiser. »Manchmal ist die Unordnung doch ganz nützlich«, sagte er.

Wieder schlief er ein. Als er aufwachte, wusste er, dass er längere Zeit geschlafen hatte. Er begann erneut zu klopfen.

»Sie schaffen es nicht«, sagte er. »Sie kriegen mich hier nicht heraus. Vielleicht ist der Stollen auf der ganzen Länge eingebrochen.«

Das Hungergefühl, das ihn in der ersten Zeit gequält hatte, war verschwunden. Er kam sich ganz leicht vor und manchmal war es ihm, als ob er wie eine Feder im Wind schwebte. Dann wieder sah er auch Wahngebilde. Ihm fiel ein, wie er damit begonnen hatte, den Schacht in die Erde zu treiben, und wie sie ihn alle für verrückt gehalten hatten. Aber dann kam die Kohle und viele hatten es ihm nachgemacht und nach den Schätzen im Berg gegraben. Immer wieder tanzten Lichter und Sterne vor seinen Augen und einmal glaubte er die heilige Barbara zu sehen. Von einem Lichtschein umgeben, stand sie da und stützte sich mit ihrem Arm auf einen Turm. Wieder pochte Antonius, kraftlos, langsam. Er wusste nicht mehr, wie lange er schon in dem Loch eingesperrt war. Das Öl in der Kanne ging zur Neige. Aber mit einem Mal zuckte er zusammen. Die Wahnbilder verflogen. Er hörte es deutlich: Poch-pochpoch-pochpochpoch-poch-poch-poch. Er antwortete und lauschte. Hatte er Gespenster gehört? Aber nein, wieder hörte er es. Nun ganz deutlich. Er flüsterte und pochte: Hei-li-ge Bar-ba-ra, steh uns bei!

Es dauerte noch Stunden. Aber jetzt schlief Antonius nicht mehr ein. Dann endlich, die blanke Spitze einer Brechstange glänzte im Schein der Öllampe.

»Vater, bist du da?«, schrie August.

»Ja, Junge, hier bin ich!«

Er griff nach dem Kirschzweig. »Danke, Barbara, danke«, flüsterte er.

»Wir holen dich gleich raus«, rief Andreas.

»Es wird auch Zeit«, murmelte Antonius.

Er versuchte aufzustehen, aber die Beine knickten ihm weg. Sie trugen ihn hinaus. In seiner Hand hielt er den Kirschzweig fest umklammert. Das Tageslicht blendete ihn. Er kniff die Augen zusammen. Da spürte er, wie seine Enkelin Anna ihn umarmte.

»Er blüht«, sagte sie leise, »wahrhaftig, der Barbarazweig blüht.«

Sie brachten Antonius in die Stube und betteten ihn auf die Bank am Ofen.

»Wie lange war ich da unten?«, fragte er.

»Sechs Tage und sechs Nächte, Antonius«, sagte seine Frau und träufelte mit einem kleinen Löffel Fleischbrühe auf seine Zunge.

»Morgen ist Weihnachten«, flüsterte Anna ihm ins Ohr, »und er blüht wirklich.«

Sie nahm dem Großvater den Zweig aus der Hand und stellte ihn in eine Vase.

»Wenn du ganz gesund bist, Opa, erzählst du mir dann wahre Geschichten von Barbara?«

»Ja, Anna, lauter wahre Geschichten«, murmelte er und schlief ein.

Die Großmutter schwieg. Bärbel hatte den Kopf in ihren Schoß geschmiegt. »Was waren denn das für Geschichten, Oma?«, fragte sie. »Was hat der Antonius der Anna erzählt?«

»Eine neue Barbarageschichte werde ich dir am nächsten Mittwoch erzählen«, versprach die Großmutter.

15

RAINER MARIA RILKE

Advent

Es treibt der Wind im Winterwalde
die Flockenherde wie ein Hirt
und manche Tanne ahnt, wie balde
sie fromm und lichterheilig wird;
und lauscht hinaus. Den weißen Wegen
streckt sie die Zweige hin – bereit,
und weht dem Wind und wächst entgegen
der einen Nacht der Herrlichkeit.

ALFRED POLGAR

Der Maronibrater

er Maronibrater zählte zu den Winterfreuden der Großstadtjugend. Sein eisernes, dampfumhülltes Öfchen, aus dem es rot hervorglühte, übte gleiche Anziehungskraft auf frierende, zerlumpte, strolchende Proletarierkinder wie auf feine Kinder, die an der Hand sorgsamer Mütter und Gouvernanten gingen, so gut gefüttert wie ihre Röckchen und Handschuhe.

Der Maronibrater war ein Bild aus dem Märchenbuch der Großstadt.

Zwei Kastanien kosteten einen Kreuzer. Das war ein so unverrückbarer Preis wie etwa der der Semmel. In vielen konzentrischen Halbkreisen lagen die braunen, mild duftenden Früchte mit geschlitzter Schale auf der Ofenplatte, die großen am linken, die kleinen am rechten Flügel massiert. Tüten aus Zeitungspapier waren vorbereitet. Ineinander gesteckt sahen sie lustig aus, wie die Hütchen, die der Clown im Zirkus mit dem Kopf auffängt, eines über dem andern.

Dann waren noch Kartoffeln da auf der Ofenplatte, einen Kreuzer das Stück, inklusive Salz, das in einem eigenen winzigen Tütchen gegeben wurde. Herrlicher Schmaus! Die dicke, geröstete Schale war das Beste. Die Kartoffel war so heiß, dass man jeden Bissen erst eine Zeit lang im offenen Mund auskühlen lassen musste. Auch Bratäpfel gab es beim Maronibrater, die dufteten wie Weihnachten. Auf der geplatzten Schale standen dicke zuckersüße Tröpfchen, und wo nur ein kleiner Spalt an der Außenseite der Frucht war, dort quoll in weißen Schaumperlen der Saft hervor. Wo die Äpfel auf der Ofenplatte gelegen hatten, dort waren sie ganz schwarz, verbrannt. Aber gerade das schmeckte am köstlichsten. Einen Kreuzer kostete das Stück.

Der Maronibrater stand über sein Öfchen gebeugt und ordnete die Herrlichkeiten, wendete die Kartoffeln und Äpfel, dass sie gerechterweise überall gleichmäßig erhitzt würden, drehte Papiertüten, schob Kohle unter den Rost. Er trug gewöhnlich eine krümelige schwarze Pelzmütze. Der Hauch aus seinem Munde mengte sich mit dem Dampf, der von der Eisenplatte aufstieg, und sein Gesicht leuchtete feuerrot vom Glutwiderschein durch den Nebel. Wenn er gar nichts zu tun hatte, steckte er die Hände in die Taschen – ganz vornehme Maronibrater trugen einen Muff –, trat von einem Fuß auf den andern und rief: »Heiße Maroni!«, auch wenn weit und breit kein Passant in Sicht war.

Meistens aber hatte der Maronibrater Gesellschaft. Der Dienstmann und die Hökersfrau und der Droschkenkutscher wärmten sich die Hände über seinem gastlichen Feuer und besprachen die Härte der Zeiten. Was man so damals »harte Zeiten« nannte! Es war ein Stück häuslichen Idylls auf der winterlichen Straße, aufgebaut um das heilige Zentrum nordischer Geselligkeit: den Herd, den Ofen, die Flamme.

Heute hat der Maronibrater keine Kohlen, sondern heizt mit Holztrümmern. Auf seiner Ofenplatte liegen keine Kastanien und keine Kartoffeln, sondern Haselnüsse; und acht Stück der armseligen Dingerchen kosten zwanzig Heller! Es gibt auch Äpfel, zwanzig Heller das Stück. Verschrumpelte, kleine, unappetitliche Exemplare. Nicht gebraten, nur heiß gemacht. Die Kinder haben kein Interesse mehr für den Maronibrater und der Maronibrater keines für die Kinder. Er hat weder Pelzmütze noch Muff. In den ersten Abendstunden schon löscht er sein armseliges Feuerchen und legt den Ofen an eine eiserne Kette, damit er nicht von Dieben fortgeschleppt werden könne.

Die dürfen heute auch nicht wählerisch sein.

Mir ist nicht um den Maronibrater leid, sondern um die Kinder. Sie wachsen in einer Stadt auf, die ihnen, wohin sie blicken, nur ein vergrämtes, finsteres, hartes Gesicht zeigt. Sie sind arm geworden. Auch in des Wortes Sinn: arm.

Das Zehnhellerstück war Reichtum in der Hand des Großstadtkindes; es barg
harmonische Möglichkeiten. Heute gibt's dafür: vier Haselnüsse.

Oder eine Extraausgabe.

ÓLAFUR JÓHANN SIGURDSSON

Die Hand

ben in der Dachkammer lebte eine alte Frau, aber ich kannte ihren Namen nicht. Wenn ich früh am Morgen aufwachte, hörte ich ihre Schritte, wenn sie die Treppe hinunterschlich. Es waren sanfte, weiche Schritte, sodass ich mir sagte, ihre Lebensaufgabe besteht sicherlich darin, keinen Lärm in der Welt zu machen. Hin und wieder traf ich sie auch auf der Treppe, wenn sie abends nach Hause kam. Die Treppe war eng und steil und es war immer sie, die beiseite trat, wobei sie sich dicht an die Wand presste und versuchte sich so klein wie möglich zu machen. Das gelang ihr bemerkenswert gut: Ich sah sie kaum. Sie schien in der Tat eine lange Praxis im »Beiseitetreten« gehabt zu haben.

Einmal machte ich ihr auf der Treppe nur aus Spaß Platz. Ich stand still und wartete darauf, dass sie vorbeigehen sollte. Aber die alte Frau stand auch still. Sie bewegte sich nicht – sie wartete genauso wie ich.

»Sind Sie noch nicht oben?«, fragte ich ungeduldig.

Aber sie schüttelte nur den Kopf und verstand diese ungewohnte Höflichkeit nicht.

Sie war klein und krumm. Wenn sie hochsah – und das geschah selten –, sah ich die grenzenlose Müdigkeit in ihren dunklen Augen. Ihr Gesicht war ausdruckslos und unpersönlich, ihre Haut grau, ihr Haar dünn und aufgelockert. Sie hatte keine besonderen Kennzeichen, die sie als zu einer besonderen Klasse zugehörend ausgewiesen hätten. Sie war einer dieser zahllosen Menschen, die man überall in der Welt finden kann. In der Tat, ihre Existenz erschien mir von keinerlei Bedeutung.

Ich wusste nicht, woher sie gekommen war, was sie tat oder ob sie ihr ganzes Leben hier oben in der Dachkammer verbracht hatte. Aber irgendjemand erzählte mir, dass sie einen Sohn hätte, einen gut aussehenden Jungen, der Seemann wäre.

Dann traten verschiedene Ereignisse ein, durch die wir uns näher kamen, Ereignisse, die sich viele Jahre später in meinen Kompositionen, die ich »Lieder der alten Frau« nannte, niederschlugen.

Die ersten paar Wochen, die ich in diesem Haus lebte, war alles so, wie ich es mir wünschte. Ich hatte genug zu essen und genügend, um mich warm zu halten. Ich fühlte mich wohl. Ich sah der Zukunft mit glänzenden Augen entgegen. Aber der günstige Wind des Glücks dauerte unglücklicherweise nicht lange. Mein Geld schwand langsam dahin und auch meine Freunde verschwanden langsam. Ich kam in so große Schwierigkeiten, dass ich oft nachts keinen Schlaf finden konnte. Ich ging dann im Zimmer auf und ab. Die Nacht war ruhig. Das Schweigen der Leere ertränkte jeden Gedanken, jeden Atem.

Am Fenster zu sitzen und zu beobachten, was in dem Haus auf der anderen Seite der Straße geschah, war mein liebster Zeitvertreib. Morgens sah ich eine dicke Frau geschäftig das Essen machen. Mit perfekter Sicherheit hantierte sie mit Tellern und Pfannen herum, lachte hier und da über ihre eigenen, lustigen Gedanken und watschelte dann ins Esszimmer. Sie war selbst eine Art Esszimmer. Aber abends konzentrierte sich mein Interesse hauptsächlich auf das Licht, das aus einem Fenster im Erdgeschoss kam. Dort wohnte ein junger Mann, der das Leben entschieden zu genießen schien. Glücklicherweise hatte er nicht die Gewohnheit früh zu Bett zu gehen. Aber wichtiger für mich war die Tatsache, dass ich nie sagen konnte, wann er das Licht ausmachte. Es geschah sogar, dass er es überhaupt nicht ausmachte. Und dann brannte drüben das Licht die ganze liebe, lange Nacht.

Ich beschloss bis fünftausend zu zählen. Ich wettete mit mir selbst, dass mein Gegenüber sein Licht ausgemacht hätte, bevor ich zu dieser Zahl gekommen war. Ich schloss meine Augen und begann zu zählen. Ich teilte mich selbst in zwei Personen: in die eine, die zählte, und eine andere, die darüber wachte, dass alle Regeln eingehalten wurden. Als ich aber bei viertausend angekommen war, konnte ich dem Drang nicht widerstehen meine Augen ein wenig zu öffnen, gerade so weit, dass ich sehen konnte, ob drüben das Licht noch brannte. Falls es so war, würde ich langsamer zählen, und zwar bis zu der Zahl viertausendfünfhundert. Dann wollte ich meine Augen mit der Schnelligkeit eines Blitzes öffnen, sodass der Kontrolleur das nicht feststellen konnte, dann dreihundert hinzufügen und die letzten zehn sehr langsam zählen, aufs Äußerste entschlossen zu gewinnen.

Aber mein Nachbar auf der anderen Seite der Straße hatte vermutlich keine Ahnung, welch bedeutende Persönlichkeit er war. Entweder war er sehr kalt veranlagt oder sein Hauswirt war sehr ungeduldig; denn eines schönen Tages sah ich im Fenster des Erdgeschosses ein neues Gesicht. Es war eine Jungfer mittleren Alters, verwelkt und mager. Sie machte jeden Abend Punkt zehn das Licht aus.

Mein Freund war ausgezogen und meine schlaflosen Nächte wurden noch trauriger und einförmiger als bisher.

Danach begann ich der alten Frau mehr Aufmerksamkeit zu widmen. Mir fiel besonders auf, dass sie bei ruhigem und schönem Wetter viel fröhlicher und weniger reserviert war als sonst. Aber in manch einer stürmischen Nacht summte sie bis zum frühen Morgen vor sich hin. Ich schlich mich hinauf bis vor ihre Tür und lauschte wie ein Dieb. Sie sang keine besondere Melodie mit einem besonderen Text, sondern vielmehr Bruchstücke von Melodien und Bruchstücke vieler Texte. In ihrer Stimme lag ein fremdartiger Ton, eine Mischung vager Furcht und tiefer Längen. Ich fühlte deutlich, dass sie unglücklich war, konnte aber trotzdem keine Sympathie für sie empfinden. Ich hatte genug eigene Sorgen.

Wie? Ein Klopfen an der Tür und die Uhr ging auf eins? Bevor ich noch Zeit habe »Herein!« zu rufen, wird die Tür ein wenig geöffnet und eine Hand erscheint.

Sie hält ein kleines Stück Schokolade und eine scheue Stimme flüstert: »Nehmen Sie das doch bitte.« Ich nehme die Schokolade und vergesse ihr zu danken. Ich bin so erstaunt, dass ich keine Worte finden kann.

Die Hand verschwindet, die Tür schließt sich und man hört wieder die sanften, zurückhaltenden Schritte im Flur. Dann ist alles ruhig.

Danach blieb es niemals aus, dass, wenn ich mich am schlechtesten fühlte, wenn die Schlaflosigkeit, die Einsamkeit und das Elend mich am meisten ergriffen, ein Klopfen an der Tür zu hören war, drei Klopfzeichen, und die Hand erschien. In der Hand war immer etwas, was mich ermuntern sollte. Die alte Frau schien zu fühlen, wann ich am meisten Mitgefühl nötig hatte. Aber sie achtete sehr darauf, dass sie die Tür schloss, bevor ich ihr zu danken vermochte.

In vielen bekannten Geschichten heißt es – und manch ein berühmter Mann hat es behauptet –, dass das Auge der Spiegel der Seele sei. Aber das ist nicht der Fall. Man kann die Menschen viel leichter erkennen, wenn man aufmerksam ihre Hände anschaut. Manche haben feine, weiße Hände mit langen, schlanken Fingern und vielleicht mit bemalten Fingernägeln. Aber wenn du genauer die Bewegungen des Daumens beobachtest oder das Verhältnis des Mittelfingers zu den anderen, wirst du vielleicht zu dem Schluss kommen, dass dies geizige Hände sind, selbstsüchtige und habgierige Hände, die kaum versuchen würden dir zu helfen, wenn du am meisten in Not bist.

Die Hand der alten Frau war nicht zierlich. Es war eine gekrümmte Hand, rot und von heißem Seifenwasser angeschwollen. Die Welt hatte sie für viele Jahre gezeichnet. Fünf Finger, die von einer grenzenlosen Verzeihung gegenüber dem Leben zeugten, die bereit waren ihre letzte Öre zu geben, alles in ihrer Armut zu teilen.

In der Woche vor Weihnachten war ein heftiger Sturm, der unheimlich heulte. Er riss große Wellblechstücke von den Dächern der Häuser. Dreimal in dieser Nacht klopfte es an meiner Tür.

Dreimal brachte mir die Hand Geschenke – und sie zitterte. Ich hatte eine unglaubliche Fähigkeit bekommen ihren seelischen Zustand zu erahnen, und konnte von ihrer Hand ablesen, wie sie in ihrem Herzen fühlte. Ich wusste, dass es ihr in jener Nacht schlechter als sonst ging. Ich wusste, dass meine unbeholfenen Worte sie nicht über ihre Schlaflosigkeit hinwegtrösten konnten. Daher sagte ich nichts.

Und dann kam der Heilige Abend. Das Wetter war unbestimmt. Dunkle Wolken segelten haufenweise über den Himmel. Ich hatte die Hoffnung, dass eine kleine Melodie, an der ich seit langem gearbeitet hatte, bei gewissen Leuten günstig aufgenommen werden würde, sodass dadurch mein Existenzkampf ein wenig gemildert werden könnte. Aber diese Hoffnungen zerflogen. Und ich wanderte nach Hause, niedergedrückt und elend zu Mute. Seit langer Zeit war es mir nicht möglich gewesen, die Lichtrechnung zu bezahlen, sodass sie mir jetzt den Strom abgestellt hatten. Es war dunkel in meinem Zimmer. Zudem war kein heller Mondlichtabend mit glitzerndem Frost, so wie alle Heiligen Abende eigentlich sein sollten. An Stelle dünner Regentropfen schlugen dicke und beharrliche gegen die Fensterscheiben, das Brausen der Brandung war in der Ferne zu hören und bald würde es zu stürmen beginnen.

Ich lag ausgestreckt auf dem Sofa und lauschte wie im Trancezustand dem Klang der Melodien, die feierlich durch die regenschwere Winterluft drangen: Ding, dong, ding, dong...

Entschlossen dem Weihnachtsfest mit Gleichmut zu begegnen, erfand ich zwei geschwätzige Männer, die mir alle lustigsten und schönsten Erinnerungen, die ich je besessen hatte, in das Gedächtnis zurückrufen sollten. Aber dieser Trick verfehlte seine Wirkung. Die Männer verschmolzen zu einer Person, die bald still wurde. Die Dunkelheit nahm zu.

Da ereignete sich etwas, das ich so bald nicht vergessen werde. Die Hand erschien an der Tür. Sie hielt eine leuchtende, blaue Weihnachtskerze – und sie zitterte. Aber als ich nicht aufstand, kam die alte Frau herein, stellte die Kerze auf den Tisch und gab mir ein kleines Päckchen. Sie zögerte einen Augenblick, schaute sich scheu um und setzte sich schließlich vorsichtig auf das alte Wrack eines Stuhls. Die Flamme der Kerze warf einen flackernden Schein auf ihr Gesicht und Haar und hüllte das ganze Zimmer in einen warmen, roten Glanz.

Ich begann das Päckchen zu untersuchen. Ein kleines Kärtchen war an ihm angehängt und darauf war mit ungeübter Hand gekritzelt: »Fröhliche Weihnachten, Nonni-Junge, von Muttern!« Ich las diese Worte immer wieder, bis mir klar wurde, dass die alte Frau einen Fehler gemacht hatte. Das Päckchen war nicht für mich. Ich schaute sie überrascht an und mir lag die Frage auf der Zunge, was dies zu bedeuten habe.

Aber die alte Frau, die scheinbar nichts wahrnahm, hatte bereits meine Gedanken gelesen. Ihre Mundwinkel begannen zu zucken. Sie wandte sich ab, verzog sich in den Schatten, bedeckte ihr Gesicht mit der Hand und weinte lautlos in die Stille hinein.

Es war nicht nötig, irgendwelche Fragen zu stellen. Ich verstand alles.

WILLI FÄHRMANN

Manchmal sprechen sie noch

Der Pfarrer hatte es gesagt. Aber an diesem Sonntag war vielerlei anzusagen. Deshalb ging die Nachricht ein wenig unter, dass er heimgekehrt war. Eigentlich schade, denn er war lange Zeit fort gewesen. Ein paar Jahre hatte man nichts mehr von ihm gehört. Aber nun hatte er seinen angestammten Platz wieder eingenommen.

Als später nur noch wenige Menschen in der Kirche waren, ging ich zu ihm hinüber. Er stand dort, als ob er nie weg gewesen wäre. Doch, etwas war schon anders: Sein Mantel leuchtete in einem frischen Rot und die Borten glänzten wie neu vergoldet.

»Gut, dass du wieder da bist«, sagte ich leise.

»Tja, ich bin auch froh darüber.«

Zuerst starrte ich die Holzfigur erschrocken an. Dann schaute ich mich misstrauisch um. Wollte da einer einen Scherz mit mir treiben? Aber ich stand ganz allein, weit und breit kein Mensch.

Gerade wollte ich schon über mich lachen, da hörte ich die Stimme wieder, sie war ganz nah und ganz deutlich: »Weißt du, es ist in der Werkstatt bei dem Restaurator ziemlich langweilig. Da bin ich doch lieber hier in der Kirche.«

»Ach, ja?«, sagte ich zaghaft.

»Es bleibt der eine oder andere bei mir stehen. Gelegentlich hat einer etwas auf dem Herzen und ich überlege, wie ich helfen kann!«

»Das Helfen«, sagte ich, »das ist ja deine Spezialität.«

»Stimmt«, gab er zu. »Früher kamen oft Schiffer zu mir, Kaufleute auch. Aber das ist heute selten geworden. Nur die Kinder kennen mich noch und freuen sich auf meinen Tag.«

Ich fragte ihn entschlossen: »Ich wollte eigentlich immer schon wissen, wie das damals in Myra gewesen ist.«

»Ich war lange Bischof in Myra. Es gäbe viel zu erzählen. Was genau willst du wissen?«

»Zum Beispiel das mit der Hungersnot. Als die Menschen in der Gegend von Myra viele Wochen lang nichts zu beißen hatten.«

»Das war tatsächlich schlimm. Heute kann man das den Menschen kaum noch verständlich machen. Wer kennt hierzulande denn wirklich den Hunger? Den wütenden Schmerz zuerst, die Schreie nach Brot, die allmähliche Ermattung, den Hungertod schließlich. Und genauso war es damals in Myra.«

»Und dann kamen die Getreideschiffe, die für eine Nacht im Hafen ankern wollten«, sagte ich eifrig.

»Du kennst dich ja gut aus. Aber es war so, wie du sagst. Die Schiffe waren auf der Durchfahrt nach Konstantinopel, sollten Getreide in die Kaiserstadt bringen. Der Kapitän wollte jedoch keinen einzigen Sack Korn an uns verkaufen. Er war ein Hasenfuß. ›Wenn etwas von meiner Ladung fehlt‹, sagte er, ›dann lässt mich der Kaiser ins Gefängnis werfen.‹«

»Und das Wunder?«, fragte ich neugierig. »Wie war das mit dem Wunder?«

»Nun, das größte Wunder war, dass der Kapitän seine Angst überwand. Schließlich hat er erlaubt, dass einige Männer von uns an Bord kommen durften. Er zeigte ihnen die Kornsäcke, die sie in die Stadt schleppen durften. Es war ziemlich viel Korn und es hat gereicht, bis endlich wieder Regen fiel in unseren Gärten und auf den Feldern neue Nahrung wuchs.«

»Und der Kapitän hat mir nichts, dir nichts seinen Sinn geändert?«

»Nein, mein Lieber. Den Sinn ändern, das geht bei niemand leicht. Ich habe ihn in jener Nacht in Myra herumgeführt. Er hat die hungernden Menschen gesehen, hat das Elend gerochen, das Wimmern der Kinder gehört. Dann habe ich ihm von dem Jungen erzählt, damals, als Jesus mit den vielen tausend Menschen in der Steppe war. Kaum einer hatte etwas zu essen mitgenommen. Hunger hatten sie alle. Der Junge hätte seine Fladenbrote und die paar kleinen Fische, die er in seiner Tasche mit sich trug, für sich allein behalten können. Nein, als Jesus fragte, da hat er sie angeboten, wollte teilen. Das war auch ein Wunder. Aber als Jesus Brot und Fische gesegnet hatte, als alle davon gegessen hatten und satt geworden waren, als nach alldem noch zwölf Körbe voll übrig geblieben sind, ich glaube, da haben damals alle gespürt, wie wichtig das Teilen ist.«

»Und der Kapitän?«

»Dem ist diese Nacht in Myra und auch die Geschichte vom Brotwunder an die Nieren gegangen. Er hat erkannt, wie steinhart er sein Herz gemacht hatte. Und, wie du sagtest, er hat seinen Sinn geändert.«

»Wirklich, ein Wunder«, gab ich zu. Aber dann fiel mir ein, was sonst noch erzählt wird, und ich fragte weiter: »Man sagt, dass das Schiff nicht höher aus dem Wasser herausgestiegen ist, obwohl die Ladung doch leichter und leichter wurde, je mehr Säcke die Männer wegschleppten.«

»Darüber haben in der Tat alle gestaunt. So viel Korn die Männer auch in die Stadt trugen, an der Ladung fehlte nichts, überhaupt nichts.«

»Wie ist das denn zu verstehen?«, fragte ich und konnte einen Zweifel nicht unterdrücken.

Nikolaus schmunzelte. »Für mich war das, was ich mit dem Kapitän erlebt hatte, viel erstaunlicher. Aber die Leute erzählten sich bald eine Geschichte, die mit dem Schiff zu tun hatte. Sie sagten, die Männer von Myra seien schweren Herzens auf das Schiff gegangen. Als sie das Korn hinabtragen durften, seien ihre Sorgen und Nöte auf dem Schiff zurückgeblieben. Und diese hätten das fehlende Korn aufgewogen.«

»Wirklich eine erstaunliche Geschichte. Aber da sind doch auch noch die

Rettung aus Seenot, die mit Nikolaus zu tun hat, und die Wiederbelebung der drei Schüler…«

Nikolaus lachte jetzt ganz vernehmlich. »Nicht alles an einem Tag, mein Lieber! Geschichten muss man bedenken. Komm an einem anderen Tag wieder!«

Vielleicht hätte ich das Gespräch noch fortgesetzt. Aber da kam ein älterer Mann herbei und fragte vorwurfsvoll: »Finden Sie es richtig, in der Kirche so laut zu lachen?«

Eigentlich wollte ich sagen: »Warum denn nicht?«

Aber dann wies ich mit dem Daumen auf die Nikolausfigur und sagte: »Der war's.«

Der Mann schüttelte den Kopf und zeigte mir mit dem Finger einen Vogel. Wenn der wüsste!

WILLI FÄHRMANN

Timofej, der Bilderdieb

 imofej Tutalew aus Omsk in Sibirien war ein äußerst leichtsinniger junger Mann. In einer wüsten Nacht im Jahre 1797 hatte er im Spiel seinen gesamten Besitz verloren. Doch dann fasste er eine Gelegenheit beim Schopfe wieder zu Geld zu kommen. Der reiche Pelzhändler Fjodor Popolow hatte gehört, dass in Nishnij-Nowgorod eine wunderbare Nikolausikone gemalt worden war. Man sagte, vor diesem Bild würden sich dann und wann Wunder ereignen. Gern hätte Fjodor dieses wundertätige Bild erworben. Aber Nischnij-Nowgorod war weit, unendlich weit. Der Ritt in diese Stadt würde Wochen und Monate dauern und es war ein gefährlicher Weg.

Deshalb bot er dem, der sich aufmachen wollte, 3000 Goldrubel Botenlohn und für die Ikone wollte er die unvorstellbar hohe Summe von 10 000 Rubel zahlen.

Timofej erklärte sich bereit und brach auf. Unterwegs verlockte ihn immer stärker der Gedanke »Wenn ich die Ikone nicht kaufen, sondern stehlen würde, dann könnte ich mir die 10 000 Rubel in die eigene Tasche stecken und wäre reicher als zuvor.«

Der Diebstahl gelang. Eilends verließ Timofej die Stadt.

Erst am folgenden Abend suchte er sich ein Quartier in einem Dorfgasthaus. Er fand in der Ecke der Gaststube einen Platz im Halbdunkel, abseits der Gäste, bestellte ein gutes Essen und trank ein Glas Wein dazu. Jetzt lockte es Timofej, seinen Raub richtig anzusehen. Er fühlte sich unbeobachtet. Wie unter einem geheimen Zwang zog er vorsichtig die Ikone aus dem Lederfutteral, rückte eine Lampe näher zu sich heran und betrachtete das Bild lange und

voller Genugtuung über die gelungene Diebestat. Timofej zuckte zusammen, als ein alter Mann ihn ansprach. Er hatte gar nicht bemerkt, dass jemand an seinen Tisch getreten war.

Der Alte sagte: »Was hast du da? Ist das ein Bild?«

Timofej begriff, dass er sich nur verdächtig machen würde, wenn er die Ikone hastig wegsteckte. »Ja, es ist, wie du siehst, ein Bild«, antwortete er. »Es hat viele Jahre bei mir zu Hause an der Wand gehangen. Ich will meine Schwester in Perm besuchen. Das Bild ist mein Geschenk für sie.«

Der Alte fragte: »Ist es das Bild eines Heiligen?«

Timofej wunderte sich über die Frage und schaute den Alten an. Der beugte sich zu ihm nieder. Sein Atem roch nach Schnaps. Timofej sah, dass seine Augen getrübt waren.

»Ich habe den grünen Star«, fuhr der Mann fort. »Ich sehe die Welt nur in Umrissen und wie durch einen milchigen Schleier.«

Timofej atmete auf. Nie würde der Alte das Bild beschreiben können, selbst wenn man in diesem Nest fernab aller großen Straßen danach suchen sollte. Während sich Timofej die Antwort noch überlegte, starrte der Mann auf die Ikone und sagte schließlich: »Leihe mir deine Augen und schildere, was sie sehen.«

»Nun«, antwortete Timofej, »es ist ein Nikolausbild wie hunderttausend andere auch in unserem Land. Der Heilige ist in der Mitte dargestellt und...«

»...rundum sieht man sechzehn kleine Bilder aus seinem Leben«, ergänzte der Alte.

»So ist es«, bestätigte Timofej und verschwieg wohlweislich, dass seine Ikone nur acht Bildchen auf ihrem Rand zeigte. »Aber woher weißt du das so bestimmt?«

»Genau solch ein Bild besitzt unsere Familie auch. – Bitte, beschreibe mir eines der kleinen Bilder genauer. Was siehst du?«

Timofej fand den Mann zudringlich, antwortete aber doch. »Hier zum Bei-

spiel«, er führte den Finger des Mannes absichtlich auf eine falsche Stelle des Bildes, »hier sieht man Nikolaus vor drei Mädchen stehen.«

»Ich nehme an«, sagte der alte Mann und hockte sich neben Timofej auf die Bank, »du kennst die Geschichte, die dieses Bild erzählt?«

»Nein«, sagte Timofej und fuhr dann wie entschuldigend fort: »Im Volk erzählt man sich tausend Geschichten. Ich hatte etwas Besseres zu tun als meine Zeit mit Zuhören zu vergeuden.«

»Vergeuden?« Der Alte schien empört. »Du glaubst wirklich, mit Geschichten wird die Zeit vergeudet? Geschichten, mein Herrchen, Geschichten sind ein Trost für die Menschen. In jeder guten Geschichte erkennt man sich selbst ein bisschen besser.«

Timofej schwieg dazu.

Der Alte tippte nun mit seinem Finger auf das Bild und sagte: »Na, hier jedenfalls siehst du, wie der heilige Nikolaus den drei armen Mädchen in Myra dazu verholfen hat, einen Mann zu bekommen.«

»Einen Mann?«, fragte Timofej und lächelte spöttisch.

»Ja, wirklich«, antwortete der alte Mann. »Ich kann dir eine wunderbare Geschichte darüber erzählen. Aber du müsstest mir schon einen Krug Bier einschenken lassen und einen Wodka dazu. Das schmiert die Stimme.«

Timofej dachte: Na schön, so höre ich mir an, was er zu sagen hat. Er verbarg die Ikone wieder in dem Beutel und rief nach dem Wirt. Der brachte Bier und Schnaps und sagte: »Na, du alter Saufkopf, hast du wieder einmal einen gutmütigen Menschen erwischt, der die Zeche bezahlt?«

Der Alte antwortete nicht darauf, trank den Wodka, setzte den Bierkrug an die Lippen und leerte ihn in einem Zug. Dann wischte er sich den Schaum aus dem Bart und begann zu erzählen.

»Es lebte einst ein Kaufmann in Myra, dem die Frau gestorben war. Er war darüber so verzweifelt, dass ihm die Geschäfte gleichgültig wurden. Oft und oft saß er in den Kneipen und versuchte seinen Kummer zu ertränken. Forderte ihn jemand zum Kartenspiel auf, dann ließ er sich nicht lange bitten. Er spielte jedoch so nachlässig, als wäre es ihm ganz gleich, ob er gewann oder verlor. So verschleuderte er in kurzer Zeit sein Hab und Gut.

Nun hatte der Kaufmann drei Töchter. Jede von ihnen hätte gern einen guten Mann geheiratet. Aber in Myra war es üblich, den Töchtern eine reiche Aussteuer mit in die Ehe zu geben, und dazu fehlte dem Kaufmann das Geld. Er kam auf den bösen Gedanken die jüngste der Töchter auf dem Sklavenmarkt zu verkaufen, um mit dem Erlös die beiden älteren verheiraten zu können. Davon hörte der Bischof von Myra, der heilige Nikolaus. Eilends lief er zu seinen Freunden und sammelte Geld. Er sagte, es sei für einen Menschen in großer Not, und wenn es möglich sei, möchten sie ihm ein Goldstück geben. Am Abend hatte er einen ganzen Beutel voll davon beisammen. Heimlich schlich er sich in den Garten hinter das Haus des Kaufmannes und warf den Beutel durch das geöffnete Fenster in das Zimmer des Mädchens.

Der Kaufmann dankte dem Himmel für diese Gabe. Seiner ältesten Tochter richtete er eine fröhliche Hochzeit aus und gab ihr die notwendige Aussteuer. Doch für die zweite Tochter reichte es nicht mehr. Nikolaus machte sich ein weiteres Mal zum Bettler und alles verlief so, wie es zuvor gegangen war. Weil nun die jüngste Tochter auch einen Mann bekommen sollte, sprach Nikolaus zum dritten Male bei seinen Freunden vor. Einige schauten schon ärgerlich, aber weil Nikolaus sagte, es gehe um eine Sache auf Leben und Tod, kam doch das Gold zusammen. Diesmal aber hatte sich der Kaufmann auf die Lauer gelegt. Als der Bischof den Beutel durch das Fenster geworfen hatte, trat er hinter einem Busch hervor und hielt seinen Wohltäter am Mantelzipfel fest. Doch der schlüpfte schnell heraus, ließ den Mantel in den Händen des Kaufmanns zurück und machte sich in der Dunkelheit davon.

Am nächsten Abend, als der Wind vom Meer her kühl durch die Straßen wehte, legte sich der Kaufmann den Mantel um und eilte in eine Weinschen-

ke. Der Wirt erkannte den Bischofsmantel und sagte: ›Bist du schon so weit heruntergekommen, dass du unserem Bischof den Mantel stiehlst?‹

Da erschrak der Kaufmann. Jetzt wusste er, wer ihm geholfen hatte. Er trug den Mantel zum Haus des Bischofs, faltete ihn zu einem Bündel und legte ihn auf die Türschwelle. Er schämte sich ihn dem Bischof selber zu geben. Doch es war, als ob Nikolaus den Kaufmann erwartet hätte. Es öffnete sich die Tür und Nikolaus bat ihn ins Zimmer. Sie sprachen lange miteinander.

Mit einem Male sah der Kaufmann sein liederliches Leben vor sich und es reute ihn, dass er den Töchtern ein so schlechter Vater gewesen war. Er warf sich vor dem Bischof auf die Knie, doch der zog ihn empor und sagte: ›Mit Geld und Gold kommt viel Unglück in die Welt. Aber dann und wann kann man damit Not lindern und Leben retten. Danke nicht mir, sondern denke an den, der uns mahnt ein Leben voller Liebe und Güte zu führen‹ – und dabei zeigte Nikolaus zum Himmel hinauf.

Von diesem Tag an änderte der Kaufmann sein Leben. Und die Leute von Myra wussten nicht genau, wem Nikolaus mehr geholfen hatte, den Töchtern oder ihrem Vater.«

Timofej hatte dem Alten erst gleichgültig zugehört. Dann packte ihn die Geschichte, ja, er drängte den Alten nun: »Und was ist mit den anderen Bildern? Es sind doch sicher noch mehr Geschichten aus den Bildern zu lesen.«

»Ich denke schon«, gab der Alte zu. »Doch für heute ist's genug. Das Bier hat mich müde gemacht. Außerdem sind es Geschichten, die man im Innern erwägen muss.« Er stand auf. »Ich lege mich aufs Ohr«, sagte er. »Morgen früh ist die Nacht herum.« Er tastete sich auf unsicheren Beinen durch die Gaststube.

Lange noch saß Timofej am Tisch, nickte mehrmals ein wenig ein, aber bis in den Schlaf hinein beschäftigte ihn diese Nikolausgeschichte. Irgendwie spürte er dunkel, dass er mit seinem Leichtsinn dem Kaufmann ähnlich war.

»Was hat der Alte gesagt?«, murmelte er. »In jeder guten Geschichte erkennt man sich selbst ein bisschen besser.« Er dachte: Bei mir fängt's schon an, und er lachte über sich. Doch zum ersten Male seit dem Beginn seines Weges im Omsk war er nicht mehr ganz mit dem zufrieden, was er getan hatte.

IRIS MAINKA

Das Dumme an Weihnachten

Es war einmal ein kleiner Junge, der wusste schon ganz lange vor Weihnachten, dass bald Weihnachten sein würde. Woher er das wusste? Das war nicht schwer zu merken, denn in den Straßen leuchteten tausend Lichter, in den Kaufhäusern hingen Tannenbäume von den Decken und seine Mutter schimpfte im Drogeriemarkt, dass vor lauter Adventsskrempel überhaupt kein Durchkommen mehr sei.

Da wurde der kleine Junge immer aufgeregter und auch ein bisschen blasser und fragte siebzehnmal pro Tag, wann denn endlich das Warten auf Weihnachten, der Advent, beginne. Um ihm die Zeit ein bisschen abzukürzen, erzählte ihm seine Mutter von dem Jungen Jeremy James, der schon vor langer Zeit herausgefunden hatte: Das Dumme an Weihnachten ist die Zeit dazwischen. Zwischen irgendwann und Weihnachten, denn »wenn nichts dazwischen wäre, hätten wir jetzt Weihnachten und ich brauchte nicht auf meine Geschenke zu warten«.

Das fand der kleine Junge auch und die Zeit war immer noch so furchtbar lang. Da erzählte die Mutter weiter: von dem Nikolaus, der über Nacht komme und ihm etwas in den Stiefel stecke, falls er nicht vergesse ihn vor die Tür zu stellen. Der kleine Junge guckte besorgt, denn alles, was über Nacht passieren kann, ist ihm sehr unheimlich. Dann aber dachte er ans vergangene Jahr, an die Marzipankartoffeln und Schokoladenkugeln in Papas Skistiefel, den er hatte ausleihen dürfen, weil der am allergrößten war. Da fand er den Nikolaus wieder sympathischer. Immer wieder wachte er nachts auf, weil er im Treppenhaus Schritte gehört hatte.

Ein bisschen unausgeschlafen fühlte sich die Mutter in dieser Zeit, aber das ging ihrem Sohn ähnlich. Im Kindergarten sang er täglich Morgenkinderwird's-wasgeben und stritt sich mit einem anderen kleinen Jungen, dessen Mutter behauptet hatte, der Nikolaus komme durch den Schornstein. Das empörte ihn, denn der Nikolaus sei doch viel zu groß und sein Sack viel zu dick, um durch den engen Schornstein zu passen. Die Mutter gab ihm Recht und dachte darüber nach, dass die Weihnachtszeit erst mit Kindern wieder so richtig schön sei.

Abends las sie dem kleinen Jungen ein Bilderbuch vor, die Geschichte von dem Zoo-Pinguin, der zum Nordpol fährt, um den Weihnachtsmann zu besuchen. Als sie zu Ende waren, saß der kleine Junge eine Zeit lang ganz still, was selten genug vorkommt, und sagte dann fast weinerlich: »Aber, Mama, du hast mir erzählt, der Weihnachtsmann wohnt im Himmel bei den Engeln und die backen jetzt ganz viele Plätzchen und der Weihnachtsmann darf als Einziger naschen. Und von einem Schlitten mit Rentieren davor und dem Nordpol mit Eis und Schnee hast du überhaupt nichts erzählt.«

Da saß die Mutter auch ganz still und fand, dass die Zeit dazwischen wirklich ganz schön lange sei, aber das sagte sie nicht. Sondern murmelte was von Dingen, die auch die Erwachsenen nicht so genau wüssten.

»Und warum«, beharrte der kleine Junge, »haben wir dann meinen Wunschzettel auf die Fensterbank gelegt und Himmelspforte 7 draufgeschrieben, wenn du die Adresse auch nicht so genau weißt? Und warum sagt die Oma, dass bald das Christkind kommt und die Geschenke bringt? Das liegt doch in der Krippe mit Heu und ist noch ein Baby. Muss dann der Gott die Geschenke mit tragen helfen? Und fährt der mit dem Jesusbaby auch auf einem Rentierschlitten?«

Doch noch bevor die Mutter all die möglichen Antworten in ihrem Kopf hin- und herdrehen konnte, waren dem kleinen Jungen die Augen zugefallen, und das war vielleicht auch besser so. Seine Mutter saß ratlos auf der Bettkante und wusste nicht mehr aus noch ein inmitten all der Weihnachtsgeschichten. Und wenn nicht endlich Heiligabend geworden ist, dann sitzt sie heute noch da.

O. HENRY

Tscherokis Weihnachtsbescherung

scheroki war der Stadtvater von Yellowhammer, einer neuen Bergwerksstadt, die hauptsächlich aus Wagenplachen und ungehobeltem Kiefernholz bestand.

Tscheroki war Goldsucher. Eines Tages grub er, während sein Esel Kieselsteine und Kiefernzapfen fraß, mit seiner Hacke einen Goldklumpen, einen Nugget aus, der neunhundert Gramm wog. Tscheroki steckte sein Stück Land ab und erließ dann, da er ein großzügiger und gastfreundlicher Mensch war, Einladungen an seine Freunde in drei Staaten, sie sollten zu ihm kommen und sein Glück teilen.

Keiner der Eingeladenen sagte ab. Sie kamen herbei aus den Gebieten der Flüsse Gila, Salt River und Pecos, aus Albuquerque, Phoenix und Santa Fé und von den dazwischenliegenden Feldern.

Als tausend Bürger angekommen waren und jeder sein Land abgesteckt hatte, nannten sie die neue Siedlung Yellowhammer, gründeten einen Wachtausschuss und schenkten Tscheroki eine Uhrkette aus Nuggets.

Drei Stunden nach der Festlichkeit hatte Tscheroki mit seinem Stück Land ausgespielt. Er hatte nur ein Nest getroffen, keine Ader. Er zog weiter und steckte ein Stück Land nach dem andern ab. Das Glück hatte sich von ihm abgewendet. Er fand in Yellowhammer nicht einmal genügend Goldstaub, um seine Rechnung in der Kneipe zu bezahlen. Aber seine tausend eingeladenen Gäste waren größtenteils erfolgreich und Tscheroki lächelte und beglückwünschte sie.

Yellowhammer wurde von Männern bevölkert, die vor einem lächelnden Verlierer den Hut abnahmen; so forderten sie Tscheroki auf seine Wünsche zu äußern.

»Was ich mir wünsche?«, sagte Tscheroki. »Oh, eine Ausrüstung zum Schürfen wird wohl das Richtige sein. Ich will oben im Waldland von Mariposa Gold suchen. Wenn ich dort etwas finde, gebe ich euch genau Bescheid. Ich habe meinen Freunden noch nie meine Karten verheimlicht.« Im Mai belud Tscheroki seinen Esel und richtete die gedankenvolle mausgraue Stirn des Tieres nach Norden. Viele Bürger begleiteten ihn bis zu der unbestimmten Grenze von Yellowhammer und überschütteten ihn mit Glücks- und Abschiedswünschen.

Fünf Feldflaschen ohne Luftblase zwischen Flüssigkeit und Korken wurden ihm aufgedrängt; und man bat ihn Yellowhammer als ewigen Lieferanten von Bett, Frühstück und heißem Rasierwasser zu betrachten, falls Fortuna sich nicht herbeiließ ihre Hände an seinem Lagerfeuer in Mariposa zu wärmen.

Den Namen »Vater von Yellowhammer« erhielt er von den Goldgräbern nach ihrem üblichen Taufsystem. Es war nicht notwendig, dass ein Einwohner seinen Taufschein vorlegte, um einen Namen zu haben. Ein Name galt als persönliches Eigentum. Doch um einen Mann unter anderen blau behemdeten Zweifüßlern unterscheiden und anrufen zu können, wurde ihm ein Spitzname oder ein Titel gegeben. Persönliche Besonderheiten bildeten meistens die Quelle einer derartigen unförmlichen Taufe. Viele wurden einfach nach dem geografischen Gebiet benannt, aus dem sie angeblich stammten. Recht beliebt waren Namen wie »Kleiner«, »Krummbein«, »Texas«, »Fauler Bill«, »Durstiger Rogers«, »Hinkebein«, »Richter« und »Kalifornier-Ed«. Tscheroki hatte seinen Namen erhalten, weil er behauptete eine Zeit lang bei diesem Indianerstamm gelebt zu haben.

Am zwanzigsten Dezember brachte Kahlkopf, der Postreiter, eine Neuigkeit nach Yellowhammer.

»Was glaubt ihr wohl, wen ich in Albuquerque gesehen habe«, sagte Kahlkopf zu den Stammkunden in der Schenke, »keinen andern als Tscheroki, ganz verschönert und aufgeputzt wie der türkische Zar und im Gelde schwimmend. Wir tranken zusammen Prickelwein und Tscheroki bezahlte die Rechnung in bar. Seine Taschen sahen aus wie ein Billardtisch nach einem Fünfzehnbällespiel.«

»Tscheroki muss ein Goldvorkommen gefunden haben«, bemerkte Kalifornier-Ed. »Na, es ist ihm zu gönnen. Ich habe ihm viel zu verdanken.«

»Man hätte meinen können, Tscheroki würde nach Yellowhammer kommen und seine Freunde besuchen«, sagte ein anderer leicht bekümmert. »Aber so geht es zu. Reichtum ist die beste Kur für Gedächtnisschwund.«

»Warte, darauf komme ich noch zu sprechen«, erwiderte Kahlkopf. »In Mariposa fand Tscheroki eine meterdicke Ader und verkaufte sie einem Syndikat für hunderttausend Dollar in bar. Dann kaufte er sich einen Sealmantel und einen roten Schirm und was glaubt ihr, was er jetzt vorhat?«

»Würfelspiel«, meinte Texas, der sich keine schönere Erholung vorstellen konnte.

»Komm und küss mich, mein Liebling«, sang Kleiner, der beim Goldsuchen immer Blechfotografien in der Tasche hatte und ein rotes Halstuch trug.

»Eine Kneipe kaufen?«, mutmaßte Durstiger Rogers.

»Tscheroki zeigte mir sein Zimmer«, fuhr Kahlkopf fort. »Es war voll gestopft mit Trommeln, Puppen, Schlittschuhen, Süßigkeiten, Hampelmännern, Plüschlämmern, Pfeifen und ähnlichem Spielzeug. Und was glaubt ihr, was er mit dem Krimskrams vorhat? Niemand wird es erraten, sagte Tscheroki zu mir. Er will das ganze Zeug auf seinen roten Schlitten laden und – wartet einen Augenblick, bestellt euch noch keine Getränke – und hierher nach Yellowhammer fahren und den Kindern – den Kindern dieser Stadt – den größten Weihnachtsbaum schenken und die größte Bescherung veranstalten, die man jemals westlich von Kap Hatteras erlebt hat.«

Zwei Minuten vollständiger Stille vertickerten im Kielwasser von Kahlkopfs

Worten. Sie wurde von dem Wirt gebrochen, der zu seiner Freude den Augenblick für besondere Gastfreundschaft gekommen hielt und ein Dutzend Whiskygläser die Theke hinuntergleiten ließ; als Nachhut folgte die etwas langsamere Flasche.

»Hast du ihm nichts gesagt?«, fragte der Goldsucher namens Trinidad.

»Hm, nein«, antwortete Kahlkopf nachdenklich, »ich wusste nicht, wie ich es ihm beibringen sollte. Tscheroki hatte nämlich den ganzen Weihnachtskram schon gekauft und bezahlt und er schwelgte in Begeisterung über seinen Einfall. Außerdem waren wir etwas benommen von dem merkwürdigen Sprudelwein und so kam ich nicht dazu.«

»Ich muss mich doch wundern«, sagte der Richter und hängte seinen Stock mit der Elfenbeinkrücke an der Theke auf, »dass unser Freund Tscheroki einen so falschen Begriff von seiner eigenen Stadt hat.«

»Oh, das ist nicht das achte Weltwunder«, erwiderte Kahlkopf. »Tscheroki ist seit über sieben Monaten aus Yellowhammer fort. Inzwischen hätten viele Dinge geschehen können. Woher soll er wissen, dass in dieser Stadt kein einziges Kind lebt und auch keins erwartet wird, soweit es die Einwanderung betrifft?«

»Wenn ich mir's recht überlege«, warf Kalifornier-Ed ein, »so ist es eigentlich seltsam, dass gar keins zugezogen ist.«

»Um Tscherokis Christbaum die Krone aufzusetzen«, berichtete Kahlkopf weiter, »will er selbst den Weihnachtsmann spielen. Er hat sich eine weiße Perücke und einen Bart beschafft, außerdem einen roten, pelzbesetzten Mantel, dicke Handschuhe, einen Stehkragen und eine rote Kapuze. Ist es nicht jammerschade, dass eine derartige Kostümierung kein Publikum finden wird?«

»Wann will Tscheroki mit seiner Ladung herkommen?«, erkundigte sich Trinidad.

»Am Morgen vor Weihnachten«, gab Kahlkopf Bescheid. »Und er wünscht, dass ihr ihm ein Zimmer herrichtet und für einen Baum sorgt. Es sollen auch Frauen helfen, die lange genug den Mund halten können, damit es für die Kinder eine Überraschung wird.«

Der ungesegnete Zustand von Yellowhammer war richtig beschrieben worden. Nie hatten Kinderstimmen die wackligen Gebäude erfüllt, nie hatten rastlose Füßchen die einzige Wegspur zwischen den Zelten und Baracken geweiht. Später würden sie kommen. Vorläufig aber war Yellowhammer nichts als ein Berglager und nirgendwo öffneten sich hier spitzbübische, erwartungsvolle Augen in der Dämmerung des Zaubertages: Es gab keine Händchen, die nach den verwirrenden Schätzen des Weihnachtsmannes greifen konnten; kein Kinderjubel konnte die guten Dinge mit dem Dank begrüßen, den der warmherzige Tscheroki verdiente.

Es gab fünf Frauen in Yellowhammer. Die Frau des Goldprüfers, die Besitzerin des Hotels Lucky Strike und eine Wäscherin, deren Waschzuber täglich dreißig Gramm Goldstaub aussiebte. Das war die Dauerweiblichkeit; die übrigen zwei waren die Schwestern Spangler, Fräulein Fanchon und Fräulein Erma von der Transkontinentalen Theatergesellschaft, die gerade im improvisierten Empire-Theater ein Gastspiel gab. Aber Kinder waren nicht vorhanden. Manchmal spielte Fräulein Fanchon in Reden und Gehaben die Rolle eines Kindes; aber zwischen ihrer Darstellung und dem Bilde, das man sich von den Empfängern der Gaben Tscherokis machte, bestand eine große Kluft.

Weihnachten fiel auf einen Donnerstag. Am Dienstagmorgen suchte Trinidad anstatt zur Arbeit zu gehen den Richter im Hotel Lucky Strike auf.

»Es wäre eine Schande für Yellowhammer«, sagte Trinidad, »wenn es Tscheroki um seine schöne Weihnachtsbescherung bringt. Man kann wohl sagen, dass der Mann diese Stadt geschaffen hat. Ich für mein Teil will sehen, was sich tun lässt, damit der Weihnachtsmann auf seine Kosten kommt.«

»Dabei würde ich gern mithelfen«, antwortete der Richter. »Ich verdanke

Tscheroki viele frühere Gefälligkeiten. Aber ich weiß nicht recht – bisher habe ich es eher angenehm gefunden, dass wir hier keine Kinder haben – doch in diesem Falle – trotzdem weiß ich nicht . . . «

»Schauen Sie mich an«, sagte Trinidad, »und dann wird Ihnen ein Licht aufgehen. Ich werde Maulesel einspannen und eine Ladung Kinder für Tscherokis Vorstellung als Weihnachtsmann zusammenbringen, und wenn ich ein Waisenhaus plündern muss.«

»Heureka!«, rief der Richter begeistert.

»Oh nein«, entgegnete Trinidad entschlossen, »ich hab's selbst gefunden. Dieses lateinische Wort habe ich nämlich in der Schule gelernt.«

»Ich komme mit«, erklärte der Richter und schwenkte seinen Stock. »Vielleicht kann ich mit meiner Beredsamkeit und Überzeugungskraft von Nutzen sein und unsere jungen Freunde überreden sich für unseren Plan ausleihen zu lassen.«

Binnen einer Stunde kannte und billigte Yellowhammer den Plan der beiden. Bürger, die kinderreiche Familien im Umkreis von sechzig Kilometern von Yellowhammer kannten, meldeten sich. Trinidad schrieb alle Auskünfte sorgfältig auf, beeilte sich dann Wagen und Zugtiere zu beschaffen.

Als erster Halt war ein Doppelblockhaus zwanzig Kilometer von Yellowhammer vorgesehen. Ein Mann öffnete die Tür auf Trinidads Ruf, kam dann herbei und lehnte sich auf das wacklige Gartentor. In der Tür drängte sich eine dichte Kinderschar, einige waren zerlumpt, alle neugierig und gesund.

»Es handelt sich um Folgendes«, erklärte Trinidad. »Wir sind aus Yellowhammer und haben eine gutartige Kindsentführung vor. Einer unserer führenden Bürger hat den Weihnachtsmannfimmel und der kommt morgen mit lauter rot bemaltem, in Deutschland hergestelltem Spielzeug in die Stadt. Das jüngste Kind, das wir haben, hat fünfundvierzig Jahre auf dem Buckel und besitzt ein Rasiermesser. Folglich scheuen wir uns ›oh‹ und ›ah‹ zu sagen, wenn wir die Kerzen am Weihnachtsbaum anzünden. Also, Kamerad, wenn Sie uns ein paar Kinder ausleihen, verbürgen wir uns, dass wir sie am Weihnachtstag wohlbehalten und gesund zurückbringen werden. Und sie werden beladen mit Fröhlichkeit, Robinsonbüchern, Füllhörnern, roten Trommeln und ähnlichen schönen Dingen zurückkehren. Wie finden Sie das?«

»Mit anderen Worten«, fiel der Richter ein, »wir haben zum ersten Mal festgestellt, dass es in unserem jungen, aber aufstrebenden Städtchen leider an Kindern fehlt. Nun naht die Zeit, in der es üblich ist, die Kleinen zu beschenken…«

»Ich verstehe«, sagte der Vater und stopfte seine Pfeife mit dem Zeigefinger. »Ich glaube, ich brauche die Herren nicht aufzuhalten. Wir haben sieben Kinder, und wenn ich sie im Geiste vor mir aufreihe, sehe ich keins, das wir für Ihr Vorhaben entbehren können. Meine Frau hat süßes Popcorn und Stoffpuppen in der Kommode versteckt und wir erlauben uns einen bescheidenen eigenen Weihnachtsrummel. Nein, ich kann keins der Kinder gehen lassen, so habgierig sind wir denn doch nicht. Besten Dank, meine Herren.«

Bergab fuhren sie und dann wieder bergauf zu Wiley Wilsons Ranchhaus. Trinidad trug seine Bitte vor und der Richter lieferte sonor und gewichtig sein Wechselgesangsstück.

Frau Wiley raffte ihre beiden rotbackigen Sprößlinge dicht an sich und lächelte nicht, bis sie ihren Mann lachen und den Kopf schütteln sah. Wieder eine Ablehnung.

Über die Hälfte der Liste erschöpften Trinidad und der Richter in vergeblichem Bemühen, bevor sich die Abenddämmerung auf die Berge senkte. Sie übernachteten in einem Postgasthof und machten sich am folgenden Morgen in aller Frühe erneut auf den Weg. Der Wagen hatte keinen einzigen Fahrgast erhalten.

»Mir schwant allmählich«, bemerkte Trinidad, »dass das Ausleihen von Kindern zur Weihnachtszeit etwas Ähnliches ist, als wollte man einem Mann, der gerade Pfannkuchen bäckt, Butter stehlen.«

»Zweifellos ist es unbestreitbare Tatsache«, antwortete der Richter, »dass die Familienbande zu dieser Jahreszeit fester denn je geknüpft sind.«

Am Tage vor Weihnachten legten sie fünfzig Kilometer zurück und machten vier fruchtlose Besuche. Überall standen Kinder hoch im Kurs.

Die Sonne stand schon tief, als die Frau eines Streckenwärters in einsamer Gegend ihre unentbehrliche Nachkommenschaft hinter sich versteckte und sagte: »Da ist eine Frau, die gerade die Eisenbahnkantine am Knotenpunkt Granite übernommen hat. Wie ich höre, hat sie einen kleinen Sohn. Vielleicht lässt sie ihn gehen.«

Um fünf Uhr nachmittags zügelte Trinidad seine Maulesel beim Knotenpunkt Granite. Der Zug war soeben mit seiner Ladung gesättigter und besänftigter Fahrgäste abgefahren.

Auf den Stufen des Rasthauses sahen sie einen mageren, finsteren Zehnjährigen, der eine Zigarette rauchte. Der Speisesaal war in einem Chaos zurückgeblieben. Eine jüngere Frau rekelte sich erschöpft auf einem Stuhl. Ihr Gesicht hatte scharfe Sorgenfalten. Sie musste früher einen gewissen Schönheitsstil gehabt haben, den sie nie ganz verlieren und nie zurückgewinnen würde. Trinidad entledigte sich seiner Mission.

»Ich würde es für ein Werk der Barmherzigkeit halten, wenn Sie mir Bobby eine Zeit lang abnähmen«, sagte sie müde. »Ich bin von morgens bis in die Nacht hinein auf den Füßen und ich habe keine Zeit mich um ihn zu kümmern. Von den Männern lernt er nur Schlechtes. Es wird die einzige Gelegenheit für ihn sein, Weihnachten zu feiern.«

Die beiden Männer gingen hinaus und sprachen mit Bobby. Trinidad malte den Glanz des Weihnachtsbaumes und der Geschenke in lebhaften Farben.

»Und morgen, mein kleiner Freund«, fügte der Richter hinzu, »wird der Weihnachtsmann die Gaben persönlich verteilen, lauter Symbole der Geschenke, die die Hirten von Bethlehem dem . . . «

»Ach, hören Sie doch auf«, unterbrach ihn der Junge und sah ihn scheel an.

»Ich bin kein kleines Kind mehr. Es gibt keinen Weihnachtsmann. Die Großen kaufen das Spielzeug und schmuggeln es ins Zimmer, wenn man schläft. Und sie machen mit der Feuerzange Striche in den Kaminruß, das sollen dann die Schlittenspuren des Weihnachtsmannes sein.«

»Mag sein«, lenkte Trinidad ein, »aber Weihnachtsbäume sind keine Märchen. Bei uns wird er aussehen wie das Einheitspreisgeschäft in Albuquerque, ganz beladen mit Flittergold. Da gibt es Kreisel und Trommeln und Archen und...«

»Ach, Quatsch«, fiel Bobby müde ein. »Das ist schon lange nichts mehr für mich. Ich hätte gern ein Gewehr – nicht zum Scheibenschießen –, ein richtiges Gewehr, mit dem man Wildkatzen abknallen kann. Aber das haben Sie bestimmt nicht an Ihrem albernen Baum.«

»Na ja, mit Sicherheit kann ich es nicht sagen«, versetzte Trinidad diplomatisch, »aber es könnte sein. Komm mit uns, dann wirst du ja sehen.«

Die so genährte, wenn auch schwache Hoffnung bewog den Jungen zögernd einzuwilligen. Mit diesem einzigen Nutznießer der weihnachtlichen Güte Tscherokis machten sich die Werber auf den Heimweg.

In Yellowhammer war der leere Lagerraum in etwas verwandelt worden, das für das Gemach einer Fee von Arizona hätte gelten können. Die Damen hatten gute Arbeit geleistet. In der Mitte stand ein Weihnachtsbaum, bedeckt bis zum obersten Zweig mit Kerzen, Flitter und Spielzeug, das für zwei Dutzend Kinder gereicht hätte. Bei Sonnenuntergang begannen ängstliche Augen die Straße nach dem Wagen der Kinderbringer abzuspähen. Mittags war Tscheroki mit seinem Schlitten, der hoch beladen war mit Bündeln, Ballen und Schachteln aller Größen und Formen, in die Stadt gesaust. So versessen war er auf die Verwirklichung seiner selbstlosen Pläne, dass ihm die Kinderlosigkeit gar nicht auffiel. Niemand verriet etwas von den betrüblichen Zuständen in Yellowhammer, da man erwartete, dass Trinidad und der Richter durch ihre Bemühungen dem Mangel abhelfen würden.

Als die Sonne untergegangen war, verzog sich Tscheroki zwinkernd und grinsend mit dem Bündel, das sein Weihnachtsmannkostüm enthielt, und einem Paket, in dem besondere, noch nicht enthüllte Geschenke waren.

»Wenn sich die Kinder versammelt haben«, wies er den freiwilligen Organisationsausschuss an, »müsst ihr die Kerzen anzünden. Dann lasst ihr sie ›Oh du fröhliche‹ und ›Ihr Kinderlein, kommet‹ singen, und wenn sie mitten dabei sind, stiehlt sich der alte Weihnachtsmann herein. Ich schätze, dass die Geschenke für alle reichen werden.«

Die Damen umflatterten den Baum und legten letzte Hand an, die doch nie die letzte war. Die Schwestern Spangler trugen ihr Kostüm als Gräfin Violetta de Vere und Zofe Marie; das waren ihre Rollen in dem neuen Stück »Die Braut des Goldgräbers«. Da die Vorstellung erst um neun Uhr anfing, waren die beiden willkommene Helferinnen des Weihnachtsbaumkomitees. Jede Minute steckte jemand den Kopf zur Tür hinaus und lauschte auf das Hufgeklapper der Ankömmlinge.

Die ängstliche Spannung steigerte sich, als es dunkelte. Bald mussten die Kerzen angezündet werden und jeden Augenblick konnte der Weihnachtsmann Tscheroki seinen Auftritt vollziehen.

Endlich ratterte der Wagen der Kindsentführer die Straße entlang und hielt vor der Tür. Mit aufgeregten kleinen Schreien flogen die Damen die Kerzen anzuzünden. Die Männer von Yellowhammer gingen rastlos ein und aus oder standen in verlegenen Gruppen im Lagerraum herum.

Trinidad und der Richter, denen man die anstrengende Reise ansah, traten ein; zwischen ihnen kam ein einziger Lausejunge, der den prächtigen Baum mit finsterer, pessimistischer Miene betrachtete.

»Wo sind die andern Kinder?«, fragte die Frau des Goldprüfers, die anerkannte Leiterin aller gesellschaftlichen Anlässe.

»Madame«, antwortete Trinidad mit einem Seufzer, »Kindersuche zur Weihnachtszeit ist wie Silbersuche im Kalkstein. Ich kenne mich in elterlichen Dingen nicht aus. Allem Anschein nach sind Väter und Mütter dreihundervierundsechzig Tage im Jahr bereit ihre Kinder ertrinken, stehlen und vergiften zu lassen; aber am Weihnachtstag wollen sie unbedingt ihre Gesellschaft genießen. Dieser Junge hier ist alles, was wir nach zweitägiger Schufterei ausgewaschen haben.«

»Oh, so ein süßer kleiner Junge!«, gurrte Fräulein Erma und ließ ihre Gräfin-de-Vere-Schleppe zum Mittelpunkt des Schauplatzes schleifen.

»Ach, halt's Maul«, brummte Bobby. »Wer ist hier ein Kind? Sie bestimmt nicht.«

»So ein frecher Bengel!«, hauchte Fräulein Erma unter ihrem aufgemalten Lächeln.

»Wir haben unser Möglichstes getan«, sagte Trinidad. »Für Tscheroki ist es bitter, aber es lässt sich nicht ändern.«

Da ging die Tür auf und Tscheroki kam im althergebrachten Kostüm des heiligen Nikolaus herein. Ein weißer Rauschebart und herabwallende Haare verdeckten sein verwittertes Gesicht fast bis zu den glänzenden dunklen Augen. Auf dem Rücken trug er einen Sack.

Niemand rührte sich, als er eintrat. Sogar die Schwestern Spangler gaben ihre koketten Posen auf und starrten neugierig auf die große Gestalt. Bobby stand mit den Händen in den Hosentaschen und suchte mit mürrischer Miene den weiblichen und kindlichen Baum ab.

Tscheroki stellte seinen Sack ab und blickte sich verwundert um. Vielleicht vermutete er, eine Horde eifriger Kinder werde irgendwo gehütet und solle bei seinem Eintritt losgelassen werden. Er ging zu Bobby und streckte die rot behandschuhte Rechte aus.

»Fröhliche Weihnachten, kleiner Junge«, sagte Tscheroki. »Ich hole dir von dem Baum herunter, was du dir wünschst. Willst du dem Weihnachtsmann nicht die Hand geben?«

»Es gibt keinen Weihnachtsmann«, höhnte der Knabe. »Sie haben einen alten falschen Ziegenbart im Gesicht. Ich bin kein kleines Kind mehr. Was soll ich mit Puppen und Bleipferdchen? Der Kutscher sagte, Sie hätten ein Gewehr für mich, aber Sie haben keins. Ich will nach Hause.«

Trinidad sprang in die Bresche. Mit herzlichem Händedruck begrüßte er Tscheroki.

»Es tut mir Leid, Tscheroki«, erklärte er. »Wir haben in Yellowhammer kein einziges Kind. Wir sollten für deine Feier einen ganzen Schwarm auftreiben, aber diese Sardine war alles, was wir fangen konnten. Der Bengel ist ein Atheist und er glaubt nicht an den Weihnachtsmann. Jammerschade, dass du dir solche Mühe gemacht hast. Aber wir dachten, ich und der Richter, wir könnten eine ganze Wagenladung Kandidaten für deinen Krimskrams zusammenbringen.«

»Schon recht«, antwortete Tscheroki ernst. »Die Kosten sind keiner Erwähnung wert. Wir können das Zeug in einem Schacht abladen oder wegwerfen. Ich weiß nicht, was ich mir vorgestellt habe; aber es ist mir überhaupt nicht in den Sinn gekommen, dass es in Yellowhammer keine Kinder gab.«

Inzwischen hatte sich die Gesellschaft zu einer hohlen, aber lobenswerten Nachahmung eines freudigen Anlasses entspannt.

Bobby hatte sich in einen Winkel zurückgezogen, wo er auf einem Stuhl saß und kalt dem Schauspiel zusah: Langeweile stand deutlich auf seinem Gesicht geschrieben. Tscheroki, der von seiner ursprünglichen Idee nicht so ohne weiteres lassen wollte, ging zu ihm hinüber und setzte sich neben ihn.

»Wo wohnst du, kleiner Junge?«, fragte er ehrerbietig.

»Station Granite«, antwortete Bobby tonlos.

Es war warm im Lagerraum. Tscheroki nahm nicht nur seine Mütze ab, sondern auch Bart und Perücke.

»He!«, rief Bobby, der zum ersten Mal Neugier zeigte. »Ihr Gesicht kenne ich doch.«

»Hast du mich schon einmal gesehen?«, fragte Tscheroki.

»Ich weiß nicht, aber Ihr Bild habe ich viele Male gesehen.«

»Wo?«

Der Knabe zögerte, dann antwortete er: »Zu Hause auf der Kommode.«

»Sag mir bitte, wie du heißt, Jungchen.«

»Robert Lumsden. Das Bild gehört meiner Mutter. Nachts steckt sie es unters Kopfkissen. Und einmal sah ich, wie sie es küsste. Aber die Weiber sind eben so.«

Tscheroki stand auf und winkte Trinidad zu sich. »Behalte den Jungen hier, bis ich zurückkomme. Ich will diese Weihnachtsmannmaskerade ablegen und meinen Schlitten anspannen. Ich werde den Jungen heimbringen.«

»Soso, du Treuloser«, sagte Trinidad und setzte sich auf den Stuhl, den Tscheroki freigegeben hatte. »Du bist anscheinend so uralt und ausgelaugt, dass du dir aus solchen Albernheiten wie Süßigkeiten und Spielzeug nichts machst.«

»Ich kann Sie nicht leiden«, gab Bobby ätzend zurück. »Sie sagten, hier gäbe es ein Gewehr. Nicht einmal rauchen kann man hier. Ich wünschte, ich wäre zu Hause.« Tscheroki fuhr mit dem Schlitten bei der Tür vor und Bobby wurde hinaufgehoben und neben ihn gesetzt. Die prachtvollen Pferde tänzelten über den harten Schnee davon. Tscheroki trug einen Sealmantel, der fünfhundert Dollar gekostet hatte. Die Decke, die er über sich und den Jungen breitete, war samtwarm.

Bobby kramte aus seiner Tasche eine Zigarette hervor und traf Anstalten ein Zündholz anzureiben.

»Wirf die Zigarette weg«, sagte Tscheroki in ruhigem, aber ganz neuem Ton.

Bobby zauderte, dann ließ er sie über den Schlittenrand fallen.

»Auch die Streichholzschachtel«, befahl die neue Stimme.

Noch widerwilliger gehorchte der Junge.

»Sie«, begann Bobby unvermittelt, »ich habe Sie gern. Ich weiß nicht, warum. Noch nie hat mich ein Mensch dazu gebracht, etwas zu tun, was mir nicht passt.«

»Sag einmal, Kind«, diesmal schlug Tscheroki nicht den neuen Ton an, »hat deine Mutter wirklich das Bild geküsst, das mir so ähnlich ist?«

»Ehrenwort. Ich hab es ja selbst gesehen.«

»Sagtest du nicht etwas davon, dass du dir ein Gewehr wünschst?«

»Und wie? Wollen Sie mir eines schenken?«

»Morgen bekommst du von mir eine Flinte, mit Silber geschlagen.«

Tscheroki zog seine Uhr hervor.

»Halb zehn. Wir werden noch am Weihnachtsabend zu Hause sein. Ist dir kalt? Rück näher, mein Sohn.«

TRUMAN CAPOTE

Der silberne Krug

ach der Schule arbeitete ich immer im Walhalla-Drugstore. Er gehörte meinem Onkel, Mr. Ed. Marshall. Ich nenne ihn Mr. Marshall, weil alle, einschließlich seiner Frau, ihn Mr. Marshall nannten. Trotzdem war er ein netter Mensch.

Sein Drugstore war vielleicht ein bisschen altmodisch, aber er war groß und dunkel und kühl: Während der Sommermonate gab es keinen angenehmeren Ort in der ganzen Stadt. Wenn man hineinkam, stand zur Linken der Ladentisch für Tabakwaren und Zeitschriften, hinter dem Mr. Marshall gewöhnlich saß: ein untersetzter Mann mit einem viereckigen geröteten Gesicht und einem gezwirbelten, männlichen weißen Schnurrbart. Dem Ladentisch gegenüber stand die prächtige Sodabar. Sie war sehr alt und aus feinem gelblichem Marmor hergestellt, der sich ganz glatt anfühlte, aber nicht mit billiger Glasur überzogen war. Mr. Marshall hatte sie 1910 auf einer Auktion in New Orleans erstanden und war sehr stolz darauf. Wenn man auf einem der hohen, schlanken Hocker saß und über die Bar blickte, konnte man sich verschwommen, wie bei Kerzenlicht, in einer Reihe alter Mahagonispiegel betrachten. Auch die einfache Ware war in Vitrinen untergebracht, hinter Glastüren, die mit Messingschlüsseln verschlossen waren. Diese Vitrinen sahen aus, als enthielten sie kostbare Raritäten. Es lag immer ein Geruch von Sirup, Muskatnuss und anderen köstlichen Dingen in der Luft.

Im Walhalla traf sich die ganze Wachata County, bis ein gewisser McPherson in die Stadt kam und einen zweiten Drugstore eröffnete, auch auf dem Rathausplatz, direkt gegenüber. Dieser Rufus McPherson war ein ganz gemeiner

Kerl; er nahm meinem Onkel nämlich die Kundschaft fort. Er richtete sich sehr modern ein, hatte zum Beispiel elektrische Ventilatoren und farbige Glühbirnen; er trug den Vorüberfahrenden die Waren ans Auto und machte gegrillte Käse-Sandwiches auf Bestellung. Wenn auch manche Mr. Marshall treu blieben, die meisten konnten Rufus McPherson doch nicht widerstehen.

Eine geraume Zeit versuchte Mr. Marshall ihn zu übersehen: Wenn man McPhersons Namen erwähnte, ließ er so etwas wie ein Schnauben vernehmen, zwirbelte seinen Schnurrbart und blickte fort. Aber man sah, dass er wütend war. Und er wurde immer wütender. Eines Tages dann, es war so Mitte Oktober, kam ich ins Walhalla und sah ihn an der Bar sitzen, Domino spielen und mit Hamurabi Wein trinken.

Hamurabi war ein Ägypter und so etwas Ähnliches wie ein Dentist, wenn er auch nicht viel zu tun hatte, denn die Leute haben hier in der Gegend ungewöhnlich gesunde Zähne, die sie einem besonderen Stoff, den das Wasser enthält, zu verdanken haben. Die meiste Zeit lungerte er im Walhalla herum und er war der beste Freund meines Onkels. Es war ein hübsches Mannsbild, dieser Hamurabi, dunkelhäutig und fast zwei Meter groß. Die Mütter unserer Stadt steckten ihre Töchter hinter Schloss und Riegel und machten ihm selber schöne Augen. Er hatte überhaupt keinen fremden Akzent und ich war immer der Überzeugung, dass er so wenig ein Ägypter war wie der Mann im Mond.

Jedenfalls tranken sie da nun in großen Zügen roten italienischen Wein aus einem Vier-Liter-Krug. Es war ein betrüblicher Anblick, denn Mr. Marshall war weit und breit als Antialkoholiker bekannt. So war natürlich mein erster Gedanke: Oh Himmel, Rufus McPherson hat es also doch geschafft. Das war aber gar nicht der Fall.

»Komm her, mein Sohn«, sagte Mr. Marshall, »und trink ein Glas Wein mit uns.«

»Ja«, sagte Hamurabi, »du musst uns helfen ihn leer zu machen. Er ist aus dem Laden, wir können ihn nicht verkommen lassen.«

Viel später, als der Krug geleert war, nahm Mr. Marshall ihn auf und sagte: »Na, wir werden ja sehn!« Und damit verschwand er in den Nachmittag.

»Wo will er denn hin?«, fragte ich.

»Tja«, war alles, was Hamurabi antwortete. Es machte ihm Spaß, mich zu foppen.

Eine halbe Stunde verstrich, ehe mein Onkel wiederkam. Er ging ganz krumm und stöhnte unter der Last, die er trug. Er stellte den Krug auf die Bar, trat zurück und rieb sich lächelnd die Hände. »Nun, was haltet ihr davon?«

»Hm«, schnurrte Hamurabi.

»Oje...«, sagte ich.

Es war derselbe Weinkrug, bei Gott, aber er hatte sich inzwischen wunderbar verändert; denn er war jetzt bis zum Rand mit Fünf- und Zehncentstücken voll gepfropft, die matt durch das dicke Glas schimmerten.

»Hübsch, was?«, sagte mein Onkel. »In der First National habe ich das machen lassen. Größere Stücke als Fünfer gingen nicht rein. Aber es ist trotzdem 'ne Menge Geld drin, das kann ich euch sagen.«

»Aber was soll das, Mr. Marshall?«, sagte ich. »Ich meine, was hat das für einen Sinn?«

Mr. Marshalls Lächeln ging in ein Grinsen über. »Das hier ist ein Krug voll Silber, man könnte sagen...«

»Das Schüsselchen am Ende des Regenbogens«, unterbrach Hamurabi.

»...und der Sinn, wie du es nennst, ist der, dass die Leute raten sollen, wie viel Geld da drin ist. Sagen wir zum Beispiel, du kaufst etwas für fünfundzwanzig Cent – gut, damit erwirbst du dir die Chance zu raten. Und ich werde bis zum Heiligen Abend alle Zahlen in mein Hauptbuch eintragen. An diesem Abend aber bekommt derjenige, der der richtigen Summe an nächsten kommt, den ganzen Ramsch.« Hamurabi nickte feierlich. »Er spielt den Weihnachtsmann – einen ganz schön gerissenen Weihnachtsmann«, sagte er. »Ich geh jetzt nach Haus und schreib ein Buch: Der raffinierte Mord an Rufus McPherson.«

Um die Wahrheit zu sagen, er schrieb wirklich manchmal Gedichte und schickte sie an verschiedene Magazine. Aber sie kamen immer wieder zurück.

Es war überraschend und kam einem Wunder gleich, wie die Wachata County den Krug aufnahm. Seit den Tagen des Bahnvorstehers Tully, der armen Seele, hatte das Walhalla kein solches Geschäft mehr gemacht. Tully war damals plötzlich verrückt geworden und hatte überall verbreitet, er habe hinter dem Bahnhof Öl entdeckt, was zur Folge hatte, dass die Stadt von wilden Ölsuchern überschwemmt wurde. Sogar die größten Trunkenbolde, die nie einen Cent für etwas anderes ausgaben als für Whisky oder Weiber, hielten jetzt ihr Geld zusammen und legten es in Milchmischgetränken an. Ein paar ältliche Damen missbilligten zwar öffentlich Mr. Marshalls Unternehmen als eine Art von Glücksspiel, aber sie machten uns weiter keine Schereien, und einige kamen uns sogar gelegentlich besuchen und wagten mitzuraten. Die Schulkinder waren ganz besessen von der Sache und ich wurde bei ihnen sehr beliebt, weil sie dachten, ich wüsste die richtige Antwort.

»Ich will dir sagen, warum das alles so ist«, sagte Hamurabi und zündete sich eine der ägyptischen Zigaretten an, die er sich von einer New Yorker Firma mit der Post schicken ließ. »Es ist nämlich nicht das, was man zunächst annehmen könnte; mit anderen Worten, es ist nicht Habgier. Nein, es ist das Geheimnis, das einen solchen Zauber verbreitet. Man braucht sich ja bloß mal diese Fünf- und Zehncentstücke anzuschauen. Was denkt man dabei: Ah, *so* viel! Nein, nein. Man denkt: Ah, *wie* viel? Und das ist in der Tat eine tiefgründige Frage. Für jeden bekommt sie eine andere Bedeutung. Verstehst du?«

Und Rufus McPherson war vielleicht empört! Wenn man ein Geschäft hat, rechnet man um die Weihnachtszeit mit einem großen Teil seines jährlichen Verdienstes und gerade jetzt tat er sich schwer einen Kunden zu finden. So versuchte er das mit dem Krug nachzumachen; aber weil er ein solcher Geizhals war, tat er nur Eincentstücke hinein. Er schrieb auch einen Brief an die Redaktion des »Banner«, unserer Wochenzeitung, in dem er sagte, dass man Mr.

Marshall »teeren und federn und aufhängen sollte, weil er kleine unschuldige Kinder in gewiegte Spieler verwandelte und sie auf den Weg zur Hölle führt!« Es lässt sich denken, wie lächerlich er sich machte. Niemand hatte für McPherson etwas anderes übrig als Spott. Und so stand er ab Mitte November etwa nur noch vor seinem Laden auf der Straße und starrte bitterböse auf das fröhliche Treiben jenseits des Platzes.

Um diese Zeit etwa tauchten Appleseed und seine Schwester zum ersten Mal auf. Er war in unserer Stadt nicht bekannt. Wenigstens konnte sich niemand erinnern ihn je zuvor gesehen zu haben. Er erzählte, dass er eineinhalb Kilometer hinter Indian-Branches auf einer Farm wohne; berichtete, dass seine Mutter nur vierundsiebzig Pfund wiege und dass er noch einen älteren Bruder habe, der auf Hochzeiten für fünfzig Cent Geige spielte. Er behauptete, dass Appleseed der einzige Name sei, den er habe, und dass er zwölf Jahre alt sei. Aber Middy, seine Schwester, sagte, er sei erst acht. Sein Haar war glatt und dunkelblond. Er hatte ein schmales, wettergebräuntes Gesicht mit unruhigen grünen Augen, die einen sehr weisen und erfahrenen Ausdruck hatten. Er war klein und schmächtig und nervös; und er hatte immer dieselben Sachen an: einen roten Pullover, blaue Drillichhosen und ein Paar Stiefel von Männergröße, die bei jedem Schritt schlappten.

Es regnete, als er zum ersten Mal ins Walhalla kam; das Haar klebte an seinem Kopf, als hätte er eine Kappe auf, und seine Stiefel waren vom braunen Lehm der Feldwege dick überkrustet. Middy zottelte hinter ihm her, während er großspurig wie ein Cowboy in die Bar trat, wo ich gerade Gläser wusch.

»Ich hab gehört, ihr habt da Geld in 'ne Flasche gesteckt und wollt die jetzt verschenken«, sagte er und sah mich dabei ruhig an. »Wo ihr's doch sowieso hergebt, da wärn wir sehr dankbar, wenn ihr's uns denn geben tätet. Ich heiße Appleseed, das hier is' meine Schwester Middy.«

Middy war ein ganz armselig aussehendes Kind. Sie war ein gutes Stück größer als ihr Bruder und sah auch älter aus: eine richtige Bohnenstange. Sie hatte kurzes, flachsblondes Haar, das aussah wie abgehackt, und ein blasses, erbarmungswürdiges kleines Gesicht. Sie trug ein verschossenes Baumwollkleidchen, das ihr knapp bis zu den spitzen Knien reichte. Irgendetwas mit ihren Zähnen stimmte nicht und sie suchte es zu verbergen, indem sie den Mund immer fest zusammenpresste wie eine alte Dame.

»Tut mir Leid«, sagte ich, »aber da musst du mit Mr. Marshall reden.«

Und das tat er natürlich. Ich hörte, wie mein Onkel ihm erklärte, was er tun müsse, um den Krug zu gewinnen. Appleseed hörte aufmerksam zu, nickte dann und wann. Plötzlich kam er zurück, stellte sich vor den Krug, streichelte ihn ganz vorsichtig und sagte: »Is' sich nich' 'n hübsches Ding, Middy?«

Middy sagte: »Kriegen wir sie?«

»Nee. Was man da erst machen muss, du, man muss raten, wie viel Geld drin is'. Und man muss für fünfundzwanzig Cent was kaufen, um erst ma' raten zu können.«

»Ooch, wir haben doch aber gar nich' fünfundzwanzig Cent. Was meinst, wie wir fünfundzwanzig Cent kriegen sollen?«

Appleseed runzelte die Stirn und rieb sich das Kinn. »Das wird noch das Einfachste sein, überlass das man mir. Viel schwieriger ist: Wenn ich 'ne Chance habe, kann ich nich' nur raten ... ich muss *wissen*.«

Nun gut, ein paar Tage später sah man sie wieder. Appleseed ließ sich auf einem Barhocker nieder und verlangte ganz ungeniert zwei Glas Wasser, eins für sich und eins für Middy.

Das war die Gelegenheit, bei der er uns die Informationen über seine Familie gab: »... dann is' noch Papa Daddy da, das is' der Papa von meiner Mama, das is' 'n Indianer, weil er nämlich nich' gut Englisch sprechen kann. Mein Bruder, der wo Geige spielt, der is' schon dreimal im Kittchen gewesen ... wegen ihm mussten wir weg von Louisiana. Bei 'ner Messerstecherei hat er einen schlimm zugerichtet, wegen 'ner Frau, die war zehn Jahr älter wie er. Sie hatte blonde Haare.« Middy, die sich im Hintergrund herumdrückte, sagte nervös: »Du musst nich' die ganzen privaten Sachen von unserer Familie erzählen, Appleseed.«

»Halt 'n Mund, Middy«, sagte er und sie war still. »Sie is' 'n liebes Ding«, fügte er hinzu, drehte sich um und tätschelte ihren Kopf, »aber sie darf sich nich' alles erlauben. Geh jetzt und schau die Bilder in den Zeitschriften an, Liebes, und hör auf mit den Zähnen so zu machen. Appleseed muss jetzt 'n bisschen überlegen.« Das Überlegen bestand darin, dass er unentwegt den Krug anstarrte, als wolle er ihn mit den Augen verschlingen. Das Kinn in die Hand gestützt, sah er ihn lange Zeit an, ohne ein einziges Mal seine Augenlider zu bewegen. »Eine Dame in Louisiana hat gesagt, dass ich sehn kann, was andre Leute nich' sehn können, weil ich mit 'ner Glückshaube auf die Welt gekommen bin.«

»Ist doch klar, dass du nicht sehn kannst, wie viel da drin ist«, sagte ich zu ihm. »Warum lässt du dir nicht einfach eine Zahl einfallen, vielleicht ist das die richtige.«

»Huch«, sagte er, »das is' verdammt riskant. Ich ... so kann ich das nich' machen. Ich hab mir überlegt, ganz sicher is' die Sache nur, wenn man jeden Fünfer und jeden Zehner zählt.«

»Zählen!«

»Was zählen?«, fragte Hamurabi, der gerade hereingekommen war und sich an die Bar setzte.

»Der Junge da sagt, er will zählen, wie viel in dem Krug drin ist«, erklärte ich.

Hamurabi sah Appleseed interessiert an. »Wie willst du das bewerkstelligen, mein Sohn?«

»Oh, eben zählen«, sagte Appleseed sachlich.

Hamurabi lachte. »Dann musst du schon Röntgenaugen haben, mein Sohn, mehr kann ich dazu nicht sagen.«

»Oh, nein. Die Hauptsache is' nur, dass man mit 'ner Glückshaube auf die

Welt gekommen is'. Eine Dame in Louisiana hat das zu mir gesagt. Das war 'ne Hexe; sie hatte mich gern, und als meine Mama mich nich' zu ihr geben wollte, hat sie sie verhext und darum wiegt meine Mama nur noch vierundsiebzig Pfund.«

»Seh-r in-te-res-sant«, bemerkte Hamurabi nur und sah Appleseed ganz merkwürdig an.

Middy bummelte so durch die Gegend und griff nach einer Ausgabe der »Filmgeheimnisse«. Sie zeigte Appleseed ein Foto und sagte: »Is' diese Dame nich' hübsch? Sieh doch nur, Appleseed, siehst du, was die für schöne Zähne hat? Die sind nich' so durcheinander.«

»Mach dir man darum keine Sorgen mehr«, sagte er.

Als sie gegangen waren, bestellte Hamurabi sich eine Flasche Orangeade und trank sie langsam aus, während er eine Zigarette rauchte. »Glaubst du, bei dem Kleinen stimmt da oben alles?«, fragte er plötzlich mit nachdenklicher Stimme.

In den kleinen Städten lässt sich Weihnachten am allerbesten feiern, glaube ich. Die Stimmung breitet sich in ihnen schneller aus, sie verwandeln sich und kommen unter diesem Zauber zu einem völlig neuen Leben. Schon in der ersten Dezemberwoche wurden die Haustüren mit Kränzen geschmückt und in den Schaufenstern sah man schimmernde rote Papierglocken und glitzernden Schnee. Die Kinder wanderten in die Wälder hinaus und kamen mit duftenden Weihnachtsbäumen schwer beladen zurück. Die Frauen fingen an ihre Stollen zu backen, sie machten die Einmachgläser mit dem Mincemeat auf und die Flaschen mit dem Brombeer- und Scuppernong-Wein. Auf dem Rathausplatz wurde ein riesengroßer Baum mit Lametta und elektrischen Kerzen geschmückt, die nach Sonnenuntergang angezündet wurden. Spät am Nachmittag konnte man den Chor der Presbyterianerkirche Weihnachtslieder für das alljährlich stattfindende Krippenspiel üben hören. In der ganzen Stadt standen die Kamelien in voller Blüte.

Der einzige Mensch, der nicht im Geringsten von dieser zu Herzen gehenden Atmosphäre berührt zu sein schien, war Appleseed. Er ging seiner Beschäftigung nach das Kruggeld zu zählen und er tat das mit großer und beharrlicher Sorgfalt. Jeden Tag kam er nun ins Walhalla und konzentrierte sich auf den Krug, wobei er finster vor sich hin blickte und murmelte. Anfangs waren wir alle fasziniert, aber allmählich wurde es langweilig und niemand kümmerte sich mehr um ihn. Er kaufte nie etwas, offensichtlich war es ihm nicht gelungen, die fünfzig Cent aufzutreiben. Manchmal sprach er mit Hamurabi, der ein zärtliches Interesse an ihm nahm und ihm gelegentlich Bonbons oder für einen Cent Lakritze schenkte.

»Glauben Sie immer noch, dass er 'n bisschen spinnt?«, fragte ich.

»Ich bin mir nicht ganz sicher«, sagte Hamurabi. »Aber du wirst es schon noch erfahren. Er isst nicht genug. Ich werd ihn mal ins Café Regenbogen mitnehmen und ihm einen Teller Gulasch bestellen.«

»Fünfundzwanzig Cent wären ihm wahrscheinlich lieber.«

»Nein. Er braucht eine ordentliche Portion Gulasch. Außerdem wäre es für ihn besser, wenn er nie zum Raten käme. Ein so nervöses, so ungewöhnliches Kind, ich möchte nicht dafür verantwortlich sein, wenn er verliert. Sag doch selbst, es wär schrecklich.«

Ich will zugeben, dass Appleseed mir zu der Zeit nicht ganz richtig vorkam. Mr. Marshall hatte Mitleid mit ihm. Die Kinder versuchten ihn zu necken, gaben es aber bald auf, weil er sich einfach nicht um sie kümmerte. Den ganzen Tag sah man ihn nur an der Bar sitzen, mit gerunzelter Stirn, die Augen unentwegt auf den Krug gerichtet. Und er war so abwesend, dass man manchmal das schrecklich unheimliche Gefühl hatte, er existiere vielleicht gar nicht. Und wenn man schon beinah wirklich davon überzeugt war, wachte er auf und sagte so etwas Ähnliches wie »Weißt, hoffentlich is' 'n Buffalo-Fünfer drin, von 1913. So 'n Junge hat mir gesagt, wo man für 'nen Buffalo-Fünfer von 1913 fünfzig Dollar kriegt.« Oder »Middy soll 'ne berühmte Dame beim Film werden. Die verdienen 'ne Menge Geld, die Damen, die beim Film mitmachen. Dann essen wir aber keinen Grünkohl mehr, solang wir leben. Nur Middy sagt, sie kann nich' zum Film, wenn sie keine schönen Zähne hat.«

Middy kam nicht immer mit ihrem Bruder mit. An den Tagen, an denen sie nicht dabei war, schien er nicht er selbst zu sein; er war dann scheu und ging bald wieder.

Hamurabi hielt sein Versprechen und lud ihn zu einem Gulasch ins Café ein. »Mr. Hamurabi is' nett, doch, doch«, sagte Appleseed hinterher, »aber er hat so komische Ansichten: Er is' der Meinung, dass er König wär oder so was Ähnliches, wenn er an einem Ort leben würde, der Ägypten heißt.«

Und Hamurabi sagte: »Dieses Kind hat ein rührendes Vertrauen. Es ist schön, wenn man das so sieht. Aber ich fange an die ganze Sache zu verabscheuen.« Und er zeigte zum Krug hinüber. »Eine derartige Hoffnung in einem Menschen zu erwecken ist grausam und es tut mir verdammt Leid, dass ich anfangs mitgemacht habe.«

Im Walhalla vertrieb man sich am liebsten die Zeit damit zu überlegen, was man kaufen würde, wenn man den Krug bekäme. Unter denen, die dabei mitmachten, waren: Salomon Katz, Phoebe Johnes, Carl Kuhnhardt, Pully Simmons, Eddie Foxcroft, Marvin Finkle, Trudy Edwards und ein Neger namens Erskine Washington.

Ein paar ihrer Wünsche waren: eine Reise nach Birmingham, um sich dort Dauerwellen machen zu lassen, ein gebrauchtes Klavier, ein Shetland-Pony, ein goldenes Armband, eine vollständige Ausgabe von Rover-Boys-Büchern und eine Lebensversicherung.

Einmal fragte Mr. Marshall, was Appleseed sich denn wünsche. »Das is' 'n Geheimnis«, war die Antwort und kein noch so dringendes Bitten konnte ihn dazu bringen, es zu verraten. Aber wir waren davon überzeugt, dass es ein ganz brennender Wunsch sein musste, was es auch immer sein mochte.

Richtig Winter wird es bei uns in der Regel erst Ende Januar und dann ist er auch noch ziemlich mild und dauert nicht lange.

Aber in dem Jahr, von dem ich schreibe, waren wir schon in der Woche vor Weihnachten mit einem ungewöhnlichen Kälteeinbruch gesegnet. Mancher redet heute noch davon, denn es war ganz schrecklich: Die Wasserleitungen froren ein; viele Leute mussten, in ihre Decken gehüllt, den ganzen Tag im Bett bleiben, weil sie es versäumt hatten, genug Holz für den Kamin zu besorgen; der Himmel verwandelte sich in jenes seltsam trübe Grau, das er kurz vor einem Gewitter zeigt, und die Sonne war so blass wie der abnehmende Mond. Ein scharfer Wind blies. Er fegte die alten, vertrockneten Blätter des vergangenen Herbstes auf den vereisten Boden und der Tannenbaum auf dem Rathausplatz wurde zweimal seines ganzen Weihnachtsschmucks beraubt. Wenn man atmete, entstanden Rauchschwaden. Unten bei der Seidenspinnerei, wo die Ärmsten der Armen wohnten, drängten sich die Familien abends in der Dunkelheit zusammen und erzählten sich Geschichten, um sich von der Kälte abzulenken. Draußen auf dem Land bedeckten die Farmer ihre empfindlichen Pflanzen mit Hanfsäcken und beteten; manche nutzten das Wasser aus, schlachteten ihre Schweine und brachten frische Wurst in die Stadt. Mr. R. C. Judkins, der Trunkenbold der Stadt, staffierte sich mit einem roten Rupfengewand aus und spielte den Weihnachtsmann in dem Geschäft, in dem es nur Sachen für fünf und zehn Cent zu kaufen gibt. Mr. R. C. Judkins war Vater einer großen Familie und alle waren glücklich ihn einmal so nüchtern zu erleben, dass er in der Lage war einen Dollar zu verdienen. Auf einer der Feiern, die die Kirche jetzt veranstaltete, standen sich Mr. Marshall und Rufus McPherson plötzlich von Angesicht zu Angesicht gegenüber: Bittere Worte wurden gewechselt, aber es kam zu keiner Schlägerei.

Wie schon erwähnt, lebte Appleseed auf einer Farm, eineinhalb Kilometer hinter Indian-Branches, also annähernd fünf Kilometer von unserer Stadt entfernt; ein riesig langer und einsamer Weg. Aber trotz der Kälte kam er jeden

Tag ins Walhalla und blieb bis Ladenschluss, das bedeutete, da die Tage nun kürzer waren, bis nach Einbruch der Dunkelheit.

Gelegentlich konnte er den halben Weg mit dem Vorarbeiter von der Seidenspinnerei mitfahren, aber das kam nicht oft vor. Er sah müde aus und bekam tiefe Falten um den Mund. Er fror dauernd und bibberte furchtbar vor Kälte. Ich glaube nicht, dass er irgendetwas Warmes unter seinem roten Pullover und seinen blauen Drillichhosen anhatte.

Es war drei Tage vor Weihnachten, als er plötzlich aus heiterem Himmel verkündete: »Nun, ich bin fertig. Ich meine, ich weiß jetzt, wie viel in der Flasche drin is'.« Er brachte das mit einer solchen ernsthaften, feierlichen Sicherheit heraus, dass es schwer fiel, daran zu zweifeln.

»Jetzt hör aber mal auf, mein Sohn«, sagte Hamurabi, der auch gerade da war. »Das kannst du gar nicht wissen. Es ist falsch, sich das einzubilden, du bist drauf und dran, dir nur weh zu tun.«

»Sie brauchen mir keine Predigt zu halten, Mr. Hamurabi. Ich weiß schon, was ich tu. 'ne Dame in Louisiana hat zu mir gesagt...«

»Ja, ja, ja – aber du solltest das vergessen. Wenn ich du wäre, würde ich jetzt schön nach Hause gehen und dort auch bleiben und diesen gottverdammten Krug vergessen.«

»Mein Bruder geht heute Abend rüber nach Cherokee City, auf 'ne Hochzeit, er soll dort wieder spielen und er wird mir dann die fünfundzwanzig Cent geben«, sagte Appleseed halsstarrig. »Morgen werd ich mein Glück versuchen.«

Am nächsten Tag war ich daher einigermaßen aufgeregt, als Appleseed und Middy ankamen. Er hatte wirklich seine fünfundzwanzig Cent: Zur Sicherheit waren sie in den Zipfel eines roten Taschentuches eingebunden.

Die beiden wanderten Hand in Hand an den Auslagen entlang und beratschlagten flüsternd, was sie sich kaufen sollten. Schließlich entschieden sie sich für ein fingerhutgroßes Fläschchen Gardenia-Cologne, das Middy sofort aufmachte und sich zur Hälfte aufs Haar goss. »Es riecht wie... oh, liebe Mutter Gottes, ich hab noch nie so was Süßes gerochen. Komm, Appleseed, Liebling, lass mich auch was auf dein Haar spritzen.« Aber er ließ es nicht zu.

Mr. Marshall suchte sein Hauptbuch heraus, das alle Zahlen enthielt, während Appleseed zur Bar schlenderte; er legte beide Hände um den Krug und streichelte ihn sanft. Seine Augen leuchteten und seine Wangen glühten vor Erregung. Ein paar Leute, die im Augenblick gerade im Drugstore waren, drängten sich näher heran. Middy stand im Hintergrund, kratzte sich seelenruhig am Bein und roch an dem Cologne. Hamurabi war nicht da.

Mr. Marshall leckte an seiner Bleistiftspitze und lächelte.

»O. k., mein Sohn, was soll ich nun schreiben?«

Appleseed holte tief Luft. »Siebenundsiebzig Dollar und fünfunddreißig Cent«, platzte er heraus.

Mit dem Nennen einer so ungeraden Zahl bewies er Originalität, weil im Großen und Ganzen nur runde Ziffern geraten worden waren. Mr. Marshall wiederholte feierlich den Betrag, während er ihn niederschrieb.

»Wann erfahr ich, ob ich gewonnen hab?«

»Am Heiligen Abend«, sagte irgendjemand.

»Das is' morgen, wie?«

»Ja, so ist es«, sagte Mr. Marshall ohne jegliche Überraschung. »Komm um vier Uhr.«

Während der Nacht sank das Thermometer noch tiefer und gegen Morgen gab es einen jener heftigen sommergleichen Regengüsse, sodass der nächste Tag heiter und frostig war. In der Stadt sah es aus wie auf einer Ansichtskarte aus dem Norden, mit glitzernden Eiszapfen an den Bäumen und Eisblumen auf allen Fensterscheiben. Mr. R. C. Judkins stand in aller Frühe auf, stampfte ohne ersichtlichen Grund durch die Straßen und läutete mit einer Tischglocke, ab und zu blieb er stehen, um einen Schluck Whisky aus einer kleinen Flasche zu nehmen, die er in seiner hinteren Tasche verborgen hielt. Da der Tag

windstill war, stieg aus den Schornsteinen der Rauch gemächlich und gerade-
wegs zum frostigen Himmel auf. Ein bisschen später war der presbyterianische
Chor schon in vollem Schwung; und die Kinder (sie trugen Schrecken erre-
gende Masken wie am Abend vor Allerheiligen) jagten einander rund um den
Platz und machten einen ohrenbetäubenden Lärm.

Hamurabi kam gegen Mittag, um uns beim Ausschmücken von Walhalla behilflich zu sein. Er brachte eine große Tüte mit Mandarinen mit, die wir zusammen alle aufaßen; die Schalen warfen wir in den neuen dickbauchigen
Ofen (ein Geschenk Mr. Marshalls an sich selbst), der in der Mitte des Ladens
stand. Dann nahm mein Onkel den Krug von der Bar, polierte ihn blank und
stellte ihn auf einen Tisch, von dem aus man ihn gut sehen konnte. Danach war
er für uns überhaupt keine Hilfe mehr, denn er hockte auf einem Stuhl und verbrachte die ganze Zeit damit, eine zerknitterte grüne Schleife um den Krug zu
binden und sie wieder abzunehmen. So mussten Hamurabi und ich das Übrige allein machen: Wir fegten den Boden, rieben die Spiegel blank, staubten
die Vitrinen ab und zogen rote und grüne Bänder aus Krepppapier von einer
Wand zur anderen. Als wir fertig waren, sah alles sehr hübsch und elegant aus.

Aber Hamurabi sah trübselig auf unser Werk und sagte: »Nun, ich denke, ich
mach jetzt, dass ich fortkomme.«

»Du willst nicht bleiben?«, fragte betroffen.

»Oh, nein, nein«, sagte Hamurabi und schüttelte langsam seinen Kopf. »Ich
will nicht das Gesicht dieses Kindes sehen. Heut ist Weihnachten und ich hab
die Absicht mich zu amüsieren. Und das kann ich nicht, wenn ich mir das aufs
Gewissen lade. Teufel, ich könnt nicht mehr schlafen.«

»Mach, was du willst«, sagte Mr. Marshall. Er zuckte die Achseln, aber man
konnte sehen, dass er sich verletzt fühlte. »So ist das Leben eben – und außerdem, wer weiß denn, ob er nicht gewinnt?«

Hamurabi seufzte schwermütig. »Was hat er geraten?«

»Siebenundsiebzig Dollar und fünfunddreißig Cent«, sagte ich.

»Geb doch zu, das ist doch hirngespinstig«, sagte Hamurabi. Er ließ sich neben Mr. Marshall auf einen Stuhl fallen, schlug die Beine übereinander und zündete sich eine Zigarette an. »Wenn du Baby Ruth dahast, möcht ich gern eins, ich hab 'nen bitteren Geschmack im Mund.«

Der Nachmittag schlich dahin und wir saßen alle drei um den Tisch herum und fühlten uns schrecklich elend. Es wurde kaum ein Wort gesprochen, und als die Kinder nun den Platz verlassen hatten, hörte man nur noch die Uhr vom Rathausturm die Stunden schlagen. Das Walhalla war geschlossen, aber ständig gingen Leute vorbei und schauten verstohlen ins Fenster. Um drei Uhr sagte Mr. Marshall zu mir, ich solle die Tür aufschließen.

Innerhalb von zwanzig Minuten war der Raum proppenvoll; alle hatten sie ihre Sonntagskleider an und in der Luft lag ein süßlicher Geruch, denn die meisten der kleinen Mädchen von der Seidenspinnerei hatten sich mit Vanille einparfümiert. Sie drängten sich an den Wänden entlang, setzten sich auf die Bar, quetschten sich hinein, wo immer sie konnten; bald zog sich die Menge bis auf die Straße hinauf. Der Platz war mit Pferdegespannen und T-Ford-Modellen umsäumt, die die Farmer mit ihren Familien in die Stadt gebracht hatten. Es gab viel Gelächter und Schreien und Spaß – ein paar empörte Damen beklagten sich über das Fluchen und rücksichtslose Schieben und Drängen der jungen Burschen, aber niemand ging fort. Am Seiteneingang hatte sich eine ganze Menge Neger zusammengefunden und sie amüsierten sich am meisten. Jeder versuchte das Beste aus einer guten Sache zu machen. Denn in unserer Gegend ist es für gewöhnlich sehr ruhig: Es geschieht nicht viel. Man kann mit Sicherheit sagen, dass nahezu die ganze Wachata County anwesend war, mit Ausnahme der Kranken natürlich und – Rufus McPhersons. Ich sah mich nach Appleseed um, konnte ihn aber nirgends entdecken. Mr. Marshall räusperte sich und klatschte in die Hände, um sich Ruhe zu verschaffen. Als sich der Lärm gelegt hatte und die Atmosphäre genügend gespannt war, erhob er seine Stimme wie ein Auktionator und rief: »Nun hört mal alle her, in die-

sem Umschlag, den ihr hier in meiner Hand seht« – und er hob ein gelbes Ku-
vert hoch über seinen Kopf –, »hier also steht die Lösung drin, die bis zu diesem Augenblick niemand kennt, außer dem lieben Gott und der First National
Bank, ha, ha. Und in dieses Buch« – er hob nun das Hauptbuch mit der anderen Hand hoch –, »hab ich alles aufgeschrieben, was ihr geraten habt. Hat
noch jemand eine Frage?« Alles war still. »Schön. Wenn wir jetzt noch jemand
haben könnten, der freiwillig…«

Nicht eine lebende Seele rührte sich von der Stelle: Es war, als ob eine ent-
setzliche Scheu die Menge überfallen hätte und auch diejenigen, die sonst die
größten Angeber waren, scharrten nur verlegen mit den Füßen. Da rief jemand,
es war Appleseeds Stimme: »Durchlassen… Ma'am, gehn Se bitte aus'm
Weg.« Als er sich nun nach vorn drängte, trotteten Middy und ein magerer,
verschlafen aussehender Bursche hinter ihm her, es war offensichtlich der gei-
gende Bruder. Appleseed hatte dasselbe an wie immer, aber sein Gesicht war
sauber geschrubbt und rosig, die Stiefel waren geputzt und das Haar hatte er
mit Pomade glatt zurückgekämmt. »Kommen wir noch zur Zeit?«, keuchte er.

Aber Mr. Marshall sagte: »Du willst also unser Freiwilliger sein?«

Appleseed sah ihn verwirrt an, nickte dann aber heftig.

»Hat irgendjemand etwas gegen diesen jungen Mann einzuwenden?«

Immer noch herrschte Totenstille. Mr. Marshall übergab Appleseed den Umschlag, der ihn ruhig entgegennahm. Er nagte an seiner Unterlippe und sah ihn
erst noch einen Moment an, bevor er ihn aufriss.

In der ganzen Versammlung gab es keinen Laut, außer einem gelegentlichen
Husten und dem gedämpften Klingeln von Mr. R. C. Judkins' Tischglocke. Hamurabi lehnte an der Bar und starrte zur Decke; Middy stierte mit leerem Blick
über die Schulter des Bruders, und als er daranging den Umschlag aufzureißen, stieß sie einen leisen, ängstlichen Seufzer aus.

Appleseed zog einen rosafarbenen Zettel hervor, und während er ihn so vorsichtig hochhielt, als ob er zerbrechen könnte, murmelte er das, was darauf ge-

schrieben stand, leise vor sich hin. Plötzlich wurde sein Gesicht ganz blass und Tränen glänzten in seinen Augen.

»He, nun red schon, Junge«, brüllte irgendwer.

Hamurabi trat vor und riss ihm beinahe den Zettel aus der Hand. Er räusperte sich und fing an zu lesen, während sich sein Gesicht ganz komisch veränderte. »Heilige Mutter Gottes…«, sagte er.

»Lauter, lauter«, forderte man ärgerlich im Chor.

»Betrügerbande!«, brüllte Mr. R. C. Judkins, der um diese Zeit schon wieder einen in der Krone hatte. »Ich rieche eine Ratte und sie stinkt schon zum Himmel!« Worauf ein Wirbelsturm von Schreien und Pfiffen die Luft erfüllte.

Appleseeds Bruder fuhr herum und schüttelte seine Fäuste.

»Maul halten, Maul halten, sonst hau ich euch eure verdammten Köpfe zusammen, dass ihr Beulen kriegt, wie 'n Kürbis so groß, versteht ihr?«

»Bürger«, schrie Bürgermeister Mawes, »Bürger – hört doch, heut ist Weihnachten… so hört doch…«

Und Mr. Marshall sprang auf einen Stuhl, klatschte in die Hände und stampfte mit den Füßen, bis wieder einigermaßen Ruhe herrschte. Es soll hier schon gleich erwähnt werden, dass Rufus McPherson dem Mr. R. C. Judkins Geld dafür gegeben hatte, damit er jenen Wirbel verursachte, wie wir später erfuhren. Jedenfalls, als der Tumult vorüber war, hatte natürlich niemand anderes den Zettel in Händen als ich… aber man frage mich nicht, wie es dazu gekommen ist.

Ohne zu überlegen, schrie ich: »Siebenundsiebzig Dollar und fünfunddreißig Cent.« Natürlich verstand ich in der Aufregung zuerst nicht, was das bedeutete; es war nur eine Zahl. Aber dann brach Appleseeds Bruder in sein Freudengeheul aus und nun begriff ich; der Name des Gewinners wurde schnell bekannt und das ehrfurchtsvolle Geflüster hörte sich an wie ein Gewitterregen. Aber Appleseed selbst bot einen jammervollen Anblick. Er weinte, als ob er tödlich verwundet wäre, doch als Hamurabi ihn dann auf seine

Schultern hob, damit die Menge ihn bewundern konnte, trocknete er sich die Augen mit dem Ärmel seines Pullovers und fing an zu grinsen. Mr. R. C. Judkins brüllte: »Zigeuner! Lausige Zigeuner!« Aber seine Stimme ging in einem ohrenbetäubenden Applaus unter.

Middy packte meinen Arm. »Meine Zähne«, quietschte sie. »Jetzt krieg ich meine Zähne!«

»Zähne?«, fragte ich noch ganz betäubt.

»Falsche«, sagte sie. »Das ist es doch, was wir uns für das Geld kaufen wollen – ein schönes weißes Gebiss.«

Aber im Augenblick interessierte mich einzig und allein, wie Appleseed auf diese Zahl gekommen war. »Komm, erzähl mir«, sagte ich verzweifelt, »erzähl mir, wie, in Gottes Namen, konnte Appleseed wissen, dass es gerade siebenundsiebzig Dollar und fünfunddreißig Cent waren?«

Middy sah mich verständnislos an. »Warum, ich denke, er hat es dir gesagt«, antwortete sie ganz ernst. »Er hat gezählt.«

»Ja, aber wie – wie?«

»Geh, weißt du nicht mal, wie man zählt?«

»Aber ist das alles?«

»Nun ja«, sagte sie und es folgte eine nachdenkliche Pause. »'n bisschen gebetet hat er auch noch.« Sie machte Anstalten davonzustürzen, drehte sich aber noch einmal um und rief: »Außerdem ist er mit 'ner Glückshaube auf die Welt gekommen.«

Und mehr hat nie jemand über dieses Geheimnis erfahren.

Wenn man Appleseed später fragte: »Wie hast du das gemacht?«, lächelte er nur seltsam und wechselte das Thema.

Viele Jahre später zog er mit seiner Familie irgendwohin nach Florida und man hörte nie wieder von ihm.

In unserer Stadt aber ist diese Legende immer noch lebendig; und bis zu seinem Tod im April des vergangenen Jahres wurde Mr. Marshall am Heiligen

Abend immer in die Bibelstunde der Baptisten eingeladen, um die Geschichte von Appleseed zu erzählen. Hamurabi schrieb auch einmal einen Bericht darüber und schickte ihn an verschiedene Magazine. Er wurde aber nie gedruckt. Ein Redakteur schrieb zurück: »Wenn aus dem kleinen Mädchen wirklich ein Filmstar geworden ist, lässt sich vielleicht etwas mit Ihrer Geschichte anfangen.« Aber das ist nie geschehen und warum soll man lügen?

Kind mit den Locken

Eine magere Platane, die den Himmel suchte, beherrschte die hohen Mauern des Hofes, in dem wir uns austobten, wenn man uns endlich losgelassen hatte. Als aber an jenem Tag M. Garoustes Pfiff ertönte, waren wir gar nicht laut. Es war der Vorabend des Weihnachtsfestes. Man hatte uns zu einem Spaziergang durch Schlamm und Nebel verurteilt und wir waren am Ende so erschöpft, wie es nur Jungen von sieben Jahren sein können, die fast fünfzehn Kilometer hinter sich gelassen haben.

Die Schüler, welche im Internat wohnten, zogen ihre Pantoffeln an. Diejenigen aber, die nur zum Unterricht hierher kamen, standen schon am Ausgang und warteten auf einen, der sie abholte und so aus der täglichen Fron erlöste. Ich nagte wie geistesabwesend und ohne großen Appetit an einem Kanten Brot, war ich doch schon angerührt vom Geheimnis der kommenden Nacht, in das ich eindringen wollte und das wir mit unveränderlichen und unverweslichen Bräuchen feiern. So war es stets bei uns gewesen und so würde es auch diesmal sein: Wenn die Stunde kam, da die Kerzen in der Krippe angezündet werden sollten, mussten wir hinter der Tür des Gabenzimmers warten. Dann rief Mama: »Ihr könnt hereinkommen!«, und wir drängten uns um die Gebilde aus wunderlich geformtem Ton und Pappe, die nur an diesem Abend Leben hatten. Die Flämmchen zogen uns hinein in diese kleine Welt der Hirten und Schafe, die sich um das Kind drängten. Die Nachtlampe, die hoch oben auf der Spitze eines Gebirges aus zerknittertem Packpapier im Innern der zinnenbewehrten Burg des Herodes brannte, krönte das geheimnisvolle Fest und wir knieten nieder und sangen das rührende Lied:

Ein bisschen Stroh ist all sein Bettchen
und ein armseliger Stall ist seine Bleibe...
Welche Erniedrigung für einen Gott!

Die Erniedrigung Gottes schnitt uns durch das Herz und hinter der Krippe lagen Päckchen mit Süßigkeiten und auf jedem Päckchen stand geschrieben, wer es bekommen sollte, und ein Brief vom Himmel rührte an unserer Hauptsünde. Ich stellte mir vor, wie ringsum die Dunkelheit in der menschenleeren Kammer wuchs: Kein Dieb würde mehr den Atem zurückhalten hinter den Vorhängen, wenn aus dem Nebenraum und von den Fenstern her Gesänge tönten. Von den Wänden herunter, blass in Bilderrahmen, horchten die Toten aus der Tiefe ihrer Ewigkeit auf unsere dünnen Stimmen und dann senkte sich die Nacht hernieder und vor dem Einschlafen warf das Kind noch einen letzten Blick in die dunkle Höhlung seiner Schuhe, die größten Schuhe, die es hatte; die, in der Asche des Kamins, dabei sind, wenn das Wunder geschieht, das ich jede Heilige Nacht vergeblich zu überraschen suchte; aber der Schlaf ist ein Abgrund, dem kein Kind entrinnt.

Also war ich im Geiste schon ganz in dieser gesegneten Nacht und schaute immerfort zur Tür hinüber, ob unser Dienstmädchen noch nicht käme, um mich abzuholen. Obgleich es noch nicht vier Uhr war, wartete ich sehnsüchtig und hoffte, sie möge heute früher kommen. Plötzlich erhob sich in einem Winkel des Hofes lautes Geschrei. Alle Jungen strömten an einem Ort zusammen und schrien: »Das Mädchen! Seht, das Mädchen!« Wieder einmal forderten die langen Locken Jean de Blaye's die Meute zu höhnenden Rufen heraus. Seine Locken waren uns kahl geschorenen Rangen ein Dorn im Auge. Ich allein liebte sie im Geheimen, denn sie erinnerten mich an die Locken des kleinen Lord Fauntleroy, dessen Geschichte ich im »Saint Nicholas« des Jahres 1887 bewundernd gelesen hatte. Wenn mich zuweilen Wehmut überfiel und mir das Weinen in der Kehle würgte, dann brauchte ich nur auf das Bild zu schauen, das den kleinen Lord in den Armen seiner Mutter zeigte und unter dem geschrieben stand: »Ja, sie war stets seine allerbeste, seine zärtlichste Freundin . . . « Aber die anderen Jungen besaßen nicht den »Saint Nicholas« aus dem Jahre 1887. Sie wussten nicht, dass Jean de Blaye dem kleinen Lord so ähnlich sah, und sie verfolgten ihn. Und da ich mich so schwach dünkte, stand ich feige abseits.

Aber an diesem Tag war da noch etwas anderes. Ich wunderte mich nämlich, dass die Rangen nicht nur »Das Mädchen! Das Mädchen!« riefen, sondern noch andere Worte, die ich anfänglich nicht verstand. Ich drückte mich an der Mauer entlang näher an den lärmenden Haufen, denn ich fürchtete die Aufmerksamkeit des Anführers der Meute auf mich zu ziehen, der Jean de Blaye bis aufs Blut hasste. Dieser Verfolger Jeans hieß Campagne, er war zwei Jahre älter als wir und überragte uns um Kopfeslänge: ein wirklicher Riese in unseren Augen, der mit uns schaltete fast wie ein Gott. Der Ring um Jean de Blaye wurde immer enger und die Rangen schrien:

»Er glaubt daran! Er glaubt daran! Er glaubt daran!«

»Woran glaubt er?«, fragte ich einen, der in der Nähe stand.

»Er glaubt, das Jesuskind selbst steigt durch den Kamin herunter.«

Eine heiße Röte schoss in meine Wangen. Der, den ich gefragt hatte, wandte sich ab und heulte schon wieder mit den Wölfen.

Ich sah, wie Campagne den kleinen de Blaye gegen die Mauer drängte und seine Handgelenke wie in einem Schraubstock presste.

»Glaubst du nun daran oder nicht?«

»Du tust mir weh!«

»Gib es zu und ich lasse dich augenblicklich los.«

Da sagte der Junge mit klarer, fester Stimme, wie wenn Märtyrer ihren Glauben bekannten: »Mama hat es mir gesagt und Mama kann nicht lügen.«

»Da hört ihr es!«, schrie Campagne. »Die Mama unseres kleinen Fräuleins kann unmöglich lügen!«

Mitten in das Lachen hinein wiederholte de Blaye: »Mama lügt nicht. Mama hat mich noch nie betrogen . . . «

Da fiel sein Blick auf mich und er sagte: »Aber du, Frontenac, du weißt genau, dass es so ist. Eben erst auf dem Spaziergang haben wir uns noch darüber unterhalten!«

Grausam wie eine Katze, sah mich Campagne an. Ich stammelte: »Jetzt soll ich dafür bezahlen, dass ihr über seine Locken lacht . . . « Sieben Jahre alt, Zeit der Schwäche, Zeit der Feigheit. Da näherte sich M. Garouste und in Windeseile zerstreute sich die Bande. Wir holten unsere Umhänge und unsere Taschen vom Haken. Auf der Straße holte mich Jean de Blaye ein. Der Kammerdiener, der ihn begleitete, ging gern ein Stück mit unserem Dienstmädchen.

»Du weißt genau, dass es wahr ist . . . aber du hast Angst vor Campagne, ist es nicht so? Du hattest einfach Angst, nicht wahr?«

Ich widersprach: Ich hätte keine Angst vor Campagne. Nein, woher sollte ich wissen, ob das mit dem Jesuskind und dem Kamin nun wirklich stimmte oder nicht. Im Grunde war das auch nicht so wichtig, sofern wir die Geschenke bekamen, die wir uns gewünscht hätten. Dennoch kamen mir Zweifel: Wie konnte das Jesuskind wissen, dass Jean sich Bleisoldaten wünschte oder einen Werkzeugkasten oder ich zum Beispiel von einem Bauernhof und einem Stall mit Pferden träumte? Warum kamen die Geschenke aus dem Spielzeugladen?

»Wer hat dir das gesagt?«

»Vergangenes Jahr habe ich die Schildchen gesehen . . . «

Jean de Blaye wiederholte: »Aber Mama hat es mir geschworen . . . « Ich spürte jedoch, dass auch er nicht mehr so ganz sicher war.

»Hör zu«, sagte ich, »wie wäre es, wenn wir diese Nacht überhaupt nicht schliefen? Wir brauchten nur die Kerze wieder anzuzünden oder in einem Buch zu lesen oder aber wir könnten uns in einem Sessel ganz nahe am Kamin verkriechen, damit wir auf jeden Fall wach sind, wenn es sich ereignet...«

»Mama sagt, ES komme nicht, wenn man nicht schlafe...«

Erleuchtete Läden säumten den nebelfeuchten Bürgersteig, Weihnachtsbuden sperrten den Durchgang durch die Grabenstraße. Aus Gaslampen fiel spärliches Licht auf rote Bonbons, die waren zu schlecht, als dass man jemals welche für uns gekauft hätte, aber gerade deshalb reizten sie unseren Gaumen.

»Wir könnten ja so tun, als ob wir schliefen...«

»ES wird aber merken, dass wir uns schlafend stellen, denn ES weiß alles...«

»Ja, aber wenn es nun Mama ist!? Die können wir auf frischer Tat ertappen...«

Jean de Blaye wiederholte: »Es ist aber nicht Mama.«

Inzwischen hatten wir die Ecke erreicht, wo wir uns trennen mussten bis zum Schulbeginn im neuen Jahr. Jean fuhr morgen schon aufs Land. Ich beschwor ihn diese Nacht unbedingt wach zu bleiben. Ich selbst war fest entschlossen die Augen offen zu halten. »Wir werden uns dann erzählen, was wir gesehen haben...« Er versprach mir am Ende, er wolle versuchen nicht einzuschlafen, aber er schien bekümmert und er lief die schmale, verlassene Straße hinunter. Noch ein paar Sekunden lang hingen meine Augen an der kleiner werdenden Gestalt, ich sah die mädchenhaften Locken um seine Schultern fliegen und schon war der schrumpfende Schatten in der wachsenden Dunkelheit zerflossen.

Unser Haus stand nahe der Kathedrale. Am Heiligen Abend erfüllte der Brummbass, die große Glocke vom Turme Pey-Berland, die Nacht mit dumpfem Dröhnen. Im Bette war mir, als läge ich im Bauche eines schlingernden Schiffes und der Orkan der Glockenschläge warf mich von einer Seite zur anderen. Das flackernde Nachtlicht bevölkerte die Kammer mit wunderlichen Gestalten, die mir längst vertraut waren. Die Vorhänge des Fensters, der Tisch, die Sachen, die ich beim Ausziehen einfach auf einen Sessel geworfen hatte, standen nicht mehr drohend um mein Bett, denn diese Wilden hatte ich gezähmt. Sie bewachten meinen Schlaf, wie die Bewohner des Dschungels über dem Kinde Mowgli wachten. Meine Finger umklammerten die Stäbe des Bettes, sosehr ich auch das Gefühl hatte, dass dieser Sturm, der über mich dahinging, ein gutes Wetter sei, das mir nicht übel wollte. Mama öffnete die Tür. Meine Lider waren geschlossen, aber ich erkannte sie am Rascheln ihres seidenen Kleides. Wenn sie es war, welche die Geschenke neben meine Schuhe legte, dann, so sagte ich mir, musste sie dies tun, kurz bevor sie das Haus verließ, um die Mitternachtsmesse zu hören. Ich tat so, als sei ich in tiefem Schlaf versunken, Mama beugte sich über mich und ich spürte ihren Atem. Plötzlich schwemmte eine Welle besinnungsloser Liebe alle meine Entschlüsse beiseite. Ich schlug meine Arme wie wild um ihren Hals und drückte sie in heftiger Bewegung. Sie bedeckte mein Gesicht mit Küssen und sagte immerfort: »Narr du, kleiner Narr!« Ihre Stimme wurde eindringlicher.

»Wie kann das Jesuskind da kommen, wenn du nicht schlafen willst? Schlafe, Yves, schlafe, Liebling, schlafe, mein lieber Junge, schlafe, mein kleines Kind.«

»Mama, aber ich möchte ES gern sehen!«

»ES will, dass man ES liebt, auch wenn man ES nicht sieht. Du weißt genau: Wenn ES bei der Wandlung auf den Altar niederkommt, dann senken alle den Blick . . .«

»Mama, du bist mir doch nicht böse, wenn ich dir sage, dass ich einmal nicht den Kopf gesenkt habe. Ich habe einfach hingeschaut und ich habe ES gesehen.«

»Wie? Du hast ES gesehen?«

»Ja . . . ein kleines Stück von einem weißen Flügel.«

»Diese Nacht wirst du ES im Schlafe sehen und dass du mir nicht mehr wach bist, wenn wir aus der Kirche kommen!«

Sie machte die Tür hinter sich zu und ihre Schritte verloren sich im Dunkel. Ich zündete das Nachtlicht an und drehte mich zum Kamin. Die Schuhe erschienen mir riesengroß am Rand des dunklen Vierecks, wo unten Ruß und Asche waren, und es war, als ob aus dieser Höhlung das große Dröhnen käme; das wuchs und wuchs und füllte meine Kammer mit einem mächtigen Gesang. Bevor die Stimmen mich erreichten, waren sie hoch über den Dächern umhergeirrt, in jenen ungeheuren Räumen, wo sich in dieser Heiligen Nacht Tausende von Engeln und Sternen zu einem gewaltigen Chor zusammentun. Kein Kind zeigte sich in der dunklen Feuerstelle, aber was mich noch mehr verwunderte, war, dass überhaupt nichts Wunderbares sich ereignete. Was geschah, war höchstens dies: Meine zwei Schuhe, immer noch leer, diese groben Schuhe, die den Staub des öden Schulhofs traten, sahen plötzlich seltsam und unwirklich aus, so als wären sie zur Unzeit aufgestellt und als käme auf die Schuhe eines kleinen Jungen plötzlich ein Glanz aus einer anderen Welt herunter. So nahe war das Geheimnis, dass ich die Kerze ausblies, um nicht die unsichtbaren Wesen zu verscheuchen, die die Nacht der Nächte mit ihrem Rauschen füllen.

Wenn mir die Minuten unendlich langsam zu tropfen schienen, so kam das wohl daher, dass ich zu lange Zeit schon gespannt auf das Ereignis gewartet hatte. Irgendjemand drückte die Türklinke herunter und ich schloss die Augen. Am Knittern der Seide, am Rascheln des Papiers erkannte ich sie: Es war Mama. Sie war es und sie war es auch wieder nicht. Ein Unbekannter hatte die Gestalt meiner Mutter angenommen. Sie hatte, das wusste ich, während jener geheimnisvollen Mitternachtsmesse, in der ich nie gewesen war, zusammen mit meinen Geschwistern die kleine Hostie empfangen und dann waren sie alle vom Altar zurückgekehrt, wie ich sie sonst schon öfters gesehen hatte: die Hände gefaltet und mit geschlossenen Augen, dass ich mich immer fragte, wie sie überhaupt ihre Bänke wieder fanden. Sie war es und keine andere, die sich am Kamin zu schaffen machte und dann leise an mein Bett trat. Aber ES war in ihr: Ich trennte eins nicht mehr von dem andern. Der warme Atemstrom in meinen Haaren kam aus einer Brust, in der Gott leibhaftig wohnte, und ich sank mit einem Mal in die Arme meiner Mutter und in den Schlaf.

An dem Morgen, an dem wir wieder in die Schule mussten, zog ich die Schuhe an: Zeugen des Wunders und jetzt nur mehr die armen kleinen Schuhe, die mit Eisen beschlagen waren wie die Hufe eines kleinen Esels und die in den Pfützen des Schulhofs umherpatschten, wo die magere Platane steht. Bald würde es acht Uhr schlagen. Im Gewimmel der Jungen, die durcheinander lärmten und Fangen spielten, spähte ich vergebens nach den Mädchenlocken des Jean de Blaye. Ich brannte darauf, ihm von dem Geheimnis zu erzählen, das ich gelüftet hatte. Welches Geheimnis? Ich überlegte, wie ich es ihm sagen sollte, damit er es auch begriff.

Ich sah keine Locken. War Jean de Blaye vielleicht krank? Würde ich lange Zeit nicht erfahren, was er, Jean, in der Heiligen Nacht gesehen hatte? Als ich in das Klassenzimmer trat, suchte mein Auge sofort die Bank von Jean. Da saß ein fremdes Kind und ohne Locken. Im Anfang begriff ich gar nicht, dass er es war. Erst als er mich mit seinen grünen Augen ansah, erkannte ich ihn wieder. Was mich am meisten überraschte, war dies: Er schien gelöster und wie von einem Bann befreit. Sein Haar nicht ganz so kurz geschnitten wie das seiner Kameraden. Der Friseur hatte ihm die Haare oben so lang gelassen, dass er sie zur linken Seite scheiteln konnte.

Um zehn Uhr, als wir auf den Hof hinausgelassen wurden, machte ich mich sofort auf die Suche nach dem kleinen Jean und fand ihn auch am Ende. Wie David einst vor Goliath, so stand er vor dem bulligen Campagne und es schien, als habe er mit seinen Locken nicht seine Stärke, sondern seine Schwächlichkeit verloren. Verwirrt ließ Campagne von dem Jungen, der sich auf eine Treppenstufe setzte, um sich die Rollschuhe anzuschnallen. Ich betrachtete ihn von weitem und wagte nicht mich ihm zu nähern und nicht ohne Wehmut bedachte ich, dass ich nun nie mehr die Locken des kleinen Lord Fauntleroy in der Sonne glänzen oder um die Schultern Jeans flattern sehen würde. Endlich nahm ich mir ein Herz: »Hast du nun Wort gehalten? Bist du auch wach geblieben?«

Er brummte, ohne mich anzusehen: »Hast du denn wirklich angenommen, ich hätte daran geglaubt? Hast du mich etwa für so dumm gehalten?«

Und als ich erwiderte: »Aber erinnerst du dich denn nicht mehr? Vor vierzehn Tagen erst...«, beugte er sich noch weiter herunter über seine Rollschuhe und versicherte, er habe doch nur so getan, als glaube er an solche Märchen: »Ich habe euch eben auf den Arm genommen. Schließlich ist einer mit acht Jahren nicht mehr hinter dem Mond.«

Jetzt konnte ich die brennende Frage nicht mehr länger zurückhalten: »Dann hat dich deine Mama also angelogen?«

Er hatte ein Knie auf die Erde gestützt, um die Riemen seiner Rollschuhe fester anzuziehen. Der kalte Westwind trieb das Blut in seine Ohren. Da waren keine Locken mehr, die sie hätten schützen können.

Plump wiederholte ich: »Sag, de Blaye, deine Mama... nun, hat sie dich also betrogen?«

Mit einem Schlage richtete er sich auf und sah mir grimmig in die Augen. Noch sehe ich dieses kleine, trotzige, gerötete Gesicht vor mir und diese zusammengepressten Lippen. Er fuhr sich mit der Hand über den Kopf, als suche er die verschwundenen Locken, und hob verächtlich eine Achsel: »Die wird mich nie mehr betrügen.«

Fast wider meinen Willen entgegnete ich erregt, dass unsere Mütter uns nie belogen hätten, dass alles wahr sei und dass ich es gesehen habe. Er unterbrach mich: »Hast du es wirklich gesehen? Ist das wahr? Nun, auch ich habe es gesehen!«

Dann fuhr er mit einem schrillen Lachen auf seinen Rollschuhen davon und bis zum Schluss der Pause lief er in großen Kreisen um die magere Platane. Ich begriff, dass er nicht mehr mit mir reden wollte. Mit diesem Tag war unsere Freundschaft zu Ende. Im Jahr darauf verließen seine Eltern Bordeaux und wir verloren uns aus den Augen.

LEONID ANDREJEW

Der kleine Engel

Manchmal wollte Saschka einfach nicht mehr tun, was man als leben bezeichnet: Sich nicht mehr morgens mit kaltem Wasser waschen, in dem dünne Eisstückchen schwimmen, nicht mehr ins Gymnasium gehen und zuhören müssen, wie ihn alle ausschimpfen, nicht mehr länger die Schmerzen im Kreuz und im ganzen Körper spüren, wenn ihn die Mutter den ganzen Abend knien lässt. Aber weil er erst dreizehn Jahre alt war und nicht wusste, wie man aufhören könnte zu leben, wenn man es möchte, besuchte er weiter das Gymnasium und kniete auch weiterhin und ihm war, als werde das Leben niemals ein Ende nehmen. Ein Jahr wird vergehen und noch eins und noch eins und er wird ewig ins Gymnasium gehen und zu Hause knien. Und da Saschka eine widerspenstige und mutige Seele besaß, konnte er dem Bösen nicht ruhig zusehen und rächte sich am Leben: Er verprügelte die Klassenkameraden, sagte den Vorgesetzten Grobheiten, zerfetzte die Lehrbücher und belog den ganzen Tag über die Lehrer oder die Mutter, nur den Vater belog er nicht. Als man ihm bei einer Schlägerei die Nase verletzte, zerkratzte er sie absichtlich noch mehr und brüllte, ohne eine Träne zu vergießen, so laut, dass sich alle unangenehm berührt fühlten, die Stirn runzelten und sich die Ohren zuhielten. Wenn er genug gebrüllt hatte, verstummte er schlagartig, streckte die Zunge heraus und zeichnete in seinem Schulheft eine Karikatur auf sich selbst, wie er brüllt, auf den Klassenaufseher, wie er sich die Ohren zuhält, und auf den angstschlotternden Sieger. Das ganze Heft war voll von Karikaturen und am häufigsten wiederholte sich folgendes Bild: Eine dicke, untersetzte Frau verdrischt mit einer Nudelrolle einen streichholzdünnen Jun-

gen. Darunter stand in großen, unregelmäßigen schwarzen Buchstaben geschrieben: »Entschuldige dich, du Hundesohn«, und die Antwort: »Nie und nimmer, und wenn du platzt.« Vor Weihnachten jagte man Saschka aus dem Gymnasium, und als ihn die Mutter verprügeln wollte, biss er sie in den Finger. Nun war er frei und er hörte auf sich früh zu waschen, stromerte den ganzen Tag mit anderen Kindern herum und verdrosch sie; das Einzige, was er fürchtete, war der Hunger, weil ihm die Mutter überhaupt nichts mehr zu essen gab, nur der Vater stibitzte für ihn heimlich einen Kanten Brot und Kartoffeln. Unter diesen Umständen schien Saschka ein Weiterleben durchaus möglich.

Am Freitag vor dem Heiligen Abend hatte Saschka mit den Kindern gespielt, bis sie nach Hause gingen und sich die rostige, frostklamme Gartentür knarrend hinter dem Letzten geschlossen hatte. Es dunkelte bereits und von den Feldern, wo die Sackgasse endete, wälzte sich grauer Schneenebel heran, in einem niedrigen schwarzen Gebäude, das quer zur Straße stand, hatte man am Tor ein rötliches, ruhig brennendes Licht angezündet. Der Frost wurde stärker, und als Saschka in den Lichtkreis der Laterne trat, bemerkte er trockene Schneeflocken, die langsam in der Luft schwebten. Er musste nach Hause.

»Wo treibst du dich die halbe Nacht herum, du Hundesohn«, schrie ihn die Mutter an, drohte mit der Faust, doch sie schlug nicht zu. Ihre Ärmel waren hochgekrempelt und entblößten weiße, dicke Arme und auf ihrem flachen Gesicht ohne Augenbrauen standen Schweißtropfen. Als Saschka an ihr vorbeiging, spürte er den üblichen Schnapsgeruch. Die Mutter kratzte sich mit dem kurzen, schmutzigen Nagel des Zeigefingers den Kopf, und weil sie nicht dazukam zu schimpfen, spuckte sie nur aus und schrie: »Heda, Statistiker, hab dir was zu sagen!«

Saschka schniefte nur verächtlich und verschwand hinter dem Verschlag, wo das schwere Atmen des Vaters Iwan Sawwitsch zu hören war. Er fror ununterbrochen und suchte sich zu erwärmen, indem er auf der glühenden Ofenbank

saß, die Hände, mit den Handflächen nach unten, unter den Körper geschoben.

»Saschka! Die Schwetschnikows haben dich zum Heiligen Abend eingeladen. Das Dienstmädchen war da«, flüsterte er.

»Schwindelst du auch nicht?«, fragte Saschka ungläubig.

»Bei Gott. Diese Hexe da nebenan sagt absichtlich nichts, aber sie hat schon
deine Jacke zurechtgelegt.«

»Und du schwindelst wirklich nicht?« Saschka konnte sich nicht genug
wundern.

Die steinreichen Swetschnikows, die ihn auf das Gymnasium geschickt hatten,
wollten ihn doch nach seinem Schulausschluss überhaupt nicht mehr sehen. Der
Vater schwor noch einmal hoch und heilig und Saschka begann zu überlegen.

»Rück ein Stück, hast dich ganz schön breit gemacht!«, sagte er zum Vater,
sprang auf die kurze Ofenbank und fügte hinzu: »Zu diesen Teufeln geh ich
nicht. Sie werden sich noch mehr aufblasen, wenn ich zu ihnen komme. Ver-
dorbener Lausebengel«, sagte er gedehnt durch die Nase. »Dabei sind sie selber ganz schöne Fieslinge, mit ihren feisten Fressen.«

»Ach Saschka, Saschka!« Der Vater kauerte sich vor Kälte zusammen. »Du
bringst dich noch um Kopf und Kragen.«

»Und du? Hast du dich auch um Kopf und Kragen gebracht?«, erwiderte
Saschka grob. »Solltest lieber den Mund halten: Hast Angst vor einem Weib.
Maulheld!«

Der Vater saß stumm da und fröstelte. Schwaches Licht drang oben durch
den breiten Spalt, wo der Verschlag nicht bis zur Decke reichte, und legte sich
als heller Fleck auf seine hohe Stirn, unter der sich tiefe schwarze Augen-
höhlen abzeichneten. Iwan Sawwitsch hatte einst tüchtig getrunken und damals fürchtete und hasste ihn seine Frau. Doch als er dann Blut zu spucken
begann und aufhören musste mit dem Trinken, fing sie damit an und gewöhn-
te sich nach und nach an den Schnaps. Und sie rächte sich für alles, was ihr

der hochgewachsene, schmalbrüstige Mann angetan hatte, der unbegreifliches Zeug daherredete, wegen Aufsässigkeit und Trunksucht aus dem Dienst gejagt wurde und ebenso langhaarige hochmütige Randalierer angeschleppt brachte, wie er selber einer war. Im Gegensatz zu ihrem Mann wurde sie gesünder und kräftiger, je mehr sie trank, und ihre Fäuste wurden immer schwerer. Jetzt sagte sie, was sie wollte, holte sich Männer und Frauen, wie sie wollte, und sang lauthals mit ihnen fröhliche Lieder. Er aber lag stumm hinter dem Verschlag, ständig fröstelnd, und dachte über die Ungerechtigkeit und die Schrecken des menschlichen Daseins nach. Und mit wem Iwan Sawwitschs Frau auch sprach, stets beklagte sie sich darüber, dass sie auf der ganzen Welt keine ärgeren Feinde habe als ihren Mann und ihren Sohn: Beide seien hochmütig und »Statistiker«.

Nach einer Stunde sagte die Mutter zu Saschka: »Und ich sage dir, du gehst!« Bei jedem Wort schlug Feoktista Petrowna auf den Tisch, sodass die abgewaschenen Gläser hochsprangen und klirrend aneinander stießen.

»Und ich sage dir, ich gehe nicht!«, antwortete Saschka kaltblütig und seine Mundwinkel zuckten, als wollte er die Zähne fletschen. Im Gymnasium hatte man ihn wegen dieser Angewohnheit als Wolf bezeichnet.

»Ich schlage dich windelweich!«, schrie die Mutter.

»Tu's doch!«

Feoktista Petrowna wusste, dass sie den Sohn, der sie schon einmal gebissen hatte, nicht mehr verprügeln konnte, und wenn sie ihn auf die Straße jagte, würde er sich herumtreiben und eher erfrieren als zu den Swetschnikows zu gehen; also berief sie sich auf die Autorität ihres Mannes.

»Das nennt sich Vater und kann die Mutter nicht einmal vor Beleidigungen bewahren.«

»Wirklich, Sanka, du solltest hingehen, was sträubst du dich denn?«, kam es von der Ofenbank. »Vielleicht bringen sie dich wieder unter. Es sind doch wirklich gute Leute.«

Saschka stieß ein verächtliches Lachen aus. Der Vater war vor langem, noch vor Saschkas Geburt, Hauslehrer bei den Swetschnikows gewesen und seit der Zeit war er der Meinung, es seien die besten Menschen der Welt. Damals arbeitete er noch als Statistiker in der Semstwoverwaltung und rührte keinen Tropfen an. Der Bruch erfolgte, als er die von ihm schwangere Tochter seiner Wohnungsvermieterin heiratete, zu trinken begann und so herunterkam, dass man ihn betrunken in der Gosse auflas und aufs Polizeirevier brachte. Doch die Swetschnikows unterstützten ihn weiterhin finanziell und Feoktista Petrowna, obwohl sie sie hasste, ebenso wie die Bücher und alles, was mit der Vergangenheit ihres Mannes zusammenhing, war stolz auf die Bekanntschaft und prahlte damit.

»Vielleicht bringst du auch mir etwas vom Christbaum mit«, fuhr der Vater fort.

Es war eine List und Saschka durchschaute sie und verachtete den Vater wegen seiner Schwäche und der Lüge, aber er wollte dem kranken und bedauernswerten Mann tatsächlich gern etwas mitbringen; schon lange hatte er keinen guten Tabak mehr.

»Na, meinetwegen!«, brummte er. »Gib mir schon die Jacke. Hast du die Knöpfe angenäht? Ich kenn dich ja schließlich!«

Die Kinder wurden noch nicht in den Saal gelassen, wo die Weihnachtstanne stand, und so saßen sie im Kinderzimmer und schnatterten. Saschka hörte mit verächtlicher Herablassung ihrem naiven Geschwätz zu und tastete in der Hosentasche nach den Zigaretten, die er aus dem Arbeitszimmer des Hausherrn hatte stibitzen können, die aber inzwischen zerbrochen waren. Da kam Kolja, der jüngste der Swetschnikows, auf ihn zu und blieb reglos und mit erstauntem Gesicht vor ihm stehen, die Fußspitzen nach innen gekehrt und die Finger im Mundwinkel. Vor sechs Monaten hatte er sich nach beständigen Ermahnungen von der Unsitte getrennt den Finger in den Mund zu stecken, aber

völlig auf diese Geste verzichten konnte er noch nicht. Er hatte weißblondes Haar, das an der Stirn kurz geschnitten war, aber sonst lockig bis auf die Schultern fiel; dem ganzen Aussehen nach gehörte er zu der Kategorie von Kindern, auf die es Saschka besonders abgesehen hatte.

»Bist du der undankbare Junge?«, fragte er Saschka. »Meine Miss hat es mir gesagt. Ich dagegen bin ein artiges Kind.«

»Umso besser!«, sagte Saschka und betrachtete Koljas Samthöschen und den großen Umlegekragen.

»Möchtest du das Gewehr? Da!« Und er streckte ihm ein Gewehr entgegen, an dem ein Korken festgebunden war.

Saschka spannte die Feder, zielte auf die Nase des ahnungslosen Kolja und drückte ab. Der Korken prallte gegen Koljas Nase, sprang ab und baumelte am Faden. Koljas himmelblaue Augen wurden noch größer und füllten sich mit Tränen. Der Finger wanderte vom Mund zu der rot angelaufenen Nase, Kolja blinzelte heftig mit den Wimpern und flüsterte: »Du bist böse, ein böser Junge.«

In das Kinderzimmer kam eine junge, schöne Frau mit glatt zurückgekämmtem Haar, das die Ohren fast verdeckte. Es war die Schwester der Hausfrau, die Saschkas einst unterrichtet hatte.

»Dieser hier ist es«, sagte sie und zeigte Saschka einem glatzköpfigen Herrn, der sie begleitete. »Mach einen Diener, Sascha, man darf nicht so unhöflich sein.«

Doch Saschka machte weder vor ihr noch vor dem glatzköpfigen Herrn einen Diener. Die schöne Dame ahnte nicht, dass er so manches wusste. Er wusste, dass sein bedauernswerter Vater sie geliebt, sie aber einen anderen geheiratet hatte, und obwohl das geschah, nachdem Vater selbst schon verheiratet war, konnte Saschka ihr die Untreue nicht verzeihen.

»Ach, dieser unvernünftige Junge«, seufzte Sofia Michailowna, »Platon Michailowitsch, können Sie ihn nicht irgendwo unterbringen? Mein Mann

meint, eine Berufsschule wäre für ihn besser geeignet als das Gymnasium. Sascha, möchtest du auf eine Berufsschule gehen?«

»Nein«, antwortete Saschka kurz angebunden, als er das Wort »mein Mann« hörte.

»Was dann, Freundchen, möchtest du etwa Schafe hüten?«, fragte der Herr.

»Ganz bestimmt nicht.« Saschka war beleidigt.

»Also, was möchtest du dann?«

Saschka wusste nicht, was er wollte.

»Ist mir egal« – und nach kurzem Nachdenken: »Meinetwegen auch Schafe hüten.«

Der glatzköpfige Herr musterte den sonderbaren Knaben befremdet. Als seine Augen von den geflickten Schuhen zu Saschkas Gesicht wanderten, streckte ihm dieser, für eine Sekunde, die Zunge heraus, sodass Sofia Dimtrijewna gar nichts bemerkte und die Erregung des älteren Herrn für sie völlig unverständlich war.

»Ich gehe natürlich auch gern auf die Berufsschule«, lenkte Saschka bescheiden ein.

Die schöne Dame war hoch erfreut und dachte seufzend darüber nach, welche Macht doch eine alte Liebe über die Menschen besitzt.

»Es wird sich ja wohl kaum eine freie Stelle finden«, bemerkte der bejahrte Herr reserviert, ohne Saschka anzublicken, und fuhr sich über die Härchen im Nacken. »Aber wir wollen mal sehen.«

Die Kinder waren aufgeregt und lärmten, sie warteten voll Ungeduld auf den Weihnachtsbaum. Das Beispiel mit dem Gewehr, das Saschka Respekt vor seinem Mut und den Ruf eines ausgekochten Lausebengels eingebracht hatte, fand Nachahmer, und etliche Stupsnäschen waren schon gerötet. Die Mädchen pressten beide Hände an die Brust und bogen sich vor Lachen, wenn ihre Verehrer, voll Verachtung gegenüber Angst und Schmerz, aber mit böse gerunzelter Stirn, einen Schuss mit dem Korken abbekamen. Doch da plötzlich öffne-

te sich die Tür und eine Stimme sagte: »Kommt herein, Kinder! Aber leise, leise!«

Mit aufgerissenen Augen und angehaltenem Atem betraten die Kinder artig, paarweise, den hell erleuchteten Saal und gingen still um den funkelnden Tannenbaum herum. Er warf sein schattenloses, strahlendes Licht auf ihre Gesichter mit den kugelrunden Augen und Mündern. Eine Minute lang herrschte die Stille einer tiefen Verzauberung, auf die ein ganzer Chor von Bewunderungsrufen folgte. Eines der Mädchen konnte sich vor Begeisterung nicht fassen und hüpfte unentwegt und stumm auf ein und demselben Fleck; das kleine Zöpfchen mit einer eingeflochtenen blauen Schleife wippte auf ihren Schultern. Saschka war finster und traurig – in seinem kleinen verletzten Herzen ging etwas Unschönes vor sich. Die Weihnachtstanne blendete ihn mit ihrer Schönheit und dem aufdringlichen Glanz der unzähligen Kerzen, aber sie war ihm fremd und feindlich, ebenso wie die sich rings um ihn drängenden sauberen, herausgeputzten Kinder und er wollte dem Baum einen Stoß versetzen, damit er auf all die hellen Köpfchen fiele. Ihm war, als fassten eiserne Hände nach seinem Herzen und pressten aus ihm den letzten Blutstropfen heraus. Saschka versteckte sich hinter dem Klavier in einem entfernten Winkel, zerkrümelte gedankenlos die letzten Zigaretten in der Hosentasche und dachte darüber nach, dass er zwar Vater, Mutter und ein Zuhause hatte, ihm aber dennoch war, als könne er nirgendwohin gehen. Er versuchte an das Federmesser zu denken, das er sich vor kurzem eingetauscht hatte und an dem er sehr hing, aber das Messerchen war inzwischen dünn und stumpf und hatte nur noch einen halben, gelb gewordenen beinernen Griff. Morgen würde er es zerbrechen und dann hatte er überhaupt nichts mehr.

Plötzlich aber leuchteten Saschkas schmale Augen erstaunt auf und sein Gesicht nahm augenblicklich den gewohnten Ausdruck von Draufgängertum und Forschheit an. Auf der ihm zugewandten Seite der Weihnachtstanne, die schwächer beleuchtet war und die Kehrseite darstellte, erblickte er, was er im

Bild seines Lebens bisher vermisst hatte und ohne das es ringsum so leer war, als seien die ihn umgebenden Menschen gar nicht lebendig. Es war ein kleiner Wachsengel, der nachlässig im dichten Gestrüpp der dunklen Zweige aufgehängt war und durch die Luft zu schweben schien. Seine durchsichtigen libellenartigen Flügelchen bebten von dem Licht, das auf sie fiel, und er wirkte so lebendig, als wolle er gleich wegfliegen. Die rosigen kleinen Hände mit den kunstvoll gekneteten Fingerchen waren himmelwärts gestreckt und ihnen nach reckte sich das Köpfchen, mit blonden Haaren wie auf Koljas Kopf. Aber er hatte etwas, das Koljas Gesicht und all den anderen Gesichtern und Dingen fehlte. Das Gesicht des kleinen Engels strahlte weder vor Freude, noch war es von Traurigkeit umflort; es trug vielmehr den Stempel eines anderen Gefühls, das sich weder in Worte noch in Gedanken fassen lässt, sondern nur einem verwandten Empfinden verständlich ist. Saschka war sich nicht bewusst, welche geheime Kraft ihn zu dem kleinen Engel zog, aber er spürte, dass er ihn schon immer gekannt und geliebt hatte, ja dass er ihn mehr liebte als das Federmesser, mehr als den Vater und mehr als alles Übrige. Voller Erstaunen, Unruhe und unbegreiflichem Glück faltete er die Hände auf der Brust und flüsterte: »Du lieber, lieber kleiner Engel!«

Und je aufmerksamer er ihn betrachtete, desto bedeutsamer, ausdrucksvoller wurde der kleine Engel. Er war unendlich fern und ähnelte nichts von dem, was ihn umgab. Die andern Spielsachen schienen stolz darauf zu sein, dass sie, aufgeputzt und schön gemacht, an dieser strahlenden Weihnachtstanne hingen, der kleine Engel aber war bekümmert und fürchtete das aufdringliche Licht und er versteckte sich absichtlich in dem dunklen Grün, damit ihn keiner sähe. Es wäre unsinnig und grausam gewesen, seine zarten Flügelchen zu berühren.

»Du lieber, lieber Engel«, flüsterte Saschka.

Sein Kopf brannte. Er legte die Hände auf den Rücken, und fest entschlossen für den Engel auf Leben und Tod zu kämpfen, bewegte er sich vorsichtig

wie ein Dieb; er vermied es, den Engel anzuschauen, um nicht die Aufmerksamkeit der anderen auf ihn zu lenken, aber er fühlte, dass er noch nicht weggeflogen, dass er noch da war. In der Tür erschien die Hausherrin – eine stattliche große Dame mit einer hellen Aureole grauer hoch gesteckter Haare. Die Kinder umringten sie voller Entzücken, nur das kleine Mädchen, das vor Begeisterung auf einem Fleck gehopst war, hing ermüdet an ihrem Arm und blinzelte mit den verschlafenen Äuglein. Auch Saschka trat auf sie zu. Die Kehle war ihm wie zugeschnürt.

»Tante, he du, Tante«, sagte er, bemüht freundlich zu sein, aber es klang noch gröber als sonst. »Tantchen!«

Sie hörte ihn nicht und Saschka zupfte sie ungeduldig am Kleid.

»Was willst du? Warum zupfst du mich am Kleid?«, fragte die grauhaarige Dame verwundert. »Das gehört sich nicht.«

»Tantchen, ich möchte nur ein einziges Stück vom Tannenbaum – den kleinen Engel.«

»Das geht nicht«, antwortete sie gleichgültig. »Die Sachen werden erst zu Neujahr vom Weihnachtsbaum abgenommen. Und du bist kein kleines Kind mehr und kannst mich ruhig Maria Dmitrijewna nennen.«

Saschka war es, als fiele er in einen Abgrund, und er griff nach dem letzten Strohhalm.

»Ich sehe meine Schuld ein. Ich will wieder zur Schule gehen«, sagte er abrupt.

Aber dieser Satz, der die Lehrer stets versöhnte, zeigte bei der grauhaarigen Dame keinerlei Wirkung.

»Das ist recht von dir, mein Lieber«, sagte sie ebenso gleichgültig.

Da sagte Saschka grob: »Gib mir den Engel.«

»Das geht doch nicht!«, antwortete sie. »Begreifst du das nicht?«

Aber Saschka begriff nichts, und als sich die Dame dem Ausgang zuwandte, folgte ihr Saschka und schaute verständnislos auf ihr schwarzes raschelndes

Kleid. In seinem fieberhaft arbeitenden Hirn blitzte die Erinnerung auf, wie ein Mitschüler den Lehrer einmal gebeten hatte ihm noch eine Drei zu geben, und als der ablehnte, vor ihm auf die Knie gefallen war, die Hände gefaltet und losgeheult hatte. Der Lehrer war böse geworden, aber er gab ihm die Drei. Damals hatte Saschka die Episode in einer Karikatur verewigt, jetzt blieb ihm keine andere Wahl. Er zupfte die Tante am Kleid, und als sie sich umdrehte, fiel er mit lautem Aufprall auf die Knie und faltete die Hände. Weinen aber konnte er nicht.

»Du bist wohl übergeschnappt!«, rief die grauhaarige Dame und sah sich um; zum Glück war niemand in der Nähe. »Was hast du denn?«

Immer noch kniend und die Hände gefaltet, schaute Saschka sie hasserfüllt an und verlangte grob: »Gib mir den Engel!«

Saschkas Augen, die die grauhaarige Dame durchbohrten und ihr die Worte vom Mund reißen wollten, waren so böse, dass die Hausherrin eiligst versicherte: »Jaja, du bekommst ihn ja. Was bist du doch für ein dummer Junge. Natürlich bekommst du, worum du mich bittest, aber warum willst du denn nicht bis Neujahr warten? Na, steh schon auf! Und knie nie wieder vor einem Menschen nieder«, sagte sie belehrend, »das ist entwürdigend. Knien warf man nur vor Gott.«

Rede du nur, dachte Saschka, versuchte die Tante zu überholen und trat ihr dabei aufs Kleid.

Als sie das Spielzeug abnahm, starrte Saschka es unverwandt an, zog die Nase schmerzhaft kraus und spreizte die Finger. Ihm schien, die große Dame würde den kleinen Engel zerbrechen.

»Ein schöner Engel«, sagte sie und ihr tat das hübsche und offensichtlich teure Spielzeug Leid. »Wer mag es hierher gehängt haben? Sag mal, wozu brauchst du es? Du bist doch schon ein so großer Junge, was willst du damit? Dort liegen Bücher, mit Bildern darin. Den Engel habe ich Kolja versprochen, er hat mich so darum gebeten«, log sie.

Saschka litt unerträgliche Qualen. Krampfhaft biss er die Zähne zusammen,

es war, als knirschte er sogar damit. Die grauhaarige Dame fürchtete nichts so sehr wie eine Szene und deshalb streckte sie Saschka ganz langsam den Engel hin.

»Hier, nimm, na, nimm schon!«, sagte sie unwirsch. »Was für ein Dickkopf!«

Saschkas Hände, mit denen er nach dem Engel griff, waren fest und gespannt wie zwei Stahlfedern, zugleich aber weich und behutsam, dass der Engel annehmen konnte, er fliege durch die Luft.

»Aach!«, entrang sich ein langer, ersterbender Seufzer Saschkas Brust und in seinen Augen glitzerten zwei helle Tränen, unbeweglich und das Licht nicht gewohnt. Langsam führte er den Engel an seine Brust, ohne dabei seine leuchtenden Augen von der Hausherrin zu wenden, und er lächelte still und sanft, erstarrt in einem Gefühl überirdischer Freude. Wenn die hauchzarten Flügel des kleinen Engels seine eingefallene Brust berührten, dann, so schien es ihm, würde etwas Freudiges und Lichtes geschehen, wie es das auf der traurigen, sündigen und leidenden Erde noch nie gegeben hat.

»Aach«, erklang noch einmal der ersterbende Seufzer, als die Flügelchen des Engels Saschkas Brust berührten. Vor dem Strahlen seines Gesichts erlosch selbst der unsinnig herausgeputzte, aufdringlich leuchtende Tannenbaum – die grauhaarige, stattliche Dame lächelte erfreut, das vertrocknete Gesicht des kahlköpfigen Herrn zuckte und das lebhafte Geschwätz der Kinder verstummte, weil ein Hauch menschlichen Glücks sie berührte. Und in diesem kurzen Augenblick bemerkten alle eine rätselhafte Ähnlichkeit zwischen dem tollpatschigen Gymnasiasten in dem viel zu kleinen Anzug und dem Gesicht des kleinen Engels, das die Hand eines unbekannten Künstlers beseelt hatte.

Doch schon im nächsten Augenblick änderte sich das Bild abrupt. Saschka krümmte sich zusammen, wie ein Panther, der zum Sprung ansetzt, und ließ seinen finsteren Blick über die Anwesenden gleiten, um den herauszufinden, der es wagen würde, ihm den Engel wegzunehmen.

»Ich geh nach Hause«, sagte er dumpf und bahnte sich einen Weg durch die Menge. »Zu meinem Vater.«

Die Mutter schlief, erschöpft von der Tagesarbeit und von dem Schnaps, den sie getrunken hatte. In dem kleinen Raum hinter dem Verschlag brannte auf dem Tisch eine Küchenlampe, deren schwaches gelbliches Licht nur mühsam durch das verrußte Glas drang und merkwürdige Schatten auf Saschkas und des Vaters Gesicht warf.

»Ist er nicht schön?«, fragte Saschka flüsternd.

Er hielt den kleinen Engel in einiger Entfernung und ließ den Vater ihn nicht anfassen.

»Ja, er hat etwas ganz Besonderes«, flüsterte der Vater und betrachtete das Spielzeug nachdenklich.

Sein Gesicht drückte die gleiche konzentrierte Aufmerksamkeit und Freude aus wie das von Saschka.

»Schau nur«, fuhr der Vater fort, »gleich wird er fliegen.«

»Hab ich schon gesehen«, antwortete Saschka überheblich. »Meinst du, ich bin blind? Sieh nur auf die Flügel. Ksch, nicht anrühren!«

Der Vater zog die Hand zurück und mit verschleiertem Blick studierte er den kleinen Engel in allen Einzelheiten, bis Saschka belehrend flüsterte: »Was für eine grässliche Angewohnheit du hast alles anzufassen! Du kannst ihn doch zerbrechen!«

An der Wand zeichneten sich die verzerrten und reglosen Schatten zweier gebeugter Köpfe ab: eines großen, zerzausten und eines kleinen, rundlichen. In dem großen Kopf vollzog sich etwas Merkwürdiges, Qualvolles, zugleich aber Freudiges. Die Augen betrachteten unverwandt den kleinen Engel und unter diesem starren Blick wurde er größer und heller und seine Flügel begannen lautlos zu zittern und zu beben, während alles ringsumher – die rußige Balkenwand, der schmutzige Tisch, Saschka – zu einer gleichmäßigen grauen

Masse verschmolz, ohne Schatten und ohne Licht. Und dem gescheiterten Menschen schien es, als höre er eine mitleidige Stimme aus jener wunderschönen Welt, in der er einst gelebt und aus der man ihn vertrieben hatte. Dort wusste man nichts von Schmutz und trostlosem Gezeter, vom bedrückenden, grausam-blinden Kampf egoistischer Wesen; von den Qualen eines Menschen, den man lachend in der Gosse aufliest und der von den groben Händen der Wächter verprügelt wird. Dort ist es sauber, fröhlich und hell, und all das Reine war in der Seele jenes weiblichen Wesens verkörpert, das er mehr als das Leben liebte und das er verloren hatte, während ihm sein nutzloses Leben geblieben war. Zu dem Wachsgeruch, den das Spielzeug ausströmte, mischte sich ein unfassbarer Duft und dem gescheiterten Menschen war, als berührten den Engel ihre lieben Finger, die er nacheinander hätte küssen mögen, so lange, bis ihm der Tod für immer die Lippen schließen würde. Daher war dieses Spielzeug auch so wunderschön, daher hatte es etwas Besonderes, Anziehendes, das sich nicht in Worte fassen ließ. Der kleine Engel war vom Himmel herabgekommen, wo ihre Seele weilte, und brachte einen Lichtstrahl in die feuchte, rauchige Kammer und in die finstere Seele des Mannes, der alles verloren hatte: Liebe, Glück und das Leben.

Wie die Augen des Vaters, der am Ende seines Lebens stand, leuchteten die Augen des Knaben, der gerade zu leben begann, und liebkosten den kleinen Engel. Für beide verschwanden Gegenwart und Zukunft: der ewig traurige, bedauernswerte Vater und die grobe, unausstehliche Mutter und das schwarze Meer von Kränkungen, Grausamkeiten, Erniedrigungen und Gehässigkeiten. Unklar und verschwommen waren Saschkas Träume, aber umso stärker erregten sie seine aufgewühlte Seele. All das Gute, das über der Welt leuchtete, den Schmerz und die Hoffnung der sich nach Gott sehnenden Seele nahm der kleine Engel in sich auf und daher erstrahlte er in einem so milden göttlichen Licht, daher zitterten seine durchsichtigen Libellenflügel in einem so lautlosen Beben.

Vater und Sohn sahen einander nicht; auf unterschiedliche Weise litten, weinten und freuten sich ihre kranken Seelen, aber etwas in ihrem Gefühl ließ ihre Herzen miteinander verschmelzen und den unüberbrückbar scheinenden Abgrund überwinden, der den einen Menschen vom anderen trennt und ihn so einsam, unglücklich und schwach macht. Unwillkürlich legte der Vater seinen Arm um den Hals des Sohnes und der ließ ebenso unwillkürlich den Kopf an dessen schwindsüchtige Brust sinken.

»Hat *sie* ihn dir gegeben?«, flüsterte der Vater, ohne die Augen von dem kleinen Engel zu wenden.

»Wer denn sonst? Natürlich sie.«

Der Vater schwieg und auch Saschka verstummte. Im Nebenraum knarrte und krächzte etwas, verstummte für einen Augenblick und dann schlug die Uhr behänd und eilig: eins, zwei, drei.

»Saschka, träumst du manchmal?«, fragte der Vater nachdenklich.

»Nein«, gestand der. »Oder doch, einmal habe ich geträumt, ich bin vom Dach gefallen. Wir sind den Tauben hinterhergeklettert und ich bin runtergeflogen.«

»Ich träume unentwegt. Wunderschöne Träume. Man träumt alles, was gewesen ist, man liebt und leidet wie in wachem Zustand ... «

Wieder verstummte er und Saschka fühlte, wie der Arm, der um seinen Hals lag, zu zittern begann. Immer heftiger wurde das Zittern und Zucken und in der hellhörigen Stille der Nacht erklang plötzlich das klägliche Aufschluchzen eines unterdrückten Weinens. Saschka zog heftig die Augenbrauen zusammen und wischte sich behutsam, damit der schwere, bebende Arm nichts spürt, eine Träne fort. Es war schon ein merkwürdiger Anblick, dieser große alte Mann, der weinte.

»Ach Saschka, Saschka!«, schluchzte der Vater. »Warum ist nur das alles so?«

»Nicht doch, was soll denn das?«, flüsterte Saschka streng. »Heult wie ein kleines Kind.«

»Ich weine ja gar nicht, ich weine nicht …«, entschuldigte sich der Vater mit einem kläglichen Lächeln.

»Warum nur, warum?«

Feoktista Petrowna drehte sich in ihrem Bett um. Sie seufzte und murmelte laut und mit einer merkwürdigen Beharrlichkeit: »Halt den Sack fest, halt ihn fest, so halt ihn doch fest …«

Sie mussten schlafen gehen, vorher aber für den kleinen Engel einen Platz für die Nacht finden. Ihn auf die Erde legen war unmöglich; also wurde er an einem Faden an die Ofenröhre gehängt, wo er sich deutlich von den weißen Kacheln abhob. So konnten ihn beide sehen – Saschka und der Vater. Eilig warf der Vater die Lumpen, auf denen er zu schlafen pflegte, in die Ecke, zog sich geschwind aus und legte sich auf den Rücken, um möglichst schnell wieder den Engel anschauen zu können.

»Warum ziehst du dich denn nicht aus?«, fragte er Saschka, wickelte sich frierend in eine zerschlissene Decke und zupfte den Mantel über den Beinen zurecht.

»Lohnt sich nicht. Ich stehe doch bald wieder auf.«

Saschka wollte hinzufügen, dass er überhaupt nicht schlafen wolle, aber noch ehe er es gesagt hatte, war er schon eingeschlafen, so schnell, als wäre er bis auf den Grund eines tiefen, reißenden Flusses gestürzt. Bald darauf schlief auch der Vater ein. Friede und Ruhe lagen auf dem erschöpften Gesicht des Mannes, der sein Leben zu Ende gelebt hatte, und auf dem frischen Gesicht des Jungen, der gerade am Beginn seines Lebens stand.

Der kleine Engel aber, der am heißen Ofen hing, fing an zu schmelzen. Die Lampe, die Saschka unbedingt hatte brennen lassen wollen, erfüllte den Raum mit Petroleumgestank und durch das verrußte Fenster fiel trauriges Licht auf das Bild der langsamen Zerstörung. Der kleine Engel schien zu beben. Über seine rosigen Beine rollten dicke Wachstropfen und fielen auf die Ofenbank. In den Petroleumgeruch mischte sich der Geruch von geschmolzenem Wachs.

Der Engel zuckte mit den Flügeln, als wollte er davonfliegen, dann stürzte er mit leichtem Aufklatschen auf die heiße Ofenplatte. Eine neugierige Küchenschabe krabbelte um die zerfließende Wachsmasse, kletterte auf die hauchdünnen Libellenflügel, zuckte mit den Fühlern und kroch eiligst weiter.

Durch das verhangene Fenster fiel das bläuliche Licht des anbrechenden Tages und draußen klapperte der verfrorene Wasserträger mit der eisernen Schöpfkelle.

PETR CHUDOZILOV

Die Spur im Schnee

Ich habe schon viele wunderliche Geschichten über die Verwechslung von Engeln mit Hühnern gehört. Ein misstrauischer Mensch zum Beispiel sah einen Engel, hielt ihn aber lieber für ein gewöhnliches Huhn. Seltener kommt es vor, dass im Gegenteil aus irgendeinem Grund ein Huhn für einen Engel gehalten wird. Dass aber ein Engel öffentlich als Engel bezeichnet wird, wobei man insgeheim denkt, es sei trotzdem nur ein gewöhnliches Huhn... Nein! Das geschieht wirklich nicht allzu oft!

Diese Geschichte hat mir Pál anvertraut. Ein liebenswürdiger Mensch, ein zuverlässiger Freund, ein bewundernswerter Gastgeber, vor allem aber ein hervorragender Erzähler. Hinter den Fenstern seines Hauses fiel damals langsam Schnee aus den Wolken. Allmählich brach die Dämmerung herein, wir saßen in vertrauter Behaglichkeit beisammen und erzählten einander Geschichten. Im Zimmer stand der Weihnachtsbaum bereit, schon am nächsten Tag sollten feierlich die Kerzenlichter erstrahlen. Der Ofen verströmte Wärme, es war ungemein gemütlich und in der Luft schwebte geheimnisvoller Weihnachtsduft. Kein Wunder, dass wir begannen von der längst verlorenen Kindheit zu reden!

Mein Freund stammt aus einem Geschlecht von Donauschwaben. Seine Vorfahren waren einst aus Deutschland weggezogen, um zwei Jahrhunderte später wieder ins Land ihrer Vorfahren zurückzukehren. »Alles haben wir verloren, nur der ungarische Akzept ist uns geblieben!«, sagte mein Freund manchmal fröhlich. Das stimmte jedoch nicht so ganz. Aus Ungarn hatten die Rückwanderer auch einen ganzen Schatz von Sagen, Geschichten und Familienerinnerungen mitgebracht, außerdem eine Sammlung überlieferter Anleitungen, wie man sich im Leben richtig zu verhalten hat. Wer zum Beispiel viele Nüsse isst, kann hundert Jahre alt werden!

Wir verstummten für eine Weile. In den Tiefen des Hauses ertönte ein kaum hörbarer Klang. Etwas bewegte sich! Die Tür knarrte leise. Durch den Flur näherten sich tastende Schritte. Im Halbdunkel des Zimmers wirkte dies Furcht erregend, doch mein Gastgeber bedeutete mir mit einer leichten Kopfbewegung, dass ich keine Angst zu haben bräuchte. Eine weißhaarige Frau betrat das Zimmer, die Mutter meines Freundes. Sie brachte zwei Schüsseln. Aus der einen dampfte es; dem Duft nach war darin die berühmte, aus Karpfenfleisch zubereitete ungarische Weihnachtssuppe. Die andere war mit Plätzchen gefüllt.

Das Gesicht der Mutter strahlte feierlich. Mit behutsamen Bewegungen stellte sie die Schüsseln vors Fenster. Es fielen einige liebe Worte in der mir unbekannten Sprache, die Frau blickte mich freundschaftlich an und verließ uns wieder. Die Tür fiel hinter ihr ins Schloss, die Schritte entfernten sich, eine zweite Tür knarrte, im Haus wurde es still.

»Füttert ihr im Winter die Vögel vor den Fenstern?«, sagte ich gedankenlos und verlegen. Das Verhalten der Mutter meines Freundes hatte mich überrascht.

»Nein«, sagte er. »Das ist für den Weihnachtsengel.«

»Für einen Engel!«, rief ich verblüfft.

»Aber natürlich. Stellt ihr denn dem Weihnachtsengel keine Naschereien vors Fenster?«, wunderte er sich.

War das vielleicht ein Scherz? Ich trat zum Fenster, rieb die beschlagene Scheibe sauber. Die heiße Suppe dampfte im Frost. Auf einem Baum duckte sich eine durchgefrorene Amsel. Einen Engel aber sah ich nicht.

»Vorsichtig!«, raunte mein Freund mir zu. Er war ganz verzückt. »Er wird jeden Moment da sein!«

Langsam trat ich zur Seite. Ein merkwürdiges, fast ängstliches Gefühl kam über mich. Es war klar, mein Freund schaute mit seinen fest geschlossenen Augen in eine andere, unbekannte, mir unzugängliche Welt! Er lächelte aufmunternd, als wollte er ein vertrautes Wesen begrüßen. Er winkte sogar schon! Ich wagte es nicht, neue Fragen zu stellen. Nach einer Weile saßen wir wieder in den gemütlichen Sesseln.

»In Ungarn stand der Himmel an Weihnachten immer voller Sterne!«, setzte mein Freund das Gespräch nach längerer Pause fort. »Den Stern von Bethlehem mit dem langen Schweif habe ich leider nie gesehen. Dafür aber den Weihnachtsengel mit der Trompete.«

»Mit der Trompete!«, stieß ich hervor.

»Ja!«, wiederholte mein Freund ruhig. »Mit der Trompete. Mein Vater und ich machten einen Spaziergang. Die Bäume waren weiß vor Frost. Wir zogen einen kleinen Schlitten. Die Hand des Vaters wärmte die meine noch durch die dicken Handschuhe hindurch. Wie gern bin ich in der Kindheit Hand in Hand mit dem Vater spazieren gegangen! Da drückten die Finger des Vaters meine Hand plötzlich ganz fest. Über uns schwebte ein Engel. In seinen Flügeln wechselten sich weiße und rosarote Federn ab. Sein braunes, lose geschnittenes Engelshemd wurde von einem schmalen Ledergürtel zusammengehalten. Unten lugten nackte Füße hervor. Der Engel fror bestimmt fürchterlich, er sah jedoch keineswegs unzufrieden aus. Auf seiner Stirn glänzte ein Stern. Der Engel blies in eine sehr lange, dünne Trompete. Es klang feierlich, ein wenig wehmütig. Dann löste er sich auf wie Dampf in der Luft.«

»In der Dämmerung«, fuhr mein Freund fort, »stellte die Mutter Schüsseln mit Leckerbissen vors Fenster. Für den Engel! Hinter dem Vorhang versteckt, wartete ich, was geschehen würde. Unsere gefräßigen Hühner trippelten herbei. Wie wild pickten sie in die Schüsseln, die Krümelchen stoben davon. Langsam tauchte aus der Dunkelheit der Engel auf. Er legte die Trompete in den Schnee, nickte mir zu, nahm sich mit zwei Fingern einige Brocken aus der Schüssel. Die Hühner traten ehrfurchtsvoll zurück. Sogar der Hahn machte dem seltenen Flügeltier Platz! Der Engel lächelte, blies in die Trompete, stieß sich mit den nackten Füßen vom Schnee ab und flog wieder in den Himmel zurück. ›Hast du den Engel gesehen?‹, fragte mich die Mutter. ›Er war da!‹, rief ich. Das Bäumchen leuchtete. Das Weihnachtsfest war da.«

»Du erzählst wirklich sehr schön!«, rief ich.

»Hör mal!«, sagte mein Freund tadelnd. Er hatte meine Zweifel herausgehört. »Ich bin noch nicht fertig! Im Laufe der Jahre lächelte meine Mutter oft amüsiert. ›Auf der Stirn hatte er einen goldenen Stern, nicht wahr?‹, sagte sie jedes Mal in liebenswürdig spöttelndem Ton, wenn ich meinen Eltern mitteilte, dass der Engel auch diesmal gekommen war. Nach und nach begriff ich, die Mutter glaubte längst nicht mehr an den Weihnachtsengel. Als ich fünfzehn war, überraschte sie mich mit einer unerwarteten Mitteilung. ›Es gibt keine Engel!‹, verkündete sie hart. ›Es ist ein schöner Weihnachtsbrauch, eine Schüssel vors Fenster zu stellen! Den Kindern zu erzählen, es sei für einen Engel. Gewiss! Aber du bist doch kein kleines Kind mehr! Hör auf Märchen zu erfinden!‹

›Doch! Komm doch selbst schauen!‹, sagte ich ganz ruhig zu ihr. Zum ersten Mal benutzte ich in einem Gespräch mit meiner Mutter das deutsche Wort ›doch‹, sonst hatten wir uns ausschließlich auf Ungarisch verständigt. Die Mutter schaute aus dem Fenster. Entsetzt schrie sie auf. Gerade trat langsam der Engel aus der Dunkelheit. Wie ein Raum, wie ein Märchen, wie ein Rauch von einem Feuer! Die Mutter wich zurück. ›Wer ist das?‹, flüsterte sie. ›Mein Herr, was machen Sie da?‹ Der Engel grinste ungezwungen. Er nahm einen Bissen aus der Schüssel. Er verneigte sich und wünschte schöne Weihnachten, das hörten wir durch das Glas hindurch sehr deutlich. Dann verschwand er in den Schneewirbeln.«

»Hat er mit euch deutsch gesprochen?«, fragte ich vorsichtig.

»Ungarisch!«, entgegnete mein Freund. Seine Augen blitzten schelmisch.

»Hm!«, sagte ich nur.

Der Freund zuckte die Achseln. Wortlos zeigte er zum Fenster. Mit angehaltenem Atem trat ich näher, um einen besseren Ausblick zu haben. Die Schüsseln waren schon fast leer. Einige schmutzig weiße Hühner wackelten um sie herum. Da war kein Engel. Auch die durchgefrorene Amsel war fortgeflogen. Mein Freund verzog keine Miene.

»Ich mache es sonst genauso. Der Engel kommt immer!«, sagte er.

Wir traten auf die Schwelle. Die Hühner sahen uns fragend an. Der Hahn hatte gerade den letzten Bissen aus der Schüssel gepickt. In dichten Flocken fiel der Schnee. Glitzernder Pulverschnee. Die Hoffnung in mir wurde immer größer; durch die Vorahnung einer Enttäuschung wurde sie noch sonderbar verstärkt.

»Schau!«, seufzte mein Freund verblüfft.

Ich wollte meinen Augen nicht trauen. Im frisch gefallenen Schnee zeichnete sich eine Spur ab. Ein Wesen hatte seinen nackten Fuß in die Schneedecke gedrückt, es musste viel größer sein als ein Huhn! Die Spur konnte von einem großen Vogel, zum Beispiel einen Schwan, stammen, aber auch von einem Menschen. Ohne weiteres hätte ein Engel sie zurücklassen können. Die Umrisse waren durch die feuchten Flocken verwischt. Von oben ertönte Flügelrauschen. Durch die Winterlandschaft hallte Trompetenklang. Ein kurzer, durchdringender, kupfern gefärbter Ton. In den Wolken sah ich den Schatten eines schwebenden Leibs. Ein Schwan! Ein Trugbild? Ein Engel? Alles wurde durch einen Windstoß weggefegt. Wir wagten nicht laut zu reden.

Wir kehrten ins Innere des Hauses zurück. Der Freund legte Holz nach. Im Kamin knisterte es leise. Lächelnd setzte sich die alte Mutter meines Freundes zu uns. Auch sie schwieg. Wortlos schauten wir zu, wie die Dämmerung den Gegenständen im Zimmer allmählich ihre Formen nahm und sie in reinen Schein verwandelte. Meine Seele war erschüttert. War es der Schrei eines Schwans? Eine Trompete? Das kehlige Rufen eines ungarischen Engels? Können Engel Ungarisch? Wenn nicht, in welcher Sprache verständigen sie sich?

Eine wirklich zufrieden stellende Antwort auf diese Fragen habe ich nie bekommen. Das ist gerade das große Geheimnis! Wunder lassen sich nicht patentieren. Überzeugende Beweise fehlen immer! Zum Glück! Ein zuverlässig garantiertes Wunder wäre gar kein Wunder mehr. Ohne Hoffnung auf Wunder aber könnten wir überhaupt nicht leben.

MANFRED HAUSMANN

Martin entdeckt den Weihnachtsstern

D a der Winter mit den funkelnden Sternennächten vor der Tür steht, haben Christoph und Görge sich einen Linsensatz für DM 2,60 kommen lassen und sind allen Ernstes dabei, ein Himmelsfernrohr zu erbauen. Er soll sogar parallaktisch aufgehängt werden. Martin geht einige Tage mit den Händen in den Hosentaschen um die Arbeitenden herum und fragt sie hin und wieder etwas. Dann zieht er sich in sein Zimmerchen zurück.

»Christoph und Görge«, sagt er eines Abends beim Essen, »glaubt ihr, dass ich hiermit einen Stern erkennen kann?« Er holt, sich auf dem Stuhl zur Seite neigend, eine leere Zwirnrolle aus seiner Tasche, hält sie sich vors Auge und richtet sie auf die Lampe über dem Tisch. »Das soll nämlich mein Fernrohr sein.«

»Zeig mal her«, sagte Christoph lachend.

»Und hier habe ich eine Linse vorgemacht. Glaubst du, dass ich da einen Stern mit erkennen kann?«

Christoph blinzelte durch. »Natürlich kann man damit einen Stern erkennen. Alles kann man damit erkennen. Nicht ganz so gut wie mit bloßem Auge, aber immerhin.«

Der Vater möchte gern wissen, um was für eine Linse es sich handelt.

Christoph reicht ihm die Rolle. Die Linse besteht aus einer dreieckigen Glasscherbe, die Martin mit Blauköpfen vor die eine Öffnung genagelt hat.

»Das ist ja ein wunderbares Fernrohr«, sagt der Vater, indem er ein Auge zukneift und gleichfalls die Lampe betrachtet. Es rieselt etwas durch ihn hindurch, Rührung, Glück, Dankbarkeit, irgendeine warme und zärtliche Empfindung.

»Glaubst du, dass ich da einen Stern mit erkennen kann?«

»Jeden Stern kannst du damit erkennen. Hier hast du es wieder!«

Aber die Mutter bittet darum, es auch einmal ausprobieren zu dürfen. Nachdem sie es von allen Seiten bewundert hat, stellt sie es vorsichtig auf den Tisch, legt die Hände vor die Augen, zieht sie ein bisschen herab und wirft dem Vater über die Fingerspitzen hinweg einen dunklen, strahlenden Blick zu; dann rollt sie es zu Martin hinüber: »Hast du aber fein gemacht!«

»Jaha . . .«, sagt Martin. »Kann ich eigentlich den Mond da auch mit erkennen?«

»Sicher.«

»Nachher will ich mal den Mond erkennen.«

»Heute Abend gibt es keinen Mond«, wirft Görge ein.

»Aber Sterne?«

»Sterne genug.«

»Dann will ich mal zwei Sterne . . . drei Sterne will ich mal mit meinem Fernrohr erkennen.«

Sowie das Abendbrot beendet ist, läuft Martin auf die Terrasse und sucht den Himmel mit seiner Zwirnrolle ab.

Nach einer Viertelstunde schiebt er sich vorsichtig in die Bibliothek und wartet, dass der Vater, der dort die Zeitung liest, einmal aufblickt.

»Na, Martin?«

»Leider kann ich da doch keinen richtigen Stern mit erkennen.«

»Warum denn nicht?«

»Nein. Ich kann nur Punkte erkennen.«

»So sehen die Sterne eben aus. Wie Punkte.«

»In meinem Bilderbuch sehen sie aber ganz anders aus. Weißt doch, mit so Zacken herum und so.«

Der Vater denkt, die Bilderbuchmaler täten auch besser bei der Wahrheit zu bleiben. Nun kann er zusehen, wie er dem armen Martin über die Enttäuschung hinweghilft, die sie verschuldet haben. »Die gewöhnlichen Sterne sehen tatsächlich wie Punkte aus. Und wenn du durch Christophs und Görges Fernrohr guckst, dann sehen sie immer noch wie Punkte aus. Da hilft nichts. Etwas anderes ist es wohl mit dem Weihnachtsstern. Der hat wohl diesen herrlichen Glanz und die Strahlen und alles.«

»Kann ich den Weihnachtsstern denn mal mit meinem Fernrohr erkennen?«

»Ich glaube nicht, Martin. Er scheint in unserer Zeit nicht mehr am Himmel. Ich hab ihn jedenfalls noch nie gesehen.«

»Wie schaade!«

Und dann kommt der Abend, an dem Christoph und Görge ihr Fernrohr zum ersten Mal im Freien aufstellen, um die Wunder der Himmelswelt zu erforschen. Es ist inzwischen bitterkalt geworden, bald wird Weihnachten sein, der frisch gefallene Schnee glitzert im Sternenlicht. Die übrige Familie nimmt, in Mäntel gehüllt, an dem Ereignis Anteil. Aber Christoph und Görge haben vor lauter Leidenschaft nicht einmal ihre Jacken an. Sie wollen versuchen die Monde des Jupiter zu beobachten. So einfach scheint es indessen nicht zu sein, eines bestimmten Sterns habhaft zu werden. Man darf das Fernrohr nur mit den Fingerspitzen berühren, denn die kleinste Bewegung lässt das tanzende Scheibchen wieder aus dem Sehfeld verschwinden.

»Trampel doch nicht so laut hier herum, Vio!«

»Welches ist denn der Jupiter?«, fragt Martin.

Der Vater führt Martins Blick von einem dunklen Föhrenwipfel zum Gürtel des Orion und von dort über den Aldebaran zu den Plejaden und dann zu dem leuchtenden Stern, der schräg darüber steht. »Da ist er.«

Martin zieht den Mantel hoch und kramt in seiner Hosentasche herum. Dann setzt er sein Fernrohr an, beugt den Kopf zurück und sucht den Jupiter. Mit einem Male sagt er leise zu sich selbst: »Oh!« Und noch einmal wie erschrocken: »Oh!«

»Was ist denn?«, fragt der Vater.

»Ich erkenne den Weihnachtsstern!«, flüstert Martin, ohne die Zwirnrolle von seinen Augen zu nehmen.

»Wirklich? Wie sieht er denn aus?«

»Mit lauter so was dran aus Gelb und Grün und Golden.«

Da muss der Vater doch auch einmal durch Martins Fernrohr sehen. Und wirklich, es gleißt und schimmert um den Jupiter herum, dass es nur so eine Art hat. Aber der Vater erkennt auch gleich, wie das Feuerwerk zu Stande kommt. Auf der Glasscheibe sitzt ein fettiger Fingerabdruck über dem andern, und in den zarten Rillen bricht sich der Sternenschein, glänzt auf und versprüht zu farbigen Strahlen.

»Uh, jetzt!«, ruft Christoph. »Jetzt hab ich's! Zwei kann man sehen! Zwei Monde!« Viola hüpft von einem Bein aufs andere.

»Ich auch mal!«

»Erst ich«, sagt Görge. »Du verstehst ja doch nichts davon.« Der Vater legt das Fernrohr wieder in Martins ausgestreckte Hand und sagt, dass er noch nie in seinem Leben einen so zauberhaften Stern erblickt hätte wie diesen. »Komm, Mutti soll sich auch einmal daran freuen!«

»Haben Christoph und Görge ihn auch erkannt?«

»Nein. Das Fernrohr von Christoph und Görge ist nur für gewöhnliche Sterne bestimmt.«

»Wem sein Fernrohr findest du besser, meins oder Christoph und Görge seins?«

»Ein besseres Fernrohr als das, womit man den Weihnachtsstern erblickt, kann es überhaupt auf der Welt nicht geben.«

»Oh«, sagt Martin.

JOAN O'DONOVAN

Kleines braunes Jesuskind

ause!«, sagte ich wieder. »Du hast die Pause vergessen!« Im dunklen Kandiszuckergesicht der Jungfrau Maria blitzten die Augäpfel. »Ja, Miss«, sagte sie gottergeben.

»Versuch's noch mal! Und achte auf mich!«

Es war wirklich schade, dass Heliotrope Smith am geeignetsten war. Sie und keine andere würde die Jungfrau Maria sein müssen, aber das ging nicht ohne Schwierigkeiten ab. Denn sie war nicht nur eine »Zurückgebliebene«, sie hatte auch den natürlichen Künstlerinstinkt – eine heikle Mischung.

»Pause!«, rief ich.

Diesmal griente Heliotrope von einem Ohr zum anderen und zeigte all ihre weißen Zähne. Man muss sie ebenso gern haben, wie man ein junges Hündchen gern haben musste. Heliotrope war nicht einfach unartig – sie war der reinste Sprengstoff. Sogar Jim, der es glatt fertig gebracht hatte, der Handarbeitslehrerin eine Büchse voll Würmer an den Kopf zu werfen und den Hausmeister mit seinem eigenen Besen zu schlagen, versuchte sich vor Heliotrope in Sicherheit zu bringen, indem er sich an mich heranschlängelte und heimlich tuschelte: »Ist doch schrecklich, Miss, wenn's immer Unruhe gibt!«

Ich wusste, was er meinte. Wer weiß, was passieren konnte.

Ehe Heliotrope kam, hatte es in der Gudge Street nie eine Farbigenfrage gegeben, doch sie hatte gleich am ersten Tag eine geschaffen, indem sie uns »dreckige Weiße« nannte. Sie wurde dafür beinahe gelyncht.

Seltsamerweise war es Doreen Bax, die Ruhigste der ganzen Klasse, die Heliotropes Freundin wurde, und jetzt, so schien es, sollte unser Stück dem ein

Ende machen, denn – was für ein Pech – Doreen hatte angenommen, dass sie die Jungfrau Maria spielen dürfe. In meinem Stück war sie ein Engel. Seit vierzehn Tagen schmollte sie mit mir.

Der Morgen mit der Generalprobe kam – wir sollten das Stück am Nachmittag für die Schule aufführen – und es fing gleich damit an, dass Gertie Pugh die rote Glasbrosche von der Teemütze mauste, die der eine von den Heiligen Drei Königen auf dem Kopf tragen sollte. Wir brachten es fertig, die Brosche aus ihrer Pumphose zu entfernen, doch das erforderte Zeit, und weil Gerti beim Mausen die Nadel abgerissen hatte, musste ich sie jetzt mit Leim auf die Teemütze kleben. Dann bekam Jim, der siebente Schäfer, seine Nervenzustände und schlug Joseph zu Boden und die Frau des Herbergsvaters erschien in einer gelben Papierkrinoline, langen, schwarzen Handschuhen und einem Künstlerhut, denn so hatte ihre Mutter meine Bitte um ein altes Leintuch und ein paar Sicherheitsnadeln ausgelegt, und sie machte mich noch nervöser, als sie sich in Hut und Handschuhen im Zuschauerraum zeigte. Doch schlimmer als alles, weit schlimmer, war die Krise wegen der Puppe. Ich hatte vorgeschlagen, dass wir für das Jesuskind auf der Bühne weiter nichts als ein Stoffbündel benutzten, um das ein Schal gewickelt wurde. Aber davon wollte die Klasse nichts wissen. Sogar Jim, der sich in seinen ruhigen Momenten bei mir einschmeichelte, konnte so etwas nicht dulden.

»Jeder kann sehen, dass da kein Jesus in dem Zeugs steckt«, erklärte er. »In unserer Kirche haben sie eine Puppe, Miss. Und Stroh.«

Jim war ein in die Höhe geschossener, schlaksiger Junge mit unkontrollierten Bewegungen und Nagelschuhen. Manchmal fiel er platt aufs Gesicht. Es war mir neu, dass er die Kirche besuchte.

»Ja, Miss«, tadelte die Klasse; »wir wolln eine Puppe!«

Daher wählte ich Doreen; sie sollte ihre Puppe mitbringen. Es schien sie aufzuheitern.

»Und Stroh!«, erinnerte mich Jim. »Ohne Stroh ist es nicht richtig.«

»Gut, Jim«, sagte ich. »Wenn du Stroh bekommst, bring es mit!«

Doch es war mir nicht unangenehm, als er dann ohne Stroh erschien. Ich hatte genug Sorgen. Doreen brachte zwar ihre Puppe, aber eine kleine, kleine Hätschelpuppe von der Sorte, wie wir sie früher, in weniger aufgeklärten Zeitläufen, ein Negerbaby genannt hätten. Doch auch Heliotrope brachte eine Puppe an, eine weiße Puppe, und sie war fast einen Meter groß und durchaus eine Dame.

»Hier ist Jesus, Miss«, sagte sie.

Die Klasse starrte hingerissen auf das flitterbesetzte Ballkleid und die Stöckelschuhe.

»Die ist größer als die Puppe in unsrer Kirche«, sagte Jim finster.

Damit hatte er Recht.

Doreen presste ihr Püppchen an sich und ihr Gesicht wurde allmählich puterrot. Ich war töricht genug, es bei Heliotrope mit Überredung zu versuchen.

»Es ist eine schöne Puppe, Heliotrope, aber ich finde sie ziemlich groß.«

»Groß, Miss?« Heliotrope platzte fast vor ungläubigem Gelächter. »Groß! Das ist doch gar nichts. In Jamai...«

Ich unterbrach sie.

»Außerdem hat Doreen schon ihre Puppe mitgebracht. Ich hatte sie aufgefordert. Es war abgemacht.«

Heliotrope tat überrascht. »Meinen Sie das winzige Püppchen?«, fragte sie mit sachlicher Stimme. »So ein Kleines? Ich glaube nicht, dass so ein Kleines gut genug ist, um Jesus zu sein.« Ich hatte es noch nie erlebt, dass Doreen ihre Stimme erhob. Ich hätte es überhaupt nicht für möglich gehalten. Doch jetzt kreischte sie vor Wut.

»Jesus war keine Dame!«

Heliotrope flog herum. Der Kampf war eröffnet.

»Jesus konnte sein, was er wollte«, schimpfte sie los. »Er hätte eine Maus sein können oder ein Löwe... oder sonst was! So steht's nämlich in der Bibel!«

»Aber in unserm Stück ist er 'n Baby, und fertig!«

Ich dachte, die Klasse würde ihr Recht geben, doch die Kinder starrten wie hypnotisiert auf die Balldame, und Heliotrope wusste ihren Vorteil zu nutzen. Ihre Katzenaugen verengten sich, bis sie gehässige Schlitze waren. »Deine Puppe ist schwarz«, sagte sie trocken. »Jesus war schön weiß.« Sie zuckte verächtlich mit der Schulter. »Das kleine, schwarze Würmchen!«

Es war höchste Zeit einzugreifen. Wir würden mit einem Stoffbündel proben, erklärte ich mit fester Stimme. Die Puppen wurden beiseite gelegt und die endgültige Entscheidung auf den Nachmittag verschoben. Wenn wir Glück hatten, konnte immer noch etwas dazwischenkommen.

Nach dem Mittagessen nahm ich vier Aspirintabletten und legte mich hin. Die anderen Lehrer waren in der Kantine und ich hatte das Lehrerzimmer für mich allein. Ich fing an mich zu entspannen. Der Rektor war ein vernünftiger Mann: Er würde von der Versuchsklasse nichts weiter erwarten, als dass sie hinaufzottelten und wieder nach unten zottelten. Aber darauf kam's auch nicht an. Der Versuchsklasse würde es den größten Spaß machen.

Das Getrampel von Stiefeln auf der Treppe riss mich aus einem leichten Schlummer und ein grässlicher Junge namens Fisher platzte herein.

»Sie werden gesucht!«, sagte er.

»Wer sucht mich?«, fragte ich.

»Ein Mann mit 'nem Pferdewagen.«

Es hörte sich wie ein Traumsymbol an. Ich ging die Treppe hinunter und trat in die abgestandene Kälte der Gudge Street. Eine arme Frau mit einem Kohlkopf unter dem Arm ging vorbei. Von einem Mann war nichts zu sehen, auch nichts von seinem Pferd oder Wagen.

Im Klassenzimmer sah ich dann die Bescherung. Stroh! Ganze Berge von Stroh! Mein Katheder war verschwunden, die Zentralheizung schaute nur noch wie die zackige Einfassung eines Blumenbeetes aus dem Strohmeer. Halme steckten in den Tintenfässern. Die Luft war voll Staub. Ich blickte mich stumpfsinnig um. Hinter mir tauchte Jim auf.

»Ich hab Sie nicht im Stich gelassen«, erzählte er mir glückstrahlend. »Mein Papi, sagt, es kostet nix. Die fünf Schilling waren für den Lumpenmann, der uns seinen Wagen geliehen hat. Es war zu viel Stroh für Papis Karre. Mehr als in der Kirche!«

»Das ist sehr nett von deinem Papi, Jim«, sagte ich mühsam.

Er warf vergnügt eine Hand voll Stroh in die Luft, die auf uns niederregnete. Dann kratzte er sich. »Flöhe!«, sagte er heiter. »Im Stroh sind immer 'ne Masse Flöhe!«

Als Heliotrope ins Klassenzimmer kam, sah ich, dass sie einen langen Kratzer auf der Backe hatte, und bei Doreen schien sich ein blaues Auge zu bilden.

»Miss«, sagte sie mit einer Stimme, die sich nicht länger mit Versprechungen vertrösten ließ, »welche Puppe ist Jesus?«

Ich wusste, was es bedeutete. Wenn ich nicht vorsichtig war, konnte ich meiner Jungfrau Maria nachwinken. Matt blickte ich auf Doreen. Mit dem geschwollenen Auge war ihr Ausdruck unerhört zäh geworden und sie glich ihrer Mutter wie noch nie. Aber das stimmte mich nachdenklich. Dann kam mir eine Erleuchtung.

»Wir haben zwei Jesuskinder«, erklärte ich knapp.

Da muss ich nun meine Versuchsklasse loben: Sie war durch keinerlei Vorurteil getrübt.

»Prima!«, schrie Jim. »In der Kirche hatten sie bloß einen Jesus!«

Heliotrope strahlte. Sie begann zu kichern. Über Doreens Gesicht glitt ein befriedigtes Lächeln. Sie blickten sich an. Heliotrope stürmte vor und schlang ihrer Rivalin den Arm um den Hals.

»Dein kleiner Jesus ist gar nicht so schwarz«, sagte sie, »er ist eben einfach ein kleines, braunes Jesuskind!« Sie nahm ihn auf den Arm und herzte ihn.

Die Balldame kam also in die Krippe, das heißt, die untere Hälfte von ihr. Das Stroh verhüllte Nylonstrümpfe und Stöckelschuhe. Und es war erstaunlich, dass keiner seinen Text vergaß, nicht einmal Jim. Doreen sah im Profil interessant aus und nur ich konnte das blaue Auge sehen. Heliotrope bot der Gudge Street die Weihnachtsgeschichte dar und die Gudge Street hörte in atemlosem Schweigen zu. Schließlich waren es gefährdete Kinder, Heimatlose, Vertriebene, acht in einem Zimmer... Die Gudge Street wusste, was das bedeutete ...

Ich stand hinter den Kulissen und verfolgte das Spiel. Nun fehlte nur noch das Schluss-Solo. Heliotrope saß allein auf der Bühne und wartete, wie ich's gesagt hatte, doch als wir beide bis zehn gezählt hatten, blickte sie nicht auf mich, sondern auf das kleine Püppchen in seinem Schalbündel. Anstatt zu singen: »Zur Krippe her kommet im nächtlichen Stall«, stimmte sie eine Melodie an, die ich als Trinidad-Stepptanz erkannte:

>»Kleines braunes Jesuskind,
>
> schlaf mir ein geschwind.«

Ich blitzte entsetzt auf die Zuschauer. Nichts rührte sich. Heliotrope war ganz versunken; wie eine liebevolle Mutter sang sie ihrem Baby vor:

>»Kleines braunes Jesuskind,
>
> schlaf mir ein geschwind,
>
> wenn du schreist, wird Mami bös.
>
> Papi Joseph sägt Holz im Stall
>
> und der liebe Gott macht schön Wetter!
>
> Schlaf mir, braunes Jesuskind,
>
> sonst haut dich deine Mami...
>
> haia-humm-haia-humm ... «

Die Stimme wurde lauter. Heliotrope warf mir einen Blick zu, einen energischen; er bedeutete Vorhang.

Ich ließ den Vorhang langsam herunter. Fünf Sekunden herrschte völlige Stille, dann brach wildes Beifallsgetöse aus. Ich flog auf die Bühne und fing Heliotrope auf. Sie kicherte verrückt und umschlang mich wie ein Affe mit Armen und Beinen.

»Warum weinen Sie denn, Miss?«

»Schreib's mir auf, das Lied! Hörst du?«

Ich spürte, wie sie leblos wurde. Dann fiel's mir ein. Sie war eine »Zurückgebliebene«. Das Schreiben war ihr Strafe und Qual.

»Nein, Dummchen! Es gefällt mir ja, das Lied! Du sagst mir die Worte und ich schreibe es selber auf.«

Am anderen Morgen wollte mich Heliotropes Mutter sprechen. Es war eine ernste kleine Frau und sie war sehr ärgerlich. Sie verbat es sich, dass ich ihrer Tochter Trinidad-Lieder beibrachte. Sie sagte, ihre Tochter solle fein erzogen werden, nach der englischen Mode...

ANNA MELACH

Wer klopfet an?

n diesem Jahr hatte die Familie beschlossen Weihnachten ohne
Geschenke zu feiern. Das war Christines Idee gewesen. »Wir werden da nicht mitspielen bei diesem blöden Weihnachtsrummel«,
hatte sie gemeint. »Feiern wir doch ein richtiges Familienweihnachten ohne
Stress, ohne Geschenke, einfach nur so!« Nach einigem Hin und Her war die
ganze Familie einverstanden gewesen.

Nun saßen sie da, die Eltern, Stefan, Liesi und Christine und die Großmutter, im festlich aufgeräumten Wohnzimmer, und wussten nicht so recht, was sie
mit dem langen Abend anfangen sollten. Sie hatten Nachtmahl gegessen, sie
hatten die Kerzen am Christbaum angezündet und »Stille Nacht« gesungen
und noch ein paar Weihnachtslieder und die Mutter hatte, wie jedes Jahr, aus
der Weihnachtsgeschichte vorgelesen. Sehr viele Weihnachtslieder hatten sie
nicht geschafft, sie kannten so wenige Texte und Stefan konnte sein Liederbuch
nicht finden. Außerdem war die Mutter, die die schönste Stimme hatte, heiser.
Und im Spielemagazin fehlten die Würfel. Diese Entdeckung hätte beinahe zu
einem Familienstreit geführt.

Auch wegen des Christbaums hatte es Diskussionen gegeben. Christine wollte gar keinen Christbaum. Es müssten eh so viele junge Bäume sterben, meinte sie. Aber ein Christbaum musste sein, darauf hatte die Mutter bestanden.
Schon wegen der Kleinen. »Sonst ist es ja überhaupt kein Weihnachten.«

»Wir könnten einen lebendigen Christbaum kaufen«, schlug Stefan vor und
schluckte seinen Ärger zu den Kleinen gezählt zu werden hinunter. »Den können wir dann einsetzen.«

»Und wo willst du ihn einsetzen?«

»Bei der Tante Steffi im Garten, vielleicht. Oder im Wald. Oder in dem kleinen Park vor der Schule. Da kann ich immer nachsehen, wie's ihm geht.«

Sie hatten also einen lebendigen Christbaum gekauft. Er war sehr klein, selbst Liesi reichte er nur bis zum Bauch, aber er war dicht und buschig und alle waren sich einig, dass sie noch nie einen so schönen Christbaum gehabt hätten. Die Mutter wollte den schwarzen Plastiktopf mit Alu-Folie schmücken. Aber Christine hatte energisch protestiert, wegen der Verwendung von Aluminium.

»Und was soll ich mit meiner halben Alurolle machen?«, wollte die Mutter wissen. »Ich kauf eh keine neue, das versprech ich dir.«

»Du kannst sie aufheben, bis du wirklich dringend etwas einzuwickeln hast«, sagte Christine versöhnlich.

Stefan und Liesi hatten ein Zeichenblatt bunt bemalt und in Fransen geschnitten; es wurde um den Topf gelegt. Das sah sehr hübsch aus. Die Mutter hatte den Baum auf einen Schemel gestellt, damit er ein bisschen größer aussah, und mit wenigen Kerzen, Glaskugeln und ein paar Lebkuchen geschmückt.

Der Baum sah also sehr weihnachtlich aus, auch die Schüssel mit Keksen darunter.

Nun saßen sie alle da und wussten nicht so recht, was sie tun sollten.

»In meiner Kindheit«, begann die Oma vorsichtig, »haben wir manchmal Theater gespielt. Ohne Textbuch, einfach so.«

»Ja, spielen wir ein Krippenspiel!«, rief Liesi. »Da kann ich ein Schaf spielen oder ein Kamel, nicht so ein dummes Hirtenmädchen wie in der Schule.«

Stefan grinste. »Das passt ohnehin viel besser zu dir!«

»Möchtest du nicht lieber die Maria spielen?«, fragte die Mutter schnell. »Oder vielleicht den Engel?«

»Nein«, erwiderte Liesi entschieden. »Der Engel ist die Großmutter. Und Maria und Josef spielen die Mama und der Papa.«

»Vielleicht sollte ich lieber einen Hirten . . . «, meinte der Vater.

»Nein«, sagte Stefan. »Ich will der Wirt sein und die Christine ist die Wirtin, das passt gut zu ihr, sie kann so gut keppeln.«

Es dauerte eine Weile, bis alle einverstanden waren.

»Also«, sagte Stefan, »die Eltern gehen jetzt hinaus und klopfen an.«

Die Großmutter summte die Melodie des Weihnachtsliedes »Wer klopfet an«.

»Sehr gut«, sagte Stefan. »Maria und Josef klopfen also an die Türe. Hier ist die Wirtsstube und dort drüben, beim Esstisch, ist der Stall.«

»Sehr wohl, Herr Regisseur«, sagte Vater.

»Und dann singen wir das Lied ›Wer klopfet an‹ mit verteilten Rollen«, schlug die Mutter vor. »Da haben wir am Anfang einen Text und dann wird uns schon etwas einfallen.«

»Sehr gut«, sagte Stefan.

»Ich bin der Esel im Stall«, erklärte Liesi und kroch unter den Esstisch.

»Ich dachte, du bist ein Schaf?«

»Nein, das kommt erst so spät dran, erst, wenn die Hirten kommen.«

»Schön, bist du halt der Esel!«

»Wir brauchen auch Kostüme«, sagte Liesi plötzlich. »Zumindest ein paar.«

»Hm«, machte Stefan. »Ja, Papa, du ziehst deinen braunen Bademantel an. Und die Maria braucht einen blauen Umhang. Christine, deine Bettdecke ist so schön marienmantelblau. Borgst du sie uns?«

Christine holte ihre Decke. Die Großmutter brachte eine Schürze für den Wirt und ein Kopftuch für die Wirtin.

»Damit schau ich unmöglich aus«, protestierte Christine.

»Macht nichts, als Wirtin *bist* du unmöglich«, entgegnete Stefan ungerührt. »Und die Liesi?«

»Ich brauch kein Kostüm«, sagte Liesi. »Aber die Großmutter muss ein Engelsgewand haben.«

Die Großmutter pflückte vorsichtig eine brennende Kerze vom Christbaum und setzte sich auf das Sofa.

»Also los«, sagte Stefan, »klopft an!«

Von draußen klopfte es.

Stefan holte Luft und sang so tief er konnte: »Wer klopfet an?«

»Zwei arme, a-a-ar-me – zwei a-a-ar-me – ich finde den Ton nicht!«, rief die Mutter. »Ohne Großmutter kann ich das Lied nicht singen. Oma, komm heraus und hilf uns! Ein Engel kann ruhig mitsingen.«

»Ihr könnt ja auch sprechen«, sagte Christine. »Wir spielen schließlich ein Theaterstück und keine Oper!«

Die Großmutter stand auf und eilte mit ihrer Kerze vor die Tür.

»Also«, sagte Stefan. »Wer klopfet an?«

»Der Papa muss erst klopfen!«, rief Liesi unter dem Tisch hervor.

Papa klopfte.

»Wer klopfet an?«

»Zwei arme, a-a-ar-me Leut!«, klang es von draußen.

»Was wollt ihr dann?«, sang Stefan mit gewaltiger Stimme.

»Oh, gebt uns He-er-be-erg heut!«

»Wer seid ihr?«, rief Christine als Wirtin mit keifender Stimme. »Was stört ihr uns denn mitten in der Nacht?«

»Wir kommen von weit, weit her«, jammerte die Mutter, draußen vor der Tür. »Wir sind schon so müde ... und es ist so kalt.«

»Wie heißt ihr denn?«, fragte der Wirt donnernd.

»Ich bin Josef«, antwortete der Vater. »Und meine Frau heißt Maria. Wir sind von der Nacht überrascht worden auf unserem Weg und jetzt haben wir kein Nachtquartier ...«

»Das kann jeder sagen«, rief Christine. »Ihr seid sicher irgendwelche Flüchtlinge. Habt ihr denn kein Quartier in einem Flüchtlingslager? Oder habt ihr noch gar nicht um Asyl angesucht? Seid ihr überhaupt schon registriert?«

»Sie sind unterwegs zum Kaiser Augustus«, erklärte Stefan. »Der zählt alle Leute.«

»Wir werden uns registrieren lassen, sobald es hell ist«, sagte der Vater. »Heute ... heute haben die Ämter schon zu.«

»Morgen ist Feiertag«, erinnerte Stefan.

»Wenn ihr Flüchtlinge seid, gehört ihr in ein Flüchtlingslager und müsst nicht anständige Leute belästigen!«, sagte Christine.

»Kind, wie redest du!«, fuhr der Vater dazwischen.

Christine hatte in der Schule einen Projekttag über Flüchtlinge gehabt. Aber sie sagte nur: »Ich bin doch die böse Wirtin. Und man kann ja ein Krippenspiel modernisieren!«

»Ja, bei Liesis Krippenspiel ist auch ein Hirte mit dem Fahrrad gekommen«, bekräftigte Stefan.

»Habt doch Mitleid, liebe Wirtin«, spielte die Mutter weiter. »Wir haben zwar eine Wohnung, auf dem Lande, in ... in einem Flüchtlingslager, aber wir sind heute in die Stadt gefahren und – und haben den letzten Bus versäumt.«

»Dann geht in ein Obdachlosenheim!«, rief die Wirtin.

»Dort ist schon alles überfüllt«, behauptete Josef.

»In unser Haus kommen keine fremden Leute!«, erklärte die Wirtin mit Nachdruck.

»Habt ihr nicht wenigstens ein warmes Plätzchen in der Gaststube?«, flehte die Mutter. »Es ist ja ein Gasthaus.«

»Die Gaststube ist schon aufgeräumt für morgen. Außerdem haben wir heute Ruhetag.«

»Oder in eurem Wohnzimmer, auf dem Teppich ... «

»Kommt nicht in Frage!«, sagte Christine.

»Nein, nein, nein, das kann nicht sein, ihr kommt gewiss nicht rein!«, fielen Stefan die Worte aus dem Lied ein.

»So lasst uns doch in euren Stall!«, bat Maria, die wieder an die alte Geschichte dachte. »Ich bin schwanger und werde heute Nacht ein Kindlein kriegen. Und draußen ist es so schrecklich kalt!«

»Ja, im Stall können wir uns im Heu wärmen«, sagte der Vater.

»Ich habe keinen Stall«, sagte Stefan ungerührt. »Heutzutage hat kein Wirt mehr einen Stall in der Stadt. – Aber was machen wir wirklich mit diesen Fremden, Frau?«, fragte er die Wirtin. »Wir können sie doch nicht einfach draußen stehen lassen. Sonst steht morgen in der Zeitung: ›Erbarmungsloser Wirt schickt schwangere Frau in die kalte Nacht hinaus!‹ Heutzutage kann sich kein Wirt eine schlechte Reklame leisten.«

»Geht doch zum ›Löwen‹ unten an der Kreuzung«, schlug Christine vor.

»Der ist auf Skiurlaub«, sagte der Vater.

»Und das Kaffeehaus neben der Tankstelle – das hat auch zu, da ist überhaupt niemand dort in der letzten Zeit«, überlegte Christine.

»Wieso kennst du das Kaffeehaus?«, fragte der Vater.

»Nur ein ganz kleines Plätzchen«, bat die Mutter schnell.

»Sonst gehen wir zur Zeitung!«, drohte der Vater.

»Ich hab wirklich keinen Stall«, sagte Stefan. »Nur eine Garage.«

»Aber ich bin doch ein Esel!«, protestierte Liesi. »Wo soll ich denn wohnen, wenn es hier keinen Stall gibt?«

»Meinetwegen könnt ihr in der Garage bleiben«, sagte Stefan. »Aber sehr gemütlich ist es dort nicht.«

»In der Garage gibt es doch keinen Esel! Ihr seid gemein!«, schimpfte Liesi.

»Du bist mein Motorrad«, sagte Stefan. »Du bist eben ein moderner Esel.«

»Du spinnst ja!«, schrie Liesi.

»Dann bist du der Wirtshaushund«, schlug Christine vor. »Du kannst in die Garage laufen und die Fremden anschnüffeln.«

»Aber ich schnüffle ganz lieb!«, sagte Liesi. »Ich bin nicht so unfreundlich wie der Wirt und die Wirtin.«

»Also, dann geh in die Garage!«, sagte Stefan. »Wartet, ich sperr euch auf!«

Stefan trat ins Vorzimmer. »Die Garage ist das Badezimmer«, sagte er rasch. »Kommt, liebe Fremdlinge, und geht nicht zur Zeitung! Liebe Frau, hast du nicht einen alten Wintermantel, den du der Maria borgen kannst, oder eine Decke?«

»Kommt nicht in Frage«, sagte Christine. »Soll es doch zu Hause bleiben, dieses Gesindel! Hat ihnen ja keiner gesagt, sie sollen in unser Land kommen!«

»Wo hast du denn diese Reden her?«, fragte der Vater, aus der Rolle fallend.

»Wir haben für den Unterricht solche Aussprüche gesammelt und aufgeschrieben, was die Leute reden. Es ist schrecklich, wie viele Leute so reden!«, fügte sie hinzu und schaute den Vater herausfordernd an.

»›Gesindel‹, hab ich noch nie gesagt«, bemerkte der Vater.

»Aber so ähnlich!«

»Müsst ihr denn auch noch zu Weihnachten streiten?«, fragte die Mutter. »Wir spielen doch Theater! Wir hätten uns an die Geschichte halten sollen.«

»Ich finde es lustig, dass der Wirt Maria und Josef in die Garage schickt«, meinte Stefan.

»In der Garage gibt es aber keine Krippe«, wandte Maria ein. »Wo soll ich da mein Kind hinlegen?«

»Und der Boden ist aus Beton. Nirgends gibt es Stroh zum Schlafen und nirgends Heu, um das Kindlein zuzudecken«, sagte die Großmutter.

»Höchstens einen alten Putzfetzen, aber der stinkt nach Benzin«, sagte Liesi und schnüffelte als Hund an den Fremden.

»Ich werde dein Kind mit meinem Fell wärmen«, sagte sie zu Maria.

Maria strich dem Hund über den Kopf.

»Habt ihr nicht vielleicht eine alte Matratze?«, fragte Josef. »Oder einen alten Autositz?«

»Seid froh, wenn ihr überhaupt in die Garage dürft!«, sagte die Wirtin. »Werdet nicht unverschämt!«

»Puh, du bist aber böse!«, sagte Liesi.

»Hast du das Auto abgesperrt, lieber Mann?«, fuhr die Wirtin unbeirrt fort. »Diese Leute setzen sich womöglich in unser Auto hinein und machen alles schmutzig.«

»Christine, jetzt ist es aber genug!«

»Ich bin die böse Wirtin!«, rief Christine hitzig. »Und ich red genauso wie die Leute wirklich reden! Glaubst du, sie waren damals netter?«

»Ist es denn in einem Stall wärmer als in einer Garage?«, fragte Liesi.

»Ja, selbstverständlich«, sagte der Vater. »In einem Stall mit Tieren ist es immer warm.«

»Außerdem stinkt es in der Garage nach Benzin.«

»Ja«, sagte Liesi. »In einem Stall stinkt es wirklich viel besser. Ich glaube«, sagte sie, »wauwau, Frau Wirtin, wauwau, Herr Wirt, ich glaube, wir sollten die Fremden doch ins Wohnzimmer lassen, wauwau!«

»Hm«, sagte Stefan. »Hier in der Garage ist es wirklich ungemütlich.«

»Hm«, sagte auch Christine. »Na gut, zu Weihnachten muss ja eine Geschichte gut ausgehen, oder?«

»Habt Dank, liebe Frau Wirtin!«, sagte Maria.

»Legen wir sie doch gleich ins Gästezimmer!«, schlug Liesi vor.

»Du bist ein Hund«, sagte Stefan streng. »Du kannst nicht so viel reden.«

»Ich bin ein Weihnachtshund«, verteidigte sich Liesi. »Ich kann schon reden, gelt, Großmutter?«

Sie führten also Maria und Josef ins Gästezimmer.

»Hier ist es nicht sehr aufgeräumt«, sagte die Mutter und schob mit einer Handbewegung die Bügelwäsche auf einen Haufen zusammen.

»Lauter Heu«, sagte Liesi.

»Hier wäre doch wirklich Platz für einen Fremden«, sagte Christine nachdenklich. »Ich meine, in Wirklichkeit. Wir haben doch fast nie Gäste. In der Schule haben wir davon gesprochen: Wenn jede Familie, die irgendwie Platz hat, einen Flüchtling aufnehmen würde... könntet ihr euch das vorstellen!«, fragte sie plötzlich sehr sanft.

»Die Probleme liegen ganz woanders«, sagte der Vater ausweichend. »Man müsste die ganze Welt so ändern, dass es keine Flüchtlinge mehr geben muss.«

»Das stimmt schon«, gab Christine zu. »Aber jetzt sind sie da. Und wenn wir auch nur einem einzigen Menschen helfen...«

»Dann ist es ein bisschen wärmer auf der Welt«, sagte die Großmutter.

»Spielen wir weiter!«, sagte Liesi. »Jetzt muss der Engel kommen.«

WERNER BERGENGRUEN

Kaschubisches Weihnachtslied

Wärst du, Kindchen, im Kaschubenlande,
wärst du, Kindchen, doch bei uns geboren!
Sieh, du hättst nicht auf Heu gelegen,
wärst auf Daunen weich gebettet worden.
Nimmer wärst du in den Stall gekommen,
dicht am Ofen stünde warm dein Bettchen,
der Herr Pfarrer käme selbst gelaufen,
dich und deine Mutter zu verehren.
Kindchen, wie wir dich gekleidet hätten!
Müsstest eine Schaffellmütze tragen,
blauen Mantel von kaschubischem Tuche,
pelzgefüttert und mit Bänderschleifen.
Hätten dir den eigenen Gurt gegeben,
rote Schuhchen für die kleinen Füße,
fest und blank mit Nägelchen beschlagen!
Kindchen, wie wir dich gekleidet hätten!
Kindchen, wie wir dich gefüttert hätten!
Früh am Morgen weißes Brot mit Honig,
frische Butter, wunderweiches Schmorfleisch,
mittags Gerstengrütze, gelbe Tunke.
Gänsefleisch und Kuttelfleck in Ingwer,
fette Wurst und goldnen Eierkuchen,
Krug um Krug das starke Bier aus Putzig!

Kindchen, wie wir dich gefüttert hätten!
Und wie wir das Herz dir schenken wollten!
Sieh, wir wären alle fromm geworden,
alle Knie würden sich dir beugen,
alle Füße Himmelswege gehen!
Niemals würde eine Scheune brennen,
sonntags nie ein trunkener Schädel bluten –
wärst du, Kindchen, im Kaschubenlande,
wärst du, Kindchen, doch bei uns geboren.

WILLI FÄHRMANN

Paco baut eine Krippe

achdem die Gonzales in die Stadt gegangen waren, stand die Hütte leer. Es war keine feste Hütte, nein, es war eher eine wacklige Bude. Wenn der Wind hart von den Bergen herblies, dann klapperten die losen Bretter an den Wänden und das Wellblechdach drohte wegzufliegen. Aber es war immerhin eine Hütte.

Paco wohnte bei seinen Eltern, nur einen Steinwurf weit von Gonzales' Hütte entfernt. Er war zehn Jahre alt und ziemlich groß für sein Alter. Bei der Maisernte hatte Don Alfredo ihm die Hälfte eines Männerlohns gezahlt. Zu wenig, fand Paco, denn er hatte gearbeitet wie ein ganzer Mann. Aber was Paco dachte, das scherte Don Alfredo wenig. Paco hatte jeden Abend den Tageslohn seiner Mutter gegeben. Fast den ganzen Lohn.

Der Mutter zerfloss das Geld zwischen den Fingern. »Es ist immer zu wenig«, seufzte sie, wenn sie aus Don Alfredos Laden kam und ein paar Kleinigkeiten eingekauft hatte.

»Und immer wieder landet das Geld bei Don Alfredo«, sagte Paco. »Er gibt es und er nimmt es wieder.«

Manchmal dachte Paco auch daran, es genauso zu machen wie die Gonzales und wegzulaufen von der Hazienda und in die Stadt zu gehen. Aber er hatte vom Leben der Gonzales in der Stadt nicht viel Gutes gehört. Seine Freunde Pedro und Alberto waren froh, wenn sie den Touristen für ein paar kleine Münzen die Schuhe putzen konnten, und Papa Gonzales hatte immer noch keine Arbeit gefunden.

Und dann war da ja auch noch Juanita, seine alte Eselin. Paco hatte sie von seinem Großvater geerbt, als der im Jahr zuvor gestorben war. Die Eselin und Großvaters wunderbarer Strohhut mit der breiten Krempe, das war Pacos Erbteil. Viel mehr hatte der Großvater auch nicht zu vererben gehabt. Im Gegenteil, in Don Alfredos Laden hatte er sogar Schulden gemacht. Aber Don Alfredo konnte manchmal auch großzügig sein. Er hatte die Schulden einfach durchgestrichen. Die Eselin sah Don Alfredo sich allerdings genau an. Aber wie gesagt, Juanita war alt und ihr Fell war wie von Motten zerfressen. Da sagte Don Alfredo zu Paco: »Wenn du das Tier haben willst, dann nimm es von mir aus.«

Paco hatte Juanita herausgefüttert und keiner sagte mehr: »Auf ihren Rippen kann man Gitarre spielen.« Paco brachte die Eselin in Gonzales' Hütte unter   und Don Alfredo verbot es nicht.

Ja, manchmal war Don Alfredo wirklich großzügig. Aber am besten war es, dass er Paco erlaubte zu Doña Klara zu gehen. Doña Klara war die alte Tante von Don Alfredo. Sie hatte sich in den Kopf gesetzt den Kindern aus den Arbeiterhütten das Schreiben und das Lesen beizubringen. Paco aber sollte für Don Alfredo tagsüber in den Feldern arbeiten. Doch Doña Klara stritt mit Don Alfredo darüber. »Paco ist mein fleißigster Schüler«, sagte sie. »Er ist zwar schon zehn, aber ich wünsche, dass er bei mir in der Schule bleiben darf. Er ist ein heller Kopf.«

»Helle Köpfe sind gefährlich, Tante«, antwortete Don Alfredo. »Erst lernen sie lesen und schreiben, dann wollen sie mehr Lohn und schließlich auch noch ein Stück Land.«

Aber schließlich setzte Doña Klara ihren Willen durch.

Was Paco in der Schule am besten gefiel, das waren Doña Klaras Geschichten. Wenn sie erzählte, dann wurden ihre Augen groß und rund. Die Kinder waren dann mäuschenstill.

Eine ihrer Geschichten war es auch, die jene wunderbare Nacht möglich machte, jene Nacht, von der viele auf der Hazienda noch Jahre später erzählten.

Doña Klara berichtete von der Geburt Jesu und es hielt sie nicht hinter ihrem Pult. Sie ging gebeugt vor den Kindern hin und her und war der heilige Josef. Dann plusterte sie sich auf und wies als Wirt mit barschen Worten und hartem Gesicht Maria und Josef aus dem Haus.

Besonders gern hatten es die Kinder, wenn sie der Engel war. Sie stand dann mit weit ausgebreiteten Armen da und verkündete die Frohe Botschaft. Ihr Gesicht strahlte wie Engelsglanz. Und wenn sie Ochs und Esel darstellte und brummte und laut I-A schrie, dann mussten die Kinder lachen. Die Freude sprang aber erst recht auf alle über, wenn sie still und mit einem Male ganz jung geworden, das Jesuskind in ihrem Schoß wiegte.

Doña Klara konnte alles sein, Maria und Josef, der Engel, die Hirten, die Tiere und die Heiligen Drei Könige. Nur wenn Don Alfredo unversehens hereinschaute, dann war sie wieder die strenge Lehrerin Doña Klara.

Genau diese Geschichte von der Geburt Jesu war es, die in Pacos Kopf ein Nest baute. Es brütete in dem Jungen, bunte Vögel schlüpften aus und flogen ins Freie.

Paco schmückte eines Tages die Hütte von Gonzales mit immergrünem Efeu und schaffte, niemand weiß, woher, einen Futtertrog herbei. Juanita, die Eselin, wurde angeleint, weil sie immer an dem Grün knabberte. Aus einem Pappkarton schnitt Paco einen Stern aus und befestigte ihn über der Tür zur Hütte.

Dann wusch sich Paco so gründlich wie im ganzen Jahr noch nicht, rieb alle Flecken aus seinem Poncho und bürstete seinen schönen Hut.

»Paco geht auf Brautschau«, neckte ihn seine Mama, aber darüber konnte er nur lachen.

Paco fasste sich ein Herz und ging zum Herrenhaus hinüber. Noch nie vorher war er in Don Alfredos Haus gewesen. Zaghaft klopfte er an die große Tür. Carlos, der alte Hausdiener, öffnete. Er zog die Augenbrauen hoch und schaute auf Paco herab.

»Ich muss Don Alfredo sprechen«, sagte der Junge. Als Carlos stumm blieb, holte Paco einen halben Silberpeso hervor. Den hatte er vom Erntegeld zusammengespart. Er zeigte Carlos das Geldstück und ließ es dem Hausdiener in die Hand gleiten. »Es ist dringend, Carlos, sehr dringend«, sagte Paco.

Carlos drehte sich um und der Junge lief hinter ihm her in die große, kühle Halle.

So etwas war Paco bisher nur aus Märchen bekannt. Der Boden war mit weichen Teppichen ausgelegt, Bilder schmückten die Wände und von der Decke hing ein Leuchter mit tausend und abertausend glitzernden Kristalltropfen.

Carlos gab dem Jungen ein Zeichen, dass er warten solle. Er verschwand hinter einer mächtigen dunklen Tür. Kurz darauf kam Don Alfredo in die Halle und fuhr Paco barsch an: »Das sind ja ganz neue Moden. Kommst ungerufen in unser Haus und nimmst nicht einmal den Hut vom Kopf.«

Paco riss den Hut herunter und stotterte: »Ich möchte gern ..., ich wollte Sie fragen ..., ich brauche nämlich einen Ochsen, Don Alfredo, ganz dringend.«

Don Alfredo lachte laut und rief: »Hört euch das an! Einen Ochsen will der Bursche. Als ob ich mir nichts, dir nichts einen Ochsen verschenke.« Es öffneten sich zugleich zwei Türen und Doña Klara und Doña Esmeralda, die Frau von Don Alfredo, schauten, was es in der Halle Vergnügliches gab. »Einen Ochsen will er«, rief Don Alfredo und prustete vor Lachen. »Warum nicht gleich eine Kuh dazu oder eine ganze Herde, wie?«

»Nur einen einzigen Ochsen, Don Alfredo, bitte. Aber ein kräftiges Tier soll es schon sein. Geschenkt will ich den Ochsen ja nicht. Ich will ihn nur leihen, leihen für eine einzige Nacht.«

Don Alfredos Lachen brach ab. »Leihen! Einen Ochsen? Für eine einzige Nacht?«

Da wurde Paco eifrig und es sprudelte nur so aus ihm heraus.

»Eine Krippe will ich bauen, so wie Doña Klara erzählt hat, und mein Esel soll dabei sein, wie Doña Klara erzählt hat, und Maria und Josef, wie Doña Klara erzählt hat, und auch ein Ochse, wie ... «

»Doña Klara erzählt hat«, sagte Don Alfredo und schaute seine Tante spöttisch an. Doch die zuckte nur die Schultern.

»Damit man sich's besser vorstellen kann, das mit der Geburt in Bethlehem.« Paco hatte den letzten Satz ganz leise gesprochen.

Don Alfredo blickte finster auf den Jungen und der ging allmählich rückwärts auf das Eingangsportal zu. »Werden von Tag zu Tag dreister, diese Pacos«, grollte Don Alfredo.

Aber da sagte Doña Klara: »Kann es schaden, lieber Neffe, wenn du dem Jungen den Wunsch erfüllst? Du wirst nicht ärmer davon, aber er fühlt sich für eine Nacht reich wie ein König.«

Don Alfredo zögerte noch, dann aber sagte er: »Na, meinetwegen. Weil ja bald Weihnachten ist.«

Alles andere ging ganz leicht. Maria Simancas war nur wenig älter als Paco. Sie sollte die Gottesmutter sein, weil sie ja auch Maria hieß und so lange, schwarzlockige Haare hatte. Maria wollte ihren kleinen Bruder mitbringen. Das war ein dicker Säugling.

»Weil er so selten schreit«, sagte sie.

Mit dem heiligen Josef war es etwas schwieriger. Paco musste Fernando überreden und ihm sogar eine Flasche Agavenschnaps versprechen, bevor er sich bereit fand Marias Mann zu sein. »Die Hirten werden von selber kommen«, hoffte Paco.

»Und der Engel?«, fragte Mama ihn. Paco druckste eine Weile herum, aber dann sagte er: »Ich dachte, du, Mama.«

Da lachte sein Vater so laut, dass das Papier zerriss, das er über die zerbrochene Fensterscheibe geklebt hatte. »Ein kugelrunder Engel mit zwei Zentnern«, brüllte er und geriet vor lauter Lachen ganz außer Atem.

»Ich habe kein weißes Kleid, Paco«, sagte Mama traurig. »Engel müssen leuchten.«

»Aber du hast eine wunderschöne Stimme, Mama. Du könntest dich hinter

Gonzales' Haus stellen. Dann singst du, was du jedes Jahr an Weihnachten singst: ›Halleluja, Frieden und Halleluja‹.«

Immer noch lachte der Vater. Das ärgerte die Mama und sie sagte: »Das mache ich, Paco.«

Gegen Abend ließ Don Alfredo den Ochsen bringen. Ein junger Hirte führte ihn am Nasenring. Als die Sonne unterging, da kamen fast alle aus ihren Häusern und schwatzten und lachten und liefen zu Gonzales' Hütte. Die Tür und die Fenster standen weit offen. Maria hockte vor dem Trog und hatte den Säugling auf Maisstroh gebettet. Ochs und Esel lagerten friedlich auf dem Boden und Fernando stand auf einen Stab gestützt hinter Maria. Paco zündete eine Stalllaterne an. Es war ein merkwürdiges Bild da in dem Lichtkreis. Alle wurden ganz still und schauten. Wer eigentlich damit angefangen hatte, wusste später niemand mehr zu sagen, aber auf einmal gab einer eine reife Melone, ein anderer legte drei große Maiskolben vor dem Trog nieder, eine Frau schenkte eine fast neue Windel und ein Krug Milch und ein frisches Brot wurden in die Hütte gereicht.

Gerade als Don Alfredo, Doña Esmeralda und Doña Klara aus dem Herrenhaus herüberkamen, da begann hinter der Hütte Mama das Halleluja mit lauter, klarer Stimme zu singen.

Es war kühl geworden und Don Alfredo und die Frauen hatten sich in lange weite Mäntel gehüllt. Vor ihnen tat sich eine Gasse auf. Schnurstracks gingen sie unter dem Stern her in Gonzales' Hütte hinein.

»Puh!«, sagte Doña Esmeralda, »hier riecht es nicht gut.« Sie holte ein Parfümfläschen aus ihrer Tasche. Doch es rutschte ihr aus der Hand und zersprang auf dem Boden. Ein wunderbarer Duft durchströmte die Hütte. Don Alfredo schaute sich nach Paco um, doch es war inzwischen dunkel geworden und er konnte ihn in dem matten Schein der Laterne nicht sehen. Da legte Don Alfredo ein Geldstück zu den Geschenken. Es glänzte wie Gold.

Doña Klara hatte Paco entdeckt. »Damit alles richtig wird«, flüsterte sie ihm zu. »Ich habe ein Beutelchen Myrrhe mitgebracht.« Und für einen Augenblick war sie einer der Heiligen Drei Könige. Und für kurze Zeit war ein großer Friede in Gonzales' Hütte. Don Alfredo und Mama, Doña Esmeralda, Doña Klara und Maria, ja, selbst der mürrische Fernando, sie alle waren nicht arm oder reich, nicht Herren oder Landarbeiter, nicht vornehme Damen oder arme Indiofrauen, in diesem Augenblick waren sie alle nur Menschen.

Dann erlosch die Stalllaterne. Als sie die Nachtkälte zu spüren begannen, liefen sie auseinander, die einen in ihre Hütten, die anderen in das Herrenhaus.

Doch von dieser Nacht an, in der sie einen kurzen Blick in eine andere Welt getan hatten, erzählen die Leute in jener Gegend bis auf den heutigen Tag immer wieder die Geschichte von Paco und seiner Krippe.

RUDOLF OTTO WIEMER

Der uralte Hirte von Bethlehem

icha möchte gern wissen, ob der Großvater an der Krippe in Bethlehem gewesen ist.

»Oh ja, ich war dort«, sagt der Großvater. »Aber nicht gleich. Jedenfalls ist das lange her.«

»Wann?«

»Als ich noch ein Hirt war«, sagt der Großvater.

»Hast du das geträumt?«

»Nein«, sagt der Großvater, »das denke ich mir aus. Und wahrscheinlich bin ich ein Schafhirte gewesen.«

»Ein Schafhirt in Bethlehem?«

»Ja, so stelle ich mir das vor«, sagt der Großvater. »Uralt war ich und sehr misstrauisch. Deshalb dachte ich auch gleich an den Wolf.«

»Warum an den Wolf?«, fragt Micha.

»Hirten müssen immer an den Wolf denken. Hast du nie davon gehört?«

»Doch«, sagt Micha. »Der Wolf schleicht nachts um die Herde und will vielleicht eins von den kleinen Lämmern fressen, wenn keiner aufpasst – sagt Sabine.«

»Aha, Sabine aus dem Kindergarten!«, nickt der Großvater. »Deshalb dachte ich ja auch: Einer muss bei den Schafen bleiben, wenn sie alle zur Krippe gehen wollen. Damit die Herde nicht ohne Schutz ist.«

»Und du bist bei den Schafen geblieben?«, fragt Micha.

»Ja«, sagt der Großvater. »Ganz allein saß ich in der Hürde und stützte den Kopf in die Hände. Ein Feuerchen brannte, weil es kalt war in dieser Nacht.

Um mich herum hatten die Schafe sich zusammengedrängt und ruhten sich aus. Manchmal hörte ich sie leise schnaufen.«

»Und dann? Ist der Wolf dann gekommen?«

»Ja. Plötzlich stand er vor mir. Ich muss wohl doch ein wenig eingenickt sein. Da schreckte ich hoch und sah seine großen Augen.«

»Was wollte der Wolf?«

»Er hatte gar keine Angst vor mir. Dicht heran kam er und fragte mit seiner rauen Stimme: Weshalb bist du nicht bei der Krippe? Ich sagte: Weil ich auf dich gewartet habe. – Was? Auf mich hast du gewartet?, fragte der Wolf. Warum auf mich? Ich antwortete: Ich kenne dich doch. Ich weiß, du hast Hunger und bist ein gefährlicher Räuber. Aber sieh dich vor! Ich leide es nicht, wenn du dich in die Herde einschleichst! Dabei griff ich zu meiner scharf geschliffenen Axt.«

»Sah der Wolf wirklich böse aus?«, fragt Micha.

Der Großvater besinnt sich eine Weile. »Viele Wölfe haben ich gekannt, solange ich Schafhirte war. Nie habe ich etwas anderes gehört, als dass sie Bösewichte sind. Aber merkwürdig, dieser Wolf kam mir seltsam vor. Scheu blickte er mich an und schwieg. Deshalb fragte ich ihn: Bist du denn nicht gekommen mir ein Schaf oder ein Lamm wegzurauben? Der Wolf schüttelte den Kopf. Nein, sagte er, ein Schaf hätte ich doch längst rauben können, während du schliefst. Meinst du nicht, alter Hirt? Ja, das musste ich zugeben. Müde war ich gewesen und wenig wachsam. Ich stellte die Axt auf die Seite. Fast schämte ich mich vor dem grauen, zottigen Tier. Ich sagte: Das begreife ich nicht, Wolf. Weshalb bist du denn heute so anders?«

»Und was sagte der Wolf?«

»Diese Nacht ist auch anders, sagte er. Eine hochheilige Nacht hat er sie genannt oder so ähnlich. Ich fragte ihn, woher er das so genau wüsste. Oh, sagte der Wolf, der Stern war sehr groß und der Engel stand leibhaftig auf der Erde. Hast du beides nicht bemerkt? Ich sagte: Uralte Hirten sind schwerhörig und fast schon blind. Misstrauisch sind sie obendrein. Da kam der Wolf noch näher heran und sagte: Hör mal, du musst nach Bethlehem gehen, du blinder, schwerhöriger Hirt. Dort ist ein Stall mit einer Krippe. Und an dieser Krippe bin ich auch gewesen. Ich weiß also jetzt, dass dies eine besondere, eine hochheilige Nacht ist.«

Micha sagt: »Hat der Wolf das Jesuskind gesehen?«

»Ja, er hat es gesehen. Dicht vor der Krippe hat er gestanden. Um ihn herum die Hirten. Und Ochs und Esel und viele andere Tiere: Katze und Maus, Fuchs und Hase, Löwe und Lamm. Sie alle hockten friedlich nebeneinander, behauptet der Wolf. Keins hat das andere gefressen. Nein, in dieser hochheiligen Nacht sind sie alle wie Bruder und Schwester.«

Micha schüttelt den Kopf. »Aber es bleibt nicht immer so, hat Sabine gesagt.«

»Recht hast du!«, ruft der Großvater. »Aber Recht hatte auch der Wolf.«

»Was sagte er?«

»Geh ohne Sorge, sagte er. Und noch etwas, dabei blickte er mich ernsthaft an. Ich will, sagte er, solange du fort bist, auf die Schafe und Lämmer Acht geben. Damit ihnen nichts Böses geschieht. Vielleicht haben nicht alle den Stern und das Kind gesehen.«

»Bist du dann hingegangen, Großvater?«

»Ja, ich bin nach Bethlehem gegangen und habe das Jesuskind gesehn.«

»Und der Wolf hat die Schafe gehütet?«

Der Großvater lacht. »Was meinst du, so etwas Merkwürdiges habe ich noch nie erlebt, so uralt ich auch bin. Bedenke doch, Micha: ein Wolf als Schafhirt! Nein, unmöglich kommt mir das vor, sooft ich daran denke. Und es ist trotzdem wahr.«

ARON TAMÁSI

Erlösung

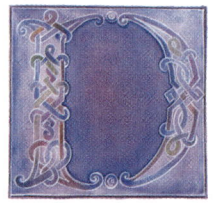ie Hirten redeten in jenen Tagen viel über das Wetter, das mild war und von anhaltendem Glanz. Man wunderte sich nicht über die Hirten, waren sie doch daran gewöhnt, dass in dieser Jahreszeit das Wetter schlecht war, der Himmel trüb. Um diese Zeit pflegten unruhige Winde zu wehen, meist aus der Richtung des Großen Meeres. Und sie brachten auch Regen, der die Zedern mit kalten Schauern übergoss, sodass sie sich neigten und stöhnten.

An ein Wetter, wie es dieses Jahr bescherte, und gerade zur Winterszeit, erinnerten sich nicht einmal die ältesten Hirten. Kanaan schien überzufließen von Hoffnungen und der Jordan die Klagelieder der Knechtschaft zu vergessen, denn die strahlend schönen Tage und sanften Sternennächte hielten schon die dritte Woche an.

Die einfacheren Leute begannen schon Legenden über den Grund dieses ungewöhnlichen Wetters zu erfinden. Der Himmel strahlt und die Erde ist wie neu! Sicher ist ein großes Ereignis im Anzug oder aber die Römerherrschaft ganz einfach zu Ende. Möglich natürlich auch, dass armes Volk unterwegs ist von einer Provinz in die andere und das Wetter möchte ihm seine Wanderschaft ein bisschen erleichtern.

Oder es sind vielleicht nur zwei Auserwählte, die irgendwo ihren Weg suchen, beide über die Maßen wohlgefällig vor Gott; ein Prophet auf der Flucht und eine tugendhafte Jungfrau, von denen geschrieben steht, dass die Sonne sie mit ihrem Glanz bekleidet, die Erde ihren Hunger stillt und die Sterne nachts vor ihnen herziehen, um sie vor Ängsten zu bewahren.

Wer konnte das wissen.

Schon meinte man, dass niemand die Gründe je erfahren würde, denn es kam der Tag, an dem die Legenden verstummten.

An jenem Tag zogen von allen Seiten Wolken am Himmel herauf und diese Wolken führten Krieg miteinander. Und zur selben Zeit kamen böse Winde auf, die von Norden sowohl wie von Süden, vom Großen Meer sowohl wie vom kleinen Toten Meer in gleicher Stärke bliesen. Und die Berge antworteten den Winden mit Dröhnen und die Bäume mit Klagen; die Vögel aber flogen aufgeregt hin und her und das Herdenvieh lief unruhig im Kreis.

So verrückt war das Wetter plötzlich geworden, kurz nachdem die Sonne über den Mittagspunkt gekippt war. Und wie sie tiefer und immer tiefer sank, tobten die Winde immer stärker und grollten die Wolken immer heftiger. Dann zogen sie langsam gen Westen, schoben sich stetig voran, als wollten sie die gute Hoffnung und die viele Frohbotschaft alle miteinander ins Meer befördern. Nur aus der »Wüste von Juda«, die am Ufer des Toten Meeres liegt, nur von dort her kam ein Wind, der dablieb, um die Berge lief und durch die Gehöfte strich, brüllend aus trockener Kehle.

Die Herden auf den klagenden Wiesen drängten sich aneinander.

Mit einem Schlag war die Welt aus den Fugen geraten. Und am stärksten gerade entlang des Weges nach Hebron, in der Gegend von Bethlehem, wo zwischen Zypressensträuchern und einsamen Eichen gute Weide lag.

In jenem Teil der Landschaft befand sich der Meierhof des reichen Pfiffikos, der im ganzen Umkreis von Bethlehem berüchtigt war als Geizhals und Erpresser. Allein die Schafe gerechnet, besaß er zwei große Herden. Seine beiden Hirten ließen diese zwei Herden gerne zusammen weiden, obwohl Pfiffikos ihnen immer wieder befahl getrennt zu ziehen, damit die Schafe üppigere Weiden hätten und mehr Fett ansetzten.

Parias wäre auch bereit gewesen dem Wort seines Herrn zu gehorchen, war er doch alt und sagte gern von sich, dass er weise sei. Horeb jedoch achtete, hatten sie den Meierhof verlassen, nicht weiter auf das, was Pfiffikos befohlen hatte. So geschah es auch an jenem Tag, bei jenem verrückten Wetter.

»Wär's nicht besser zusammenzubleiben?«, fragte er.

Der alte Parias nickte weise.

Und als der junge Horeb sah, dass sich das Wetter nicht beruhigen wollte, ja dass es immer stürmischer wurde und der Wüstenwind immer heftiger blies, sagte er vor Sonnenuntergang:

»Treiben wir die Herden zurück!«

Parias dachte eine Weile nach, dann aber brachen beide mit ihren Herden auf und trieben die Schafe nach Hause in ihre Ställe. Unterwegs trafen sie Leute, mit denen sie − ihrer Gewohnheit gemäß − ein paar Worte wechselten. So erfuhren sie die Nachricht − sie stammte von einem der Männer −, dass auf dem Weg nach Hebron Wanderer mit einem Esel unterwegs seien, die nach einer Herberge gefragt hätten. Sie sagten, sie kämen von irgendwoher aus Galiläa und wären schon zwei Wochen in diesem milden und strahlendem Wetter unterwegs, das jetzt − so plötzlich − umgeschlagen hätte. Deshalb wollten sie wenigstens für heute Rast machen.

»Weshalb sie eine Unterkunft suchen«, sagte der Mann.

»Und was sind das für Leute?«, fragte Parias.

»Der Mann scheint Handwerker zu sein und hat eine schöne, junge Frau bei sich, die guter Hoffnung ist.«

Eine merkwürdige, etwas traurige Wärme stieg im Herzen des alten Parias auf.

»Haben sie eine Unterkunft gefunden?«, fragte er.

»Weiß ich nicht«, sagte der Mann.

Und damit ging er, um seinen Geschäften nachzugehen; Parias hingegen sah nach den Schafen, hinter denen er ein weniges zurückgeblieben war. Nach einer kleinen Weile drehte sich der Mann, von dem die Nachricht stammte, noch einmal um und rief Parias zu: »Sie gingen in Richtung des Meierhofs, der dem Armenier gehört!«

Der Mann konnte nur Deriban gemeint haben, denn niemand sonst wohnte in der näheren Umgebung. Und Deriban besaß tatsächlich eine verlassene Hütte, gar nicht weit weg von Pfiffikos' ansehnlichem Besitz. Der betreffende Armenier war übrigens ein frommer Mann von jenem dunklen, rundlichen Schlag, den man noch hie und da in dieser Provinz antrifft. In seinem verfallenen Stall hielt er nur ein paar Tiere, vermutlich Rinder und Esel. Doch kümmerte er sich nicht viel um sein Vieh, sondern verbrachte seine Tage, lieber als draußen auf dem Meierhof, in der nahe gelegenen Stadt Bethlehem.

Der alte Parias hatte die Herde wieder eingeholt und hinter ihr einhertrottend dachte er immer noch an den Handwerksmann und die junge Frau mit dem leuchtenden Gesicht, die guter Hoffnung war.

»Sicher haben sie dort Glück«, sagte er nur so vor sich hin, aber doch laut genug, dass die Worte noch Horebs Ohr erreichten, denn es hätte ihm wohl getan, über diese Wanderer in der Ferne noch ein paar Worte zu wechseln. Doch Horeb erwiderte nichts und fragte auch nichts. Vielleicht hatte er keine Lust, doch es konnte auch sein, dass seine ganze Aufmerksamkeit den Schafen galt, die ganz ungewöhnlich unruhig waren. Sie drängten sich aneinander oder blieben wiederholt zu einem Knäuel verheddert stehen, als wären sie verrückt geworden. Auch der Saum des Himmels fing Feuer und jenseits des Weges nach Hebron flammte der Horizont, als wären in der Ferne Freudenfeuer entzündet worden. Und als sie mit den beiden Herden schlecht und recht im Meierhof ankamen, schien der ganze westliche Himmel in Flammen zu stehen.

Beim Anblick dieser ungewöhnlichen Dinge hatte sich selbst Pfiffikos der Furcht nicht erwehren können und erwartete die ihre Herden heimtreibenden Hirten schon an der Flurgrenze seines Gehöfts. Als aber die Herden unversehrt angekommen waren, die Schafe sich an ihrem gewohnten Platz hingelegt hatten, ließ die Spannung in dem reichen Manne nach und nur, um etwas zu fragen, fragte er: »Na, was gibt's Neues in der Welt?«

»Nicht viel«, sagte der alte Parias. »Nur ein paar Wanderer mit einem Esel wurden in der Gegend gesehen.«

»Hauptsache, den Schafen ist nichts passiert«, sagte der reiche Pfiffikos und Erleichterung verbreitete sich auf seinem Gesicht. Selbst seine Stiefel aus weichem arabischem Leder und sein Gewand aus gutem, weichem Tuch, an dem nichts gespart worden war, schienen sich zu freuen. Die Freude stimmte ihn so gnädig, dass er selbst Horeb ansprach, was er höchst selten tat, denn Horeb war ein rauer Geselle, der sogar zur Revolte neigte.

»Also Horeb!«, redete er den jungen Hirten an, »sag doch auch du etwas!«

Horeb sah Pfiffikos mit seinen stechenden schwarzen Augen an, und während der Wind das zerrissene Hemd auf seiner haarigen Brust flattern machte, erwiderte er: »Wenn du wünschest, Herr, dass auch ich unter die Schwätzer gehe, dann schenk mir die Herde.«

Pfiffikos lachte jetzt selbst über diese Antwort, obwohl er den jungen Hirten früher ob einer solchen Rede als Rebellen, Lumpen und Räuber beschimpft hätte. Dabei war er selbst es, Pfiffikos, den die Leute der Umgebung ganz einfach den »Dieb von Gomorra« nannten, da er aus jenem Ort hierher, in die Gegend von Bethlehem, gezogen war, wo er sich ein Vermögen zusammengescharrt hatte.

Pfiffikos lachte immer noch.

Nachdem er sich beruhigt hatte, ging er, befriedigt über den Spaß, in seinen weichen Stiefeln davon, um sich in seinem nahe gelegenen Haus auszuruhen. Und da auch die Sonne, die eben noch den Himmel mit einem Freudenfeuer überzogen hatte, untergegangen war, verrichteten die Hirten, was sie um diese Zeit jeden Tag zu verrichten pflegten. Dann machten sie in der offenen Hütte, die neben dem Nachtpferch der Schafe stand, ein Feuer an. An diesem Feuer aßen sie ein wenig von dem schimmligen Käse und kauten einen in Asche gebackenen trockenen Fladen. Endlich legten sie sich neben die verlöschende Glut und in der kalten Nacht zogen sie die Beine hoch und rollten sich wie ein Knäuel zusammen.

Es musste Mitternacht sein.

Da erwachte der alte Parias, weil die Glocken der Schafe und die Glöcklein der Lämmer anfingen zu läuten. Es ist etwas passiert, dachte er sofort; sicher sind es Diebe oder Schakale schleichen um die Herde. Mit einem Ruck saß er und mit krummem Rücken kroch er unter dem Dach hervor, um zu sehen, was es gab.

Die Schafe standen eng zusammengedrängt in einem Haufen zusammen. Kein einziges war unter ihnen, das sich gerührt, das auch nur eine einzige Bewegung gemacht hätte.

Die Glocken und Glöcklein aber klangen trotzdem.

Parias stand staunend unter dem funkelnden Himmel, auf dem Millionen von Sternen glitzerten. Die Sterne sandten einen ungewöhnlich freudvollen Glanz hernieder und einer, der wunderbarste, schien tatsächlich vom Himmel herabgestiegen und über dem Anwesen des Armeniers Halt gemacht zu haben, direkt über dem Dach des Viehstalles, den er in ein warmes Licht hüllte.

Parias ging in die Hütte zurück, um Horeb zu wecken. »Wach auf, ein Stern ist herabgestiegen«, sagte er.

Obwohl Horeb nichts begriff, setzte er sich sofort auf. Der Stern leuchtete bis zu ihm herein, der Schlaf auf seinem Gesicht war deutlich zu erkennen und das erschrockene Blinzeln seiner Augen.

»Was ist los?«, fragte er.

»Auf dem Stall des Armeniers hat sich ein Stern herniedergelassen!«, sagte Parias.

Horeb verstand erst jetzt, was der alte Parias meinte. In seinem Ärger stieß er mit dem Fuß nach ihm und legte sich wieder hin. Der alte Hirte murmelte noch etwas, begann dann aber darüber nachzusinnen, was nun zu tun sei. Die

Glöcklein und Glocken tönten immer noch, ohne Unterlass und sehr melo-
disch, und die Nacht war voller Glanz; nur dieser verstockte Horeb schlief
trotzdem...

Ich schau mir den Stern an, dachte er plötzlich entschlossen.

Und er ging in die Richtung, in der Deribans Stall lag, aber erst als er an der
Tür des Stalles ankam, geriet er so recht ins Staunen. Denn bei der Krippe lag,
strahlend vor Freude, eine junge Frau, die dort einen Knaben geboren hatte.
Ein sanfter Mann mühte sich ab inmitten dieser Not und Freude, doch obwohl
er sich redliche Mühe gab, schien er für diese Arbeit nicht recht zu taugen.
Mal deckte er die Mutter zu, mal versuchte er das Kind zu wiegen. Und die
Tiere schauten aufmerksam zu, als wollten sie dem Mann behilflich sein, sie
nickten und versuchten das Kind mit ihrem Atem zu wärmen. Als Parias dies
alles sah, staunte er in seinem Innern, regungslos auf der Schwelle stehend,
doch war er so bewegt in seinem Herzen, dass es in seinem Innern zu tönen
begann, so schön wie die Glocken der Schafe. Was sollte er in seiner Freude
tun? Schließlich eilte er in die Hütte zurück und begann Horeb zu rütteln, um
ihm den Stall voller Glanz zu zeigen. Wieder setzte sich Horeb sofort auf, fragte aber nur mürrisch, ob Parias verrückt geworden sei oder ob Löwen über die
Herde hergefallen wären. Erstaunliche Worte hätte der Alte nun sagen können,
doch blieb ihm gewissermaßen selbst die vernünftige Sprache weg und so stotterte er nur etwas von einem Kinde, von dem wunderbaren Verhalten der Tiere im Stall des Armeniers und immer wieder von einem sehr glänzenden Stern.
Doch brachte er alles so durcheinander, dass sich für Horeb alles verwirrte
und weder Himmel noch Erde mehr dort standen, wo sie gestern gestanden
hatten.

Trotzdem gab er nach und kroch aus der Hütte hervor. Nun standen sie da
unter den lodernden Sternen und Parias begann von neuem mit seinen Er-
klärungen, immer auf das Gehöft des Armeniers zeigend.

Während sie aber zusammen dastanden in der hell erleuchteten Nacht, merkten sie plötzlich, dass Pfiffikos, ihr Herr, erwacht war und jetzt direkt auf sie zusteuerte. Schrecken und Verwunderung lagen auf seinem Gesicht und seine Kleidung hing unordentlich an ihm herab, als habe ihn eine plötzliche Gefahr aus dem Bett gejagt. Noch war er bei den Hirten nicht angelangt, als er schon auf den herabgestiegenen Stern wies und behauptete aus dem Stall des Armeniers freudigen Gesang zu hören.

»So lasst uns hingehen!«, rief Parias begeistert.

Da aber Horeb nicht gehen wollte, erzählte Parias, um die beiden zu überreden, all das, was er um den Stall herum gesehen hatte. Über das, was er hörte, erschrak Pfiffikos noch mehr; Horeb aber rollte seine stechenden schwarzen Augen, als erinnere er sich alter Kränkungen. Ja, als er vom kalten Stall hörte, in dem ein Kind geboren worden war, und dass dieses Kind auf bloßem Stroh lag, umsorgt einzig von der unvernünftigen Kreatur, da überkam ihn blitzartig ein solcher Zorn, dass Pfiffikos und selbst Parias in einen rechten Schrecken gerieten.

Er packte den Alten an der Schulter und schrie ihn an: »Du verrückter und einfältiger alter Mann, du! Wohin willst du mich führen? Glaubst du vielleicht, ich hätte noch nicht genügend Elend gesehen? Schau mich an, wenn du Elend und Armut sehen willst! Nicht diese Lumpen wärmen mich, sondern meine eigene Wolle! Meine Zehen stehen aus den zerrissenen Lappen hervor und frieren! Meine Zunge ist vertrocknet, weil es ihr mangelt an Speise und Trank! Und ich soll hingehen, mir das Elend ansehen, eine Gebärende zwischen Tieren, einen Säugling auf Stroh und einen hilflosen Mann, umgeben von Sternenglanz?«

Es schien, Horeb würde sofort den Verstand verlieren, so sehr hatte ihn Empörung übermannt.

Was sollten sie tun?

Hier nützte weder Reden noch Handeln. Und wie sie dastanden, hilflos und erschrocken, begannen sich die Schafe zu rühren und im Rhythmus der

Glocken und Glöcklein jenem Stall zuzustreben, auf den sich der Stern niedergelassen hatte. In seinem ungestümen Zorn warf sich Horeb den Schafen entgegen, doch zeigten die sanften Tiere keine Angst, sondern stiegen mutig über ihn hinweg und rollten sanft wie Meereswogen, als wäre die Erde selbst in Bewegung geraten, auf den hell leuchtenden Stall zu.

Also gingen auch sie hinter der Herde von Schafen her, die sich wie eine Flut ergoss.

Als sie aber jenen Stall erreichten, wurden sie eines merkwürdigen und wunderbaren Anblicks teilhaftig: Die Vorderbeine der Tiere knickten ein und sie ließen sich auf die Knie nieder, als wollten sie anbeten.

Als Parias dieses Wunder sah, ließ er sich zwischen den Schafen ebenfalls auf die Knie nieder.

Horeb kämpfte mit sich.

Zuerst neigte er im großen Glanz nur seinen Kopf, dann aber öffneten sich langsam seine geballten Fäuste, sein Gesicht wurde ruhig und Sanftmut sammelte sich darauf; schließlich ließ er sich neben dem alten Hirten ebenfalls auf die Knie nieder.

Pfiffikos stand zitternd in diesem großen Leuchten.

Dann warf er sich plötzlich in seiner ganzen Länge zu Boden. Es entstand eine Stille, tief und hoheitsvoll.

Sie hörten etwas wie Gesang und himmlische Klänge. So verging die Zeit.

Im tönenden Glanz erhob sich Pfiffikos und sein Gesicht war das eines Menschen, der durch ein Wunder, dessen Zeuge er geworden war, erlöst ist. Aus seinen Augen sprach Güte und er sah Parias und Horeb, seine beiden Hirten, liebevoll an.

Dann sagte er und sprach: »Parias und Horeb, steht auf!«

Die beiden Hirten standen auf.

»Sprich, Herr«, sagte Parias aufmunternd.

Pfiffikos legte seine beiden Hände auf die Schultern seiner zwei Hirten und sagte: »Ich schenke euch meine Herde!«

Und während er redete und so große Worte sprach, schienen auch die himmlischen Klänge lauter zu werden und der Glanz noch strahlender. Parias vergoss fast Tränen in dieser glücklichen Verzückung und sah Horeb lächelnd an, der auch glücklich schien.

So standen sie beieinander.

Pfiffikos richtete seine Augen zu Boden und dachte lange und angestrengt nach. Dann hob er sanft den Kopf und stellte den Hirten die Frage: »Wollt ihr aber, dass meine Kinder Hungers sterben?«

»Das wollen wir nicht!«, sagten die Hirten.

»Dann will ich die Milch der Schafe behalten«, sagte Pfiffikos.

Die Schafe bewegten sich unruhig, doch Pfiffikos dachte wieder lange nach und fragte dann: »Wollt ihr, dass ich meinen Gästen kein Fleisch mehr vorsetzen kann?«

»Das wollen wir nicht«, antworteten die Hirten.

»Dann will ich auch das Fleisch der Schafe behalten«, sagte Pfiffikos.

Der Stern über dem Stall schien in Bewegung zu geraten, und etwas wie zarter roter Tau fiel auf die Erde herab. Inzwischen schien Pfiffikos weiter mit sich gerungen zu haben, denn er richtete schließlich noch eine Frage an die Hirten: »Wollt ihr, dass ich und meine Familie in der Kälte zum Frieren verurteilt sein sollen?«

»Das wollen wir nicht«, sagten die zwei Hirten.

»Dann will ich auch die Wolle der Schafe für mich behalten.«

Und als Pfiffikos das sagte, wurden die Schafe noch unruhiger, der rote Tau fiel reichlicher zu Boden und am Himmel stürzte ein Stern taumelnd ins Nichts. Jedoch glaubte Pfiffikos in alldem neue Wunder zu erkennen, breitete deshalb, in der heiteren Freude des Erlöstseins, seine Arme aus und sagte zum Schluss: »Im Übrigen aber soll die Herde in alle Ewigkeit euch gehören.«

Nachdem er also gesprochen hatte, drückte er die beiden Hirten an seine Brust. Diese aber bargen ihren Kopf im Schein des Sterns von Bethlehem glücklich an der Brust des Pfiffikos, während das neugeborene Kind, drinnen in der Krippe, aus irgendeinem Grunde, zu weinen begann.

RUBÉN DARÍO

Heilignachtgeschichte

ruder Longinos de Santa Maria war die Perle des Klosters. Perle ist zu wenig gesagt; er war ein Juwel, ein Schmuckstück, beispiellos, einmalig: Er half dem gelehrten Bruder Benediktur beim Abschreiben der Bücher und malte die Anfangsbuchstaben der Kapitel mit unvergleichlichem Kunstsinn; in der Küche entströmten seinen Gerichten, die nach der Fastenzeit wieder erlaubt waren, zarteste Wohlgerüche; ebenso trefflich diente er als Küster oder pflanzte Bohnen im Garten; in der Matutin und in der Vesper amtete er als Vorsänger und seine warme Stimme erfüllte den Kapellenraum mit Wohlklang. Sein höchstes Ansehen aber verdankte er seiner erstaunlichen Begabung für das Orgelspiel, seinen Händen, seinen Meisterhänden auf den Tasten. Niemand in der ganzen Klostergemeinschaft beherrschte das Instrument wie er, niemand entlockte ihm Melodien, als singe da oben ein ganzer Schwarm jubilierender Vögel; niemand begleitete die Lesungen und die Hymnen und die Gemeinschaftsgesänge so beseelt und so himmlisch wie er. Als Seine Hochwürden, der Kardinal, dem Kloster seinen unvergesslichen Besuch abstattete, segnete er Bruder Longinos, umarmte ihn, und nachdem er ihn spielen gehört hatte, drückte er ihm sein Lob sogar auf Lateinisch aus. Alles, was Bruder Longinos leistete, wirkte umso überzeugender, weil er es mit der liebenswürdigsten Selbstverständlichkeit und in kindlicher Freude tat. Wenn er an der Arbeit war, hatte er immer ein Lied auf den Lippen – wie seine gefiederten Brüder, die Vögel des Himmels. Wenn er mit der Satteltasche voller Almosen auf dem Heimritt sein Eselchen antrieb, strahlte sein Gesicht trotz der sengenden Sonne so vergnüglich, dass die Bauern aus den

Häusern traten und ihm freundlich zuriefen: »Kommt doch herein, Bruder Longinos, und trinkt ein Glas mit uns . . . «

Sein Bild könnt ihr auf Holz gemalt noch heute in der Abtei sehen: unter einer edlen Stirn zwei demütige dunkle Augen, die Nase kindlich keck ganz leicht nach oben gebogen, der Mund zu einem gütigen Lächeln ein bisschen geöffnet.

An einer Weihnacht nun begab es sich, dass Bruder Longinos ins nächste Dorf ritt . . . Aber habe ich euch denn schon etwas vom Kloster erzählt? Es steht nahe einem Bauernhof, nicht weit von einem großen Wald, in dem sich vor der Gründung des Klosters die Hexen versammelt hatten, Feen auch und Elfen und andere Wesen, denen der Fürst der Hölle – Gott behüte uns vor ihm! – wohlgesinnt ist. In stillen Nächten oder an klaren Abenden trugen himmlische Winde vom Kloster den Nachhall geheimnisvoller Klänge oder dröhnender Akkorde zum Dorf hinüber – es war Bruder Longinos, der seine Mitbrüder in Christo bei ihren Bittgesängen auf der Orgel begleitete.

An jenem Weihnachtsabend in besagtem Dorf schlug sich der gute Klosterbruder plötzlich entsetzt an die Stirn, trieb unverzüglich sein braves, stets geduldiges Reittier an und stieß voller Schreck aus: »Ach, ich Unseliger! Ich verdiene zur Strafe dreimal so viele Kieselsteine in den Schuhen und für den Rest meines Lebens nur noch Wasser und Brot! Wie mich meine Mitbrüder im Kloster vermissen werden!«

Es war schon dunkel geworden, als Bruder Longinos, sich bekreuzigend, in den Weg einbog, der zum Kloster führte. Die nächtlichen Schatten hatten sich auf die Erde gesenkt. Man sah die Häuser des Dorfes nicht mehr; der Berg wirkte im Dunkeln wie eine Titanenfestung, in welcher Riesen und Ungeheuer hausten. Eilends ritt Bruder Longinos weiter, betete ein Paternoster und ein Avemaria nach dem andern – als er zu seiner Überraschung auf einmal gewahrte, dass sein Eselchen einen andern Weg als sonst eingeschlagen hatte.

Die Tränen schossen ihm in die Augen, er hob sie zum Himmel und flehte den Allmächtigen um Erbarmen an – da erblickte er am dunklen Himmelsgewölbe einen wunderbaren goldenen Stern, der mit ihm wanderte und ihm mit dem Lichtstrahl, den er auf die Erde warf, als Wegweiser und Fackel diente. Er dankte Gott für dieses Wunder und nach kurzem blieb sein Reittier nicht anders als seinerzeit das des Propheten Bileam wie angewurzelt stehen und weigerte sich weiterzugehen. Mit klarer menschlicher Stimme sagte der Esel: »Schätze dich glücklich, Bruder Longinos, deiner Verdienste wegen bist du ausersehen großen Lohn zu empfangen!« Kaum hatte das Tier zu Ende geredet, da hörte er auch schon ein Geräusch und eine Woge köstlicher Düfte stieg ihm in die Nase. Auf dem gleichen Weg, den er gekommen, und vom gleichen Stern geleitet, dem er gefolgt war, näherten sich drei herrlich gekleidete Gestalten. Ihr Gehabe und ihre Insignien wiesen sie als Könige aus. Der vorderste war blond wie der Engel Azrael; sein langes Haar quoll unter der edelsteinbesetzten Mitra hervor und fiel wallend über seine Schultern; in seinen langen Bart waren Perlen und Goldfäden eingeflochten und schimmerten auf seiner Brust; ein weiter Mantel hüllte ihn ein, dessen reiche Stickereien Zugvögel und Sternkreiszeichen darstellten. Es war König Kaspar, der auf einem prächtigen Schimmel ritt. Der zweite hatte schwarzes Haar und auch seine Augen glühten schwarz; sein Gesicht ähnelte einer assyrischen Reliefdarstellung und ein wundervolles Diadem zierte seine Stirn; er trug Gewänder von unschätzbarem Wert und um seinen Hals hing eine kabbalistische Edelsteinkette mit einer Sonne aus funkelnden Diamanten als Schloss. Er war schon ziemlich alt und seinem Aussehen nach hätte man ihn für den Herrscher eines innerasiatischen Märchenreiches gehalten. Er ritt auf einem Kamel mit einer wunderbaren Decke und reichem orientalischem Zaumzeug. Der dritte hatte ein schwarzes Gesicht mit einem ganz besonders majestätischen Ausdruck, denn die Rubine und Smaragde auf dem Turban umstrahlten sein Antlitz. Wie der stolzeste Märchenkönig saß er in seinem gold- und elfenbeinverzierten

Sattel auf einem Elefanten. Es war König Melchior. Die Herrschaften ritten vorbei; und hinter dem Elefanten des Königs Melchior her trottete nun Bruder Longinos ganz und gar nicht standesgemäß auf seinem Eselchen und ließ die Perlen seines langen Rosenkranzes durch die Finger gleiten.

Dann ereignete sich genau dasselbe wie zurzeit des grausamen Herodes: Die drei gekrönten Weisen gelangten, vom göttlichen Stern geleitet, zu einer Krippe, wo die Himmelskönigin Maria, der heilige Josef und das neugeborene Gotteskind wie auf den Bildern der berühmten Künstler beisammen waren. Nahebei spendeten der Ochse und der Esel mit ihrem Atem gesunde Wärme in der kalten Nacht. Balthasar fiel auf die Knie und schüttete einen Sack Perlen, Edelsteine und Goldstaub vor dem Kind aus; Kaspar schenkte ihm in vergoldeten Krügen seltene Salben und köstliche Öle; Melchior brachte als Gaben Weihrauch, Elfenbein und Diamanten dar...

Nun wandte sich der gute Bruder Longinos an das lächelnde Kind und sagte aus tiefstem Herzensgrund: »Herr, ich bin nur dein armer Knecht und diene dir in deinem Kloster, so gut ich vermag. Was kann ich dir schenken, ich Unglückseliger? Was für Schätze besitze ich denn, was für Essenzen, Perlen oder Diamanten? Nimm, Herr, meine Tränen und meine Gebete, das ist alles, was ich dir darbringen kann.«

Da sahen die Könige aus dem Morgenland, wie Bruder Longinos die Rosen seiner Gebete zwischen den Lippen herauswuchsen, und ihr Duft war betörender als alle Salben und Harze; aus seinen Augen strömten die Tränen und verwandelten sich in strahlende Diamanten – sein Glaube und seine Liebe hatten dieses Wunder bewirkt; währenddessen hörte man leise den Chor der Hirten auf dem Feld und den Chor der Engel über dem Dach der Krippe.

Mittlerweile herrschte im Kloster große Verzweiflung. Es wurde Zeit für den Gottesdienst. Die Kapelle war von Kerzenlicht erhellt. Tief betrübt saß der Abt im festlichen Ornat auf seinem Sessel. Die ganze Klostergemeinschaft war ver-

sammelt und die Mönche schauten einander verwundert und beklommen an. Was für ein Unglück konnte dem guten Mitbruder zugestoßen sein? Warum war er nicht vom Dorf zurückgekehrt? Der Gottesdienst sollte beginnen, alle sind zur Stelle, nur der eine nicht, die Zierde des Klosters, der bescheidene Organist mit dem beseelten Spiel... Wer traut sich zu seinen Platz einzunehmen? Niemand. Keiner kennt die Geheimnisse des Instruments so gut wie Longinos, keiner hat so viel Sinn für Tonfarben wie er. Als der Abt befiehlt, der Gottesdienst möge eben ohne Musik stattfinden, stimmen alle irgendwie traurig den Gesang an und erheben ihre Herzen zu Gott... Als die Orgel hätte einsetzen sollen... erscholl sie plötzlich und brauste wie noch nie: Die Bässe waren wie heiliges Donnergrollen, die Trompeten schmetterten wie Himmelsstimmen; alle ihre Pfeifen schienen von unerklärlichem überirdischem Leben beseelt. Die Mönche sangen und sangen und ihre Stimmen waren vom heiligen Feuer des Wunders durchglüht. In dieser Christnacht hörten die Bauern herrlichere Musik vom Kloster herüberwehen denn je und es kam ihnen vor, Engelshände spielten noch nie gehörte Harmonien, die heilige Cäcilia greife mit ihren reinen, zarten Fingern selbst in die Tasten...

Bruder Longinos de Santa Maria hauchte wenig später seine Seele aus; er starb im Geruche der Heiligkeit. Sein Leib ist unversehrt erhalten; er ruht in einem Marmorsarg unter dem Chor der Kapelle in einem besonders schön gestalteten Grab.

WILLI FÄHRMANN

Der große Frieden

Manchmal stieg ein großer Frieden
leis und licht vom Himmelszelt,
wenn der Finger Gottes rührte
sanft und zärtlich an der Welt.

In des Paradieses Garten
spielt der Löwe mit dem Lamm
und der Atem Gottes machte
selbst die wilden Tiere zahm.

Tief im Bauch der Arche drinnen
fasst das Kind die Natter an,
doch es floss beim Lächeln Gottes
nicht das Gift aus ihrem Zahn.

Seit der Engel uns verkündet:
Gottes Sohn ist heut geborn,
Frieden soll auf Erden werden,
geht die Hoffnung nicht verlorn.

Hoffnung auf den großen Frieden
unterm weiten Himmelszelt,
Finger Gottes, komm, berühre
unsre Herzen, unsre Welt.

HILDEGARD WOHLGEMUTH

Und das nicht nur zur Weihnachtszeit

Wer nach Bethlehem
fliegen will
in den Stall
und wer meint
dort ist auf jeden Fall
der Frieden billig zu kriegen
der sollte woanders hinfliegen

Wer nach Bethlehem
reisen will
zu dem Sohn
und wer glaubt
dort ist die Endstation
mit Vollpension für die Seelen
der sollte was anderes wählen

Wer nach Bethlehem
gehen will
zu dem Kind
und wer weiß
dass dort der Weg beginnt
ein jedes Kind nur zu lieben
der könnte es heute schon üben

Manuel hat gelacht

s ging auf den Abend zu, als der Zug in Köln ankam. Viele Leute stiegen aus. Der Mann und die Frau standen wie verloren auf dem Bahnsteig. Es war kalt und sie waren fremd in der großen Stadt.

Der Mann sagte: »Wir werden uns ein Zimmer für die Nacht suchen.«

»Das ist gut«, antwortete die Frau. »Es wird nicht mehr lange dauern.« Er nickte.

Sie fragten mehrmals nach einem Zimmer, fanden aber keins. Es war kurz vor Weihnachten und alle Zimmer waren besetzt. Vielleicht hätten sie noch etwas gefunden, aber der Mann und die Frau sahen ärmlich aus und jeder konnte es sehen, die Frau war schwanger. Lange konnte es nicht mehr dauern, bis das Kind geboren würde.

Schließlich sagte man ihnen: »Dort in der Straße um die Ecke, da ist ein Nachtasyl. Da kann man übernachten, wenn man keine Wohnung hat.«

Ein Mann mit einer Bierflasche in der Hand zeigte ihnen das Haus. Sie klingelten.

Der Verwalter schaute aus dem Fenster. »Die ist nur ein Haus für Männer«, sagte er. »Ich darf hier keine Frauen aufnehmen.«

Die junge Frau erschrak. Sie fasste mit beiden Händen ihren Leib.

»Was ist?«, fragte der Mann.

Sie antwortete: »Die Wehen fangen an. Ich kann nicht mehr weiter.«

Der Verwalter hatte Mitleid mit der Frau und sagte: »Na, dann kommen Sie mal herein. Ich habe da hinten im Haus noch eine Kammer.«

Er führte sie durch den Männerschlafsaal in ein winziges Zimmer. Es dauerte ein paar Stunden, dann war das Kind geboren. Später zeigte die Frau den Männern das Baby. Einer fragte: »Wie soll der Junge heißen?«

Die Mutter antwortete: »Manuel soll er heißen.«

Die Männer wunderten sich über den Namen, aber sie dachten daran, dass die junge Frau von weit her gekommen war.

Einer kramte in seinem Rucksack. Er zog vier Papierblumen heraus. Die schenkte er der Mutter. Auf einmal hatten alle etwas, was sie der Mutter und dem Kind schenken wollten. Ein Mann holte ein fast neues Schaffell herbei und sagte: »Damit Manuel es gut warm hat.«

Ein anderer sagte: »Moment mal. Ich muss doch irgendwo noch einen weichen Wollschal haben.«

Er kramte in seinem Plastikbeutel und fand den Schal. Es war wirklich ein schönes Stück, leuchtend rot und flauschig. Er reichte ihn der Frau. »Für Manuel«, sagte er.

Auch die Frau des Verwalters kam herein und wollte das Kind anschauen. »Was ihr Kerle euch nur einfallen lasst«, sagte sie. »Schal, Fell und Papierblumen! Was das Kind braucht, das sind Windeln, ein paar Babyjäckchen und kleine Höschen.«

Da fragte ihr Mann: »Klara, liegen in unserer Schublade nicht noch die Sachen von unserer Tochter Elisabeth?«

»Sicher, Franz«, rief die Frau. »Dass ich daran nicht selber gedacht habe!« Sie lief in ihre Wohnung und kam zurück mit Windeln, Jäckchen und Höschen und mit einer wunderschönen blauen Babymütze.

»Nimm das für dein Kind«, sagte sie zu der Mutter.

»Guckt mal«, sagte ein sehr alter Mann. »Ich glaube, Manuel hat gelacht.« Alle sahen es.

Da nahm der alte Mann seine Mundharmonika. »Ich habe schon lange nicht mehr darauf gespielt«, sagte er. »Hoffentlich kann ich es noch.«

Er blies ganz zarte Töne hervor und die Männer begannen zu summen und leise mitzusingen. Und weil Weihnachten vor der Tür stand, sangen sie: »Es ist ein Ros entsprungen« und »Seid nun fröhlich, jubilieret«.

»Schluss jetzt«, sagte die Frau des Verwalters. »Die Mutter und das Kind brauchen Ruhe.« Und der Verwalter murmelte: »Komisch, so friedlich waren die Kerle im Nachtasyl noch nie.« Dann fügte er hinzu: »Es fehlt nicht viel, dann schaffen die auch noch Ochs und Esel herbei!«

Wenig später löschte er das Licht.

Manche der Männer aber lagen noch lange wach und es kam ihnen die Zeit in den Sinn, in der sie selber noch Kinder gewesen waren. Einer sprach schon halb im Schlaf: »Merkwürdig, dass das alles bei uns passiert ist. Das wird uns kaum einer glauben, wenn wir es weitererzählen.«

ERWIN ANDEREGG

Der Stern im Auge

In einem überfüllten Müllcontainer eines Vorortquartiers lag zuoberst ein Buch mit einem weißen Deckel. Der große Müllabfuhrwagen, der am 24. Dezember bereits morgens um acht Uhr vorfuhr, öffnete seinen Rachen. Beim Hineinkippen rutschte das Buch seitwärts weg und fiel zu Boden. Der damit Beschäftigte war jedoch bereits im Begriff den leeren Container zu seinem Platz zurückzustoßen, sodass er das Buch übersah. Der Wagen fuhr weg, so rasch wie möglich, denn die Angestellten der Müllabfuhr wollten an diesem Tag rechtzeitig mit der Arbeit zu Ende kommen.

So lag das Buch auf der Quartierstraße, inmitten von Überresten schmutzigen Schnees. Ein Mädchen, das etwa acht Jahre zählen mochte, sah das Buch und hob es auf. Der weiße Deckel war auf der Oberseite noch ziemlich sauber, nur die Unterseite war vom Straßenschmutz befleckt.

Als das Mädchen das Buch näher betrachtete, entdeckte es, dass der Buchrücken mit Goldbuchstaben bedruckt war. Es buchstabierte und fand das Wort heraus: »Bibel«.

Franziska, so hieß das Mädchen, dachte nach: Bibel, das war doch das Buch, in dem auch die Weihnachtsgeschichte zu lesen war. In der Schule hatten sie gestern ein Weihnachtsspiel aufgeführt. Franziska hatte den Beginn der Geschichte von einem mit Schreibmaschine beschrifteten Zettel ablesen müssen, »so, wie sie in der Bibel steht«, hatte die Lehrerin bei der Rollenverteilung gesagt. Franziska war darüber nicht erfreut gewesen. Viel lieber hätte sie eine Hirtin, einen Engel oder gar Maria gespielt. Aber die Lehrerin hatte die Wahl als »Sprecherin« damit begründet, dass Franziska als beste Leserin in der

Klasse am ehesten fehlerlos den biblischen Bericht, in dem auch fremde Wörter vorkämen, lesen könne.

Tatsächlich galt es im Bericht Wörter wie »Quirinius«, »Syrien«, »Galiläa«, »Judäa« auszusprechen und dies war gar nicht leicht, wenn man erst das zweite Jahr in die Schule ging.

Während Franziska das Buch von der Straße aufhob, erinnerte sie sich, wie sie gestern, ohne bei schwierigen Wörtern anzustoßen, vorgelesen hatte:

»Es begab sich aber in jenen Tagen, dass vom Kaiser Augustus ein Befehl ausging, dass der ganze Erdkreis sich einschätzen lassen sollte. Diese Schätzung war die erste und geschah, als Quirinius Statthalter von Syrien war. Und es machten sich alle auf, um sich einschätzen zu lassen, ein jeder in seine Stadt. Aber auch Joseph ging von Galiläa aus der Stadt Nazareth hinauf nach Judäa in die Stadt Davids, welche Bethlehem heißt, weil er aus dem Hause und dem Geschlecht Davids war, um sich mit Maria, seiner Verlobten, die schwanger war, einschätzen zu lassen.«

Wie schade, dachte Franziska, dass sie gestern nicht eine schöne weiße Bibel zum Lesen gehabt hatte, wie die auf der Straße gefundene. Sie hätte sie so in den Händen gehalten, dass alle die Goldbuchstaben am Buchrücken gesehen hätten. Dies wäre feierlicher gewesen als das Rascheln der Schreibmaschinenseiten, von denen sie den Text hatte ablesen müssen. Es wäre gewesen, als hätten ihr unsichtbare Engel ein himmlisches Buch in die Hand gedrückt.

Franziska war neugierig, wo denn in der Bibel die Weihnachtsgeschichte zu finden sei. Sie hatte ihre Eltern danach gefragt, aber diese besaßen keine Bibel oder wussten nicht, wo sie in der Wohnung versteckt herumlag. Eigentlich musste der Weihnachtsbericht am Anfang stehen, dachte das Mädchen. Aber als es zu lesen begann, wurde es enttäuscht. Das Buch begann mit der Überschrift »Das erste Buch Mose«, und darunter stand »Genesis«. Zu lesen war: »Am Anfang schuf Gott den Himmel und die Erde. Die Erde war aber wüst und öde und Finsternis lag auf der Urflut und der Geist Gottes schwebte über den Wassern.«

Urflut, was war das? Aber glücklicherweise lautete die Fortsetzung: »Und Gott sprach: Es werde Licht! Und es ward Licht.«

Ja, das war's, dies hatte mit der Weihnachtsgeschichte zu tun: Licht. Licht vom Stern von Bethlehem, von den Engeln über den Hirten.

Als Franziska weiterlas, wurde sie jedoch wieder vom Text befremdet: »Und Gott schied das Licht von der Finsternis.«

Warum kam die Finsternis schon am Anfang der Bibel vor?

Franziska war nahe daran, das Buch wieder fallen zu lassen, als sie, den Buchdeckel innen betrachtend, auf etwas stieß, das sie bis jetzt übersehen hatte. Darauf war nämlich, in schöner Schrift von Hand geschrieben, etwas aufgezeichnet. Langsam buchstabierte sie es, bis sie die Worte verstand:

> Dem Ehepaar
> Robert und Rita Nerter-Zarg
> zur Trauung am 29. Januar 1983
> mit herzlichsten Segenswünschen des Pfarrers.

Den Namenszug, der in persönlicher Schrift darunter gesetzt war, konnte das Mädchen nicht entziffern. Aber noch einen Satz, den es lesen konnte, fand es geschrieben:

> Trautext Psalm 17/8:
> Behüte mich wie den Stern im Auge!

Die Worte waren nicht leicht zu verstehen und sie verwirrten anfänglich das Mädchen. Aber plötzlich war ihm klar: Sie hatten doch auch etwas mit Weihnachten zu tun, denn von einem Stern war ja hier die Rede. Aber »Stern im Auge«, was mochte dies bedeuten? Sie sann angestrengt nach, bis sie sich zu der Deutung entschloss: Wenn man an Weihnachten zum Himmel blickt und einen Stern sieht, fällt sein Licht in das Auge, aber man wird von ihm nicht wie von demjenigen der Sonne geblendet. Und von diesem Licht geht ein Strahl von Glück in das Herz.

Franziska nahm sich vor es heute Nacht zu versuchen. Sie würde nach der

Feier in ihrer Familie heimlich auf den Balkon hinaustreten und zu einem Stern am Himmel schauen.

Aber da gab es ja auch, in die Bibel hineingeschrieben, die Namen eines Ehepaars. Zwei davon kamen dem Mädchen bekannt vor: »Rita« und »Zarg«. Diese beiden Namen standen doch bei ihrer Haustüre auf der Tafel mit den Klingelknöpfen. Zwei Stockwerke über ihnen, zur rechten Seite, wohnte eine Frau, die so hieß. Franziska sah sie selten; sie ging arbeiten, kam abends spät nach Hause und über das Wochenende war sie meistens weg. Sie grüßte nur rasch im Vorübergehen. In ihren Augen lag etwas Erloschenes, obwohl sie noch eher jung war.

Diese weiße Bibel gehört wohl Frau Zarg, dachte Franziska. Aber warum lag das Buch auf der Straße, im Schmutz? Hatte es die Frau weggeworfen? Oder war es aus irgendeinem Versehen dahingelangt? Dann vermisste sie es wohl und war froh, wenn es wieder zurückgebracht wurde. So beschloss das Mädchen Frau Zarg die Bibel zurückzubringen.

Nach dem Mittagessen geht Franziska, ohne den Eltern etwas davon zu sagen, mit der weißen Bibel zwei Stockwerke höher hinauf. Dort angelangt, läutet sie an der Türe, die nach einiger Zeit von der Nachbarin geöffnet wird.

»Ist etwas nicht in Ordnung?«, fragt diese ungehalten, als sie das Mädchen dastehen sieht.

»Ich habe etwas gefunden, das Ihnen gehört«, antwortet Franziska und überreicht ihr die Bibel.

»Wo hast du das Buch gefunden?«, fragt Frau Zarg und es schwingt ein abweisender Ton mit.

»Auf der Straße«, antwortet das Mädchen.

»Aber ich habe es doch in den Müll geworfen, hast du dort drin herumgefummelt? Das solltest du nicht tun, es hat alte rostige Blechdosen drin, an denen du dich verletzen könntest, oder faules Zeug, das dich vergiftet.«

Franziska sagt leise: »Aber es ist doch eine Bibel!«

Frau Zarg beruhigt sich etwas. Sie nimmt die Bibel in Empfang und fordert das Mädchen auf hereinzukommen.

In der Wohnung bemerkt dieses, dass kein Tannenbäumchen und auch kein Tannenzweig mit Kerzen vorhanden ist. Es wundert sich darüber, ohne nach dem Grund zu fragen.

Als ob sie die Gedanken des Kindes erraten könnte, entschuldigt sich die Frau: »Mir ist nicht ums Feiern, weißt du. Ich bin seit kurzem geschieden. Deshalb habe ich auch das Buch fortgeworfen, es ist unsere Traubibel. Ich hatte keinen guten Stern über mir.« Sie hält inne und ist über sich selbst verwundert, dass sie einem kleinen Mädchen gegenüber so schwere Dinge aus ihrem Schicksal preisgegeben hat.

Das Mädchen sagt darauf: »In der Schule kenne ich fünf Kameradinnen und Kameraden, deren Eltern geschieden sind. Auch meine haben viel Streit.«

Frau Zarg fährt Franziska über das dunkle Haar.

»Du bist ein gutes Kind«, flüstert sie.

»Heute Nacht genau um neun Uhr müssen Sie auf den Balkon gehen, ich werde es auch tun und zum Himmel schauen«, sagt Franziska zu ihr, »dann fällt Ihnen und mir das Licht vom Stern ins Auge.«

»Wie meinst du das?«

»So wie es in Ihrer Bibel steht.«

»Bist du sicher, dass es so geschehen wird?«

»Ja, und vom Licht des Sterns, das ins Auge fällt, fährt ein Strahl ins Herz.«

»Dann werde ich um neun Uhr auf dem Balkon stehen«, flüstert die Frau.

»Und ich werde Ihnen winken«, sagt das Mädchen.

MAX BOLLIGER

Sollte es das Christkind gewesen sein?

Es war einmal eine gute Frau, die sich an Weihnachten eine Ehre daraus machte, arme Kinder zu beschenken. Schon lange vor dem Fest fing sie an Kuchen zu backen, um sie in der Kirche vor der Krippe zu verteilen.

Als sie mit ihrer Arbeit fertig war, erfüllte ein herrlicher Duft das Haus und drang bis auf die Straße hinaus. In Reih und Glied standen die Kuchen auf einem langen Tisch. Ihr Anblick erfüllte die Frau mit Stolz und Freude.

Da klopfte es plötzlich an der Tür.

Vor der Tür stand ein fremdes Kind und schaute sie bittend an.

»Gibst du mir einen Kuchen?«, fragte es.

Aber es reute die gute Frau einen der Kuchen jetzt schon wegzugeben.

»Wo denkst du hin!«, sagte sie. »Weihnachten ist erst in einer Woche!«

»Weihnachten ist heute«, sagte das Kind.

Doch die gute Frau dachte an nichts anderes, als das Kind wolle mit List einen ihrer Kuchen ergattern.

Sie wies ihm streng die Tür.

Am Heiligabend packte sie die Kuchen ein.

Als sie damit in die Kirche kam, sah sie den Pfarrer und den Küster aufgeregt vor der Krippe stehen.

Sie war leer.

Da erinnerte sich die Frau an das fremde Kind und erschrak.

Sollte es das Christkind gewesen sein?

DINO BUZZATI

Die Nacht des 24. Dezember

Düster ist der alte Bischofsplatz, der Salpeter tropft aus seinen Mauern, in den Winternächten dort zu verweilen ist eine Qual. Die Kathedrale daneben ist gewaltig groß, ein Leben reicht nicht aus, um sie ganz zu durchwandern, und es gibt darin ein solches Gewirr von Kapellen und Sakristeien, dass einige nach jahrhundertelanger Verlassenheit noch fast unerforscht sind. Was wird – so fragt man sich – der abgezehrte Erzbischof am Weihnachtsabend ganz allein tun, wenn die Stadt das Fest begeht? Wie wird er der Schwermut Herr werden? Alle haben einen Trost; das Kind hat die Eisenbahn und den Kasperle, das Schwesterchen hat die Puppe, die Mutter hat die Kinder um sich, der Kranke hat eine neue Hoffnung, der alte Junggeselle hat den Gefährten seiner Zerstreuung, der Häftling die Stimme eines anderen aus der Nachbarzelle. Was aber wird der Erzbischof tun?

Don Valentino, der diensteifrige Sekretär Seiner Exzellenz, lächelte, wenn er die Leute so reden hörte. Der Erzbischof hat Gott am Weihnachtsabend.

Wenn er mutterseelenallein inmitten der eisigen, leeren Kathedrale kniet, könnte er auf den ersten Blick fast Mitleid erwecken. Aber wenn die Leute wüssten! Mutterseelenallein ist er nicht und er friert nicht einmal und fühlt sich nicht verlassen. Am Weihnachtsabend schwebt Gott im Tempel über den Erzbischof und die Kirchenschiffe quellen buchstäblich von Gott über.

So ist der Dom an jenem Abend: überströmend von Gott. Und obwohl Don Valentino wusste, dass es nicht seines Amtes war, hielt er sich doch gar zu gerne damit auf, einen Platz für den Gebetsstuhl des Kirchenfürsten zu suchen. Das war freilich etwas anderes als Weihnachtsbäume, Truthühner und

Schaumwein. Das war ein Weihnachtsabend. Aber mitten in diesen Gedanken hörte er an eine Tür klopfen.

»Wer klopft am Weihnachtsabend an die Domtür«, fragte sich Don Valentino. »Haben die Leute noch nicht genug gebetet? Was für eine Sucht hat sie ergriffen?«

Mit diesen Worten ging er öffnen und mit einem Windstoß trat ein armer, zerlumpter Mann herein.

»Wie viel von Gott ist hier!«, rief er lächelnd aus und sah sich um. »Wie viel Schönheit! Man spürt es sogar von draußen. Monsignore, könnten Sie mir nicht ein wenig davon geben? Denken Sie, es ist der Heilige Abend.«

»Das gehört der Exzellenz, dem Erzbischof«, antwortete der Priester. »Er braucht es in wenigen Stunden. Seine Exzellenz lebt schon wie ein Heiliger, du wirst doch nicht verlangen, dass er jetzt auch auf Gott verzichtet! Und außerdem bin ich niemals Monsignore gewesen.«

»Und auch nicht ein kleines bisschen könnten Sie mir geben, Hochwürden? Es ist so viel davon da! Seine Exzellenz würde es gar nicht einmal merken!«

»Nein, habe ich gesagt... du kannst gehen... der Dom ist für die Allgemeinheit geschlossen«, und er geleitete den Armen mit einem Fünf-Lire-Schein hinaus.

Aber als der Unglückliche aus der Kirche hinausging, verschwand im gleichen Augenblick auch Gott. Bestürzt schaute sich Don Valentino um und forschte in den dunklen Gewölben: Selbst da oben war Gott nicht mehr. Dieser prächtige Apparat von Säulen, Statuen, Baldachinen, Altären, Katafalken, Leuchtern und Drapierungen, sonst immer so geheimnisvoll und mächtig, war unversehens düster und ungastlich geworden. Und in ein paar Stunden sollte der Erzbischof kommen. In höchster Erregung öffnete Don Valentino eine der äußersten Pforten und blickte auf den Platz. Nichts. Auch draußen keine Spur von Gott, wiewohl es Weihnachten war. Aus den tausend erleuchteten Fenstern kam das Echo von Gelächter, zerbrochenen Gläsern, Musik und sogar von Flüchen. Keine Glocken, keine Lieder.

Don Valentino ging in die Nacht hinaus, schritt durch die unheiligen Straßen, die von dem Lärm hemmungsloser Gelage widerhallten. Aber er wusste die rechte Anschrift. Als er in das Haus trat, setzte sich die befreundete Familie gerade zu Tisch. Alle sahen einander wohl wollend an und um sie herum war ein wenig von Gott.

»Frohe Weihnachten, Hochwürden«, sagte der Vater. »Wollen Sie nicht unser Gast sein?«

»Ich habe Eile, ihr Freunde«, antwortete er. »Durch eine Unachtsamkeit meinerseits hat Gott den Dom verlassen und Seine Exzellenz kommt gleich zum Gebet. Könnt ihr mir nicht euren Herrgott geben? Ihr seid ja in Gesellschaft und braucht ihn nicht so unbedingt.«

»Mein lieber Don Valentino«, sagte der Familienvater, »Sie vergessen, möchte ich sagen, dass heute Weihnachten ist. Gerade heute sollten meine Kinder ohne Gott auskommen? Ich wundere mich, Don Valentino.«

Und im selben Augenblick, in dem der Mann so sprach, schlüpfte Gott aus dem Hause, das freundliche Lächeln erlosch und der Truthahnbraten war wie Sand zwischen den Zähnen.

Und wieder hinaus in die Nacht und durch die verlassenen Straßen. Don Valentino lief und lief und erblickte ihn schließlich von neuem. Er war bis an die Tore der Stadt gekommen und vor ihm breitete sich die Dunkelheit, leicht im Schneegewande schimmernd, über das weite Land. Über den Wiesen und den Zeilen der Maulbeerbäume schwebte Gott, als wartete er. Don Valentino sank in die Knie. »Aber was machen Sie, Hochwürden?«, fragte ihn ein Bauer. »Wollen Sie sich in dieser Kälte eine Krankheit holen?«

»Schau da unten, mein Sohn! Siehst du nicht?«

Der Bauer blickte ohne Erstaunen hin.

»Das ist unser«, sagte er. »Jede Weihnacht kommt er, um unsere Felder zu segnen.«

»Höre«, sagte der Priester, »könntest du mir nicht ein wenig davon geben?

Wir sind in der Stadt ohne Gott geblieben, sogar die Kirchen sind leer. Gib mir ein wenig davon ab, damit wenigstens der Erzbischof ein anständiges Weihnachten feiern kann.«

»Fällt mir nicht im Traume ein, Ihr lieben Hochwürden! Wer weiß, was für ekelhafte Sünden ihr in der Stadt begangen habt. Das ist eure Schuld. Seht allein zu.«

»Gewiss, es ist gesündigt worden. Und wer sündigt nicht? Aber du kannst viele Seelen retten, mein Sohn, wenn du mir nur Ja sagst.«

»Aber ich habe genug mit der Rettung meiner eigenen zu tun!«, sagte der Bauer mit höhnischem Lachen und im gleichen Augenblick hob sich Gott von seinen Feldern und verschwand im Dunkel.

Und Don Valentino ging weiter und suchte. Gott schien seltener zu werden und wer ein bisschen davon besaß, wollte nichts hergeben (aber im gleichen Augenblick, da er mit Nein antwortete, verschwand Gott und entfernte sich immer weiter). Endlich stand Don Valentino am Rande einer grenzenlosen Heide und in der Ferne am Horizont leuchtete Gott sanft wie eine längliche Wolke. Der Priester warf sich in den Schnee auf die Knie. »Warte auf mich, oh Herr«, bat er, »durch meine Schuld ist der Erzbischof heute allein geblieben.« Seine Füße waren zu Eis erstarrt, er lief im Schnee weiter und sank bis ans Knie ein und alle Augenblicke fiel er der Länge nach hin. Wie lange konnte er es noch aushalten?

Endlich vernahm er einen großen leidenschaftlichen Chor von Engelstimmen, ein Lichtstrahl brach durch den Nebel. Er öffnete ein hölzernes Türchen, es war eine riesige Kirche und in ihrer Mitte betete ein Priester zwischen einigen Lichtern. Und die Kirche war voll des Paradieses.

»Bruder«, seufzte Don Valentino, am Ende seiner Kräfte und mit Eisnadeln besetzt, »habe Mitleid mit mir. Mein Erzbischof ist durch meine Schuld allein geblieben und braucht Gott. Gib mir ein bisschen von ihm, ich bitte dich.«

Langsam wandte sich der Betende um. Und Don Valentino wurde, als er ihn erkannte, fast noch bleicher, als er ohnedies war.

»Ein gesegnetes Weihnachten, dir, Don Valentino«, rief der Erzbischof und kam ihm entgegen, ganz von Gott umgeben. »Aber Junge, wo bist du nur hingelaufen? Was hast du um des Himmels willen in dieser bärenkalten Nacht draußen gesucht?«

WILLI FÄHRMANN

Mirjam

Vier Tage und Nächte goss es ohne Unterlass. Der Eiswind aus dem Norden mischte immer häufiger Schneewolken unter den Regen. Die Wege verloren sich im Morast und die Fahrspuren waren kaum noch auszumachen. Tief sanken die Räder ein. Die Tiere, von Jeremy unablässig angefeuert, quälten sich und legten sich mächtig ins Zeug. Oft genug mussten die Männer vom Wagen steigen und in die Speichen greifen. Die Vorräte, die jeder für sich mitgenommen hatte und die für die Zweitagefahrt bis Canton gerechnet gewesen waren, schmolzen zusammen. Am 24. Dezember schafften sie nur wenige Meilen. Die Maultiere und die Pferde waren völlig erschöpft und blieben nach immer kürzeren Wegstrecken verschwitzt und mit hängenden Köpfen stehen.

In einer Verschnaufpause sagte der alte Mann: »Wir legen am besten zusammen, was wir noch an Nahrungsmitteln haben. Wenn wir nicht sparsam damit umgehen und einteilen, dann lernen wir im reichsten Land der Welt den Hunger kennen.«

»Ich kenne ihn bereits«, klagte Hugo Labus. »Mein Magen knurrt und mein Beutel ist schon seit heute Morgen leer.«

»Das wäre ja noch schöner!«, protestierte der dicke Grumbach. »Ich habe in Jackson mein Geld für Speck und Brot hergegeben. Jetzt soll ich mit denen teilen, die zu geizig gewesen sind, um genügend vorzusorgen? Sollen sie doch ihre Dollars fressen. Ich jedenfalls gebe nichts her.«

»Recht hat er«, stimmte Gerhard Warich zu.

Otto Sahm sagte: »Jeder ist sich selbst der Nächste.«

Lenski und der Lehrer nickten.

»Macht doch, was ihr wollt!«, grollte der alte Mann erbost.

Meinen Apfel kriegt keiner, dachte der Junge. Den spare ich mir für morgen auf. Morgen ist Weihnachten.

»Wir müssen weiter«, mahnte Jeremy. »Es muss hier in der Gegend eine Pflanzung geben mit einem Herrenhaus und an die zwanzig Negerhütten. Bis dorthin werden wir es schaffen. Dort können wir genug zu essen bekommen und uns endlich wieder an einem Feuer aufwärmen.«

»Wir laufen hinter den Wagen her und halten uns in ihrem Windschatten«, sagte der alte Mann.

»Ist auch nötig, Massa«, stimmte Jeremy zu. »Die Tiere sind ziemlich am Ende.«

Der Junge spürte den Regen durch die Jacke dringen. Zuerst wurde die Haut an den Schultern nass, dann klebte das durchnässte Hemd auf seinem Rücken.

Es war beschwerlich, durch den Matsch zu gehen. Die Sohlen saugten sich fest. Mathildes Schuh war einmal im Schlamm stecken geblieben und sie hatte Mühe ihn wieder zu finden.

»Meine Hände und meine Füße sind eiskalt«, sagte der Junge zu Andreas Schicks, der neben ihm ging. »Aber mein Körper, der schwitzt.«

»Halt die Schnauze«, schnaufte Andreas.

Jeremy führte die Maultiere am Halfter und redete ihnen gut zu.

»Findest du den Weg, Jeremy?«, fragte der alte Mann ihn, als es Nachmittag wurde und die Dunkelheit aus den Wäldern kroch.

»Ja, Massa. Ich kenne den Weg. In einer Stunde etwa müssen wir das Haus sehen.«

Diese Auskunft belebte die Kräfte der Männer. Sie stapften jetzt neben den Wagen her, legten ihre Hände gegen die Holme und schoben ein wenig. Es ging schneller vorwärts.

Die Stunde war längst vorüber und es war fast dunkel geworden, da hörten sie Jeremy rufen: »Da ist das Tor! Wir haben es geschafft!«

Das Gittertor hing schief zwischen den mächtigen Mauerpfeilern. Der befestigte Weg führte genau auf den düsteren Schatten eines Hauses zu. Aber kein Fenster war erleuchtet, kein Hund schlug an. Nichts regte sich. Jeremy hielt die Tiere an. Die Männer liefen zu ihm nach vorn. Er stand neben dem Muli, hatte den Kopf in das schweißnasse Fell des Tieres gedrückt und schluchzte verzweifelt.

Alle sahen es. Hoch auf ragte der Kamin. Die Mauern waren zerbrochen und vom Brande geschwärzt. Buschwerk wuchs aus den Fensterhöhlen. Der Wind pfiff um die Ecken der Ruine.

Der Junge hockte sich erschöpft nieder, ohne auf den Straßendreck zu achten, und lehnte sich mit dem Rücken gegen ein Rad des Wagens. Georgia beugte sich zu ihm hinunter und flüsterte, als ob sie sich davor fürchtete, mit lauten Worten eine neue Hoffnung zu verscheuchen: »An jedem Platz, an dem ein Herrenhaus steht, gibt es auch Hütten für Neger.«

Der Junge raffte sich auf und rief: »Die Hütten! Die Schwarzen, die hier wohnen, haben auch Hütten.«

»Lauf zu und schau nach, ob die verschont geblieben sind«, sagte der alte Mann müde.

Georgia lief dem Jungen voran, um das niedergebrannte Haus herum. Die befestigte Straße führte an den Trümmern der Wirtschaftsgebäude vorbei. Etwas abseits sahen sie die Mauerreste eines großen Schuppens.

Zögernd folgte der Junge dem Mädchen. Es war ihm unheimlich und es kam ihm vor, als ob sich hinter jedem Steinhaufen etwas bewegte. Er zeigte auf den Schuppen und sagte: »Alles ist zerstört. Lass uns umkehren.«

»Nein, da haben sie früher das Zuckerrohr gelagert und die Melasse gekocht«, antwortete Georgia. »Das sind nicht die Hütten.« Das überkrautete Steinpflaster endete in einem versumpften Weg. »Hier könnte der Platz für die Sklaven gewesen sein«, vermutete sie.

Sie fasste den Jungen bei der Hand und zog ihn mit sich. Ihre Hand ist warm, dachte der Junge. Zwei Schattenreihen von Schornsteinen stachen in den Himmel. Die Holzhütten, die einst den Weg gesäumt hatten, waren verbrannt, zerfallen.

»Dort«, sagte Georgia und deutete nach vorn.

Die dunklen Umrisse eines kleinen Hauses zeichneten sich am Fenster des zerstörten Anwesens ab. Sie näherten sich vorsichtig. Die Fensterlöcher waren mit Brettern vernagelt und die Tür fest verschlossen. »Ich glaube, es kommt Rauch aus dem Kamin«, sagte Georgia ängstlich.

»Komm, wir holen die anderen«, flüsterte der Junge.

Sie begannen zu rennen und berichteten, was sie entdeckt hatten.

»Wenigstens ein Dach über dem Kopf«, sagte Mathilde erleichtert.

Sie zogen bis vor die Hütte. »Ist hier jemand?«, rief Jeremy und klopfte gegen die Tür. Er bekam keine Antwort.

Der alte Mann stieß die Tür auf. Alle drängten ihm nach. Die Feuerstelle verriet, die Hütte war bewohnt. Die niedergebrannte Glut zeigte, dass die Menschen nicht weit sein konnten.

»Ist hier jemand?«, fragte Jeremy noch einmal in die Dunkelheit hinein. Er ergriff einige von den dürren Ästen, die an der Wand aufgestapelt waren, legte sie auf die Glut und entfachte mit seinem Atem vorsichtig das Feuer. Die Flammen züngelten empor, schlugen hoch und leuchteten den Raum aus.

In der Ecke hockten sie. Eine sehr junge, magere Negerin hielt ihren Säugling gegen die Brust gepresst und starrte die Eindringlinge aus großen Angstaugen an. Der Mann, ein breitschultriger Hüne, stand seitlich hinter ihr, leicht vorgebeugt, hatte die eine Hand auf die Schulter der Frau gelegt und in der anderen hielt er drohend ein Beil.

»Leg das Beil zur Seite, Bruder«, sprach Jeremy ihn an. »Wir wollen nichts von dir. Wir suchen ein Dach und ein wenig Wärme am Feuer.«

Einen Augenblick noch blinkte die Beilschneide schlagbereit über dem Kopf des Negers, dann aber ließ er den Arm sinken und fragte: »Wer seid ihr? Was wollt ihr hier?«

»Dies sind Zimmerleute. Wollen nach Canton. Aber es ist kaum ein Durchkommen auf den Wegen. Gleich morgen ziehen wir weiter.«

Lenski legte Feuerholz nach.

»Ist gut«, sagte der Neger. »Ist ja genug Platz in der Hütte.«

»Wir müssen die Tiere hereinholen«, sagte Jeremy, als sie die Pelze zum Trocknen an den Holzwänden aufgehängt hatten und die Männer sich rund um die Feuerstelle zu lagern begannen.

Die Pferde schritten vorsichtig durch das Türloch. Die Mulis brauchten Jeremys Zuspruch, bevor sie die Hufe über die Schwelle setzten.

Jetzt wurde es eng in dem einen Raum.

»Was ist mit euch?«, fragte Jeremy die Neger. »Was sucht ihr hier an diesem öden Platz?«

»War nicht immer öde«, antwortete der Neger, »ich war früher hier Sklave bei Old Massa Hero. Bin hier geboren. Old Massa hat mich im Krieg nach Texas verkauft. Ich dachte, ich finde meine Mama noch hier. Wollte vielleicht farmen. Wir sind gestern hier angekommen. Aber ist niemand mehr hier. Alles zerstört.« Er schwieg eine Weile.

Der dicke Grumbach wickelte Speck und Brot aus der Zeitung und begann zu kauen. Alle spürten, wie hungrig sie waren, und die noch etwas zu essen hatten, suchten die Reste ihrer Vorräte zusammen. Mathilde hängte einen Topf mit Wasser über das Feuer. »Der Kaffee wenigstens reicht für alle«, sagte sie.

»Habt ihr für meine Frau einen Bissen Brot übrig?«, fragte der Neger. »Wir dachten, wir treffen auf unsere Leute. Früher gab es hier für uns zu Weihnachten genug zu essen. Old Massa Hero schenkte uns ein fettes Schwein, genug Bohnen und frisches Brot und Buttermilch. Weihnachten war der einzige Festtag im Jahr, an dem wir nicht zu arbeiten brauchten.«

»Wir haben selber nicht genug«, antwortete Grumbach verdrießlich und Otto Sahm deckte seinen Hut über sein Brot. Sie saßen mit finsteren, verschlossenen Gesichtern, schwiegen und schienen bereit das Messer zu ziehen, wenn jemand nach ihrem Brot greifen würde.

»Mir wird warm«, sagte die junge Negerin leise zu ihrem Mann. Behutsam nahm er die Decke von ihren Schultern. Sie trug ein blassblaues Kleid. Das Kind auf ihren Armen, ein dicker glatthäutiger Säugling, schlief ruhig und zufrieden.

»Sie hat ihn vor ein paar Stunden erst geboren«, sagte der Neger. »Es ist ein Junge.« Sie lächelte zaghaft.

Niemand sagte mehr etwas. Die Wärme breitete sich wohlig aus. Die Tiere schnoberten ab und zu und wendeten ihre Köpfe den Fremden zu. Zum Schlafen legte sich keiner. Alle schauten auf die Negerin und ihren Säugling. Der Mann hatte sich neben sie gehockt. Sie lehnte ihren Kopf an seine Schulter.

Es war, als ob von der jungen Familie, von dem Kind in den weißen Tüchern, irgendetwas ausstrahlte, das in ihre Herzen traf.

Auf einmal stand Lenski auf, brummte etwas in den Bart und kramte in seinem Beutel. Er ging die zwei Schritte zu der Frau und dem Kind hinüber und legte einen Kanten weißes Brot und ein Stück Käse vor sie auf den Boden. »Ist Weihnachten heute«, sagte er verlegen.

Und Jeremy gab einen Maiskolben und der Junge den Apfel. Und mit einem Male nahm einer nach dem anderen alles, was er noch zu essen hatte, und legte es in die Mitte der Hütte auf den Boden. Als Letzter erhob sich der dicke Grumbach. Er hatte sich ein viel zu großes Stück Speck in den Mund geschoben und würgte daran. Er sah ein wenig wild aus, als er seinen Sack mit Brot und Fleisch und Obst an den Zipfeln packte und ausschüttete. »Ist ja Weihnachten heute«, sagte er mit vollem Munde. Aber alle verstanden ihn.

Die Härte war aus den Gesichtern verschwunden. Sie waren fröhlich und begannen miteinander zu reden und erzählten vom Weihnachtsfest bei ihnen daheim, dem fetten Gänsebraten, dem frischen Bier und den Nüssen und dem

Backwerk, und ihre Augen begannen zu leuchten. Lenski ging noch ein paar Schritte vor die Hütte.

Ganz aufgeregt kehrte er nach einer Weile zurück und sagte feierlich: »Der Regen hat aufgehört, ihr Männer. Der Himmel ist klar und ein Stern funkelt hell.«

»Wie damals«, sagte der alte Döblin.

Wer eigentlich als Erster in dieser Nacht den Neger Josef und seine Frau Mirjam genannt hatte, wusste später niemand mehr zu sagen. Aber die beiden lachten nur glücklich und widersprachen nicht.

Bratgeruch hing in der Luft und mischte sich mit dem Duft von starkem Kaffee. Jeremy begann zu singen:

>>Go, tell it on the mountain,
Over the hills and everywhere.
Go, tell it on the mountain,
that Jesus Christ is born.«

Die anderen fielen ein, wenn sich dieser Kehrreim wiederholte, und bald wiegten sich alle im Rhythmus der Melodie.

»Mehr«, forderte der Lehrer, als Jeremy verstummte. Und sie sangen, was die Schwarzen seit langem bei der Arbeit auf den Feldern gesungen hatten:

>>The Virgin Mary had a baby boy,
and they said, his name was Jesus.«,

oder:

>>Wasn't that a mighty day,
when Jesus Christ was born?«,

und schließlich:

>>There's a star in the East
on Christmas morning.«

Als es still wurde, fing Andreas Schicks an zu singen. »Es ist ein Ros entsprungen...« Sie lauschten seiner hellen, ruhigen Stimme und fielen erst bei der zweiten Strophe ein.

Blank gefegt zeigte sich der Himmel am nächsten Morgen. Kein Wölkchen war zu sehen. Die Luft roch frisch und rein gewaschen. Dennoch dachten die Zimmerleute zunächst nicht daran aufzubrechen. Die Reste der Nahrungsmittel reichten für ein gutes Frühstück. Jeremy hatte dem Neger eindringlich zugeredet, jedes Kind müsse nach seiner Geburt schnell getauft werden, damit die bösen Geister ihm nichts anhaben könnten. Josef war damit einverstanden. Allerdings bestand er darauf, dass alle Zimmerleute und auch die Frauen die Taufpaten sein sollten. Denn schließlich seien sie die Ersten gewesen, die nach der Geburt des Jungen als Gäste ins Haus gekommen seien und ihr Brot mit ihnen geteilt hätten.

»Aber das ist unmöglich«, widersprach Mathilde, als sie von dieser Sache hörte.

»Warum ist es unmöglich, Missus Mathilde?«, fragte der Neger.

»Josef, bei uns bekommt jedes Kind den Vornamen des Taufpaten oder sein Name wird wenigstens an den Vornamen des Kindes angehängt.«

»Warum macht ihr das?«

»Damit der heilige Namenspatron des Taufpaten im Himmel die Hand über das Kind hält.«

»Und ein dritter oder ein vierter Name, das geht nicht?«

»Doch, das wird auch gelegentlich gemacht«, muss Mathilde zugeben.

»Ich glaube, unser König hat sogar fünf Vornamen.«

»Na, siehst du. Der Junge wird eben die Namen aller seiner Taufpaten bekommen.«

»Auf all unsere Namen willst du ihn taufen lassen, Josef?«

»Bei so vielen Namenspatronen wird ihm das Leben sicher gut gelingen. Und stell dir vor, Missus Mathilde, wenn er dann alt ist und stirbt, wie die Heiligen ihn empfangen werden!«

»Aber, Josef, wie willst du ihn rufen? Stell dir vor, er soll des Mittags an den Tisch kommen. Bis du all seine Namen genannt hast, bist du heiser und das Essen ist angebrannt.«

»Mathew soll sein erster Name sein. So werden wir ihn nennen.«

»Mathew? Aber wir haben doch gar keinen Mathew in unserer Kolonne.«

»Du, Missus Mathilde, du sollst den kleinen Mathew auf den Arm zur Taufe tragen. Mathilde und Mathew, das klingt doch ähnlich, oder?«

»Na ja«, sagte Mathilde, freute sich aber sehr darüber, dass auch sie Patin werden sollte.

Die Taufe verlief feierlich. Mathilde steckte aus ihrem Brautkleid ein langes Taufgewand zusammen. Das Taufbecken war ein mit grünen Kiefernzweigen geschmückter Zuber. Sogar eine Kerze hatte Gustav Krohl aus seinem Gepäck ausgegraben.

Lenksi sollte das Kind taufen. Er machte das mit großem Ernst. »Empfange das weiße Kleid«, sagte er. »Bewahre es ohne Makel. Und wenn du einst mit allen Heiligen zu Tische sitzt, dann wird die Freude groß sein.«

Er zündete die Kerze an und sprach: »Empfange das warme Licht. Es leuchtet dir auf deinen Wegen. Und du wirst selbst leuchten und anderen Licht sein.«

Dann schöpfte er aus dem Zuber mit der hohlen Hand Wasser und goss es über den schwarzen Krausflaum des Kinderkopfes, zeichnete mit dem Daumen langsam und groß ein Kreuz auf die Stirn des Täuflings und rief laut: »Ich taufe dich im Namen des Vaters und des Sohnes und des Heiligen Geistes. Dein Name soll sein: Mathew-Friedrich-Lukas-Gerhard-Otto-Hugo-Gustav-Wilhelm-…«, und ohne zu stocken, brachte er die lange Namensreihe zu Ende bis hin zu Georgia und Jeremy.

»So, das war es«, sagte Lenski und blickte unsicher in die Runde. »Ich habe nie zuvor ein Kind getauft. War es richtig?«

Alle klatschten Beifall. Sie wussten nicht, ob der Pfarrer in Liebenberg es genauso machte, aber dass es keiner von ihnen besser konnte, das wussten sie gut.

»Wir haben ein Taufgeschenk«, sagte der alte Mann. »Jeder von uns hat einige Dollars gegeben. Ich habe eine runde Summe daraus gemacht. Es sind dreißig Dollar geworden.«

»Dreißig Dollar?« Josef war verwirrt. »Massa Bienmann, ich habe in meinem ganzen Leben noch keine dreißig Dollar besessen.« Er staunte die Münzen an und jubelte: »Sagte ich es nicht? Mathew wird es gut gehen mit all seinen Heiligen.«

ANTON TSCHECHOW

Wanka

anka Shukow, ein Junge von neun Jahren, vor drei Monaten dem Schuster Aljachin in die Lehre gegeben, legte sich am Heiligen Abend nicht schlafen. Er hatte abgewartet, bis die Wirtsleute und die Gesellen zur Frühmesse gegangen waren; dann holte er aus dem Schrank des Meisters ein Tintenfass und begann, nachdem er ein zerknittertes Blatt Papier vor sich ausgebreitet hatte, zu schreiben. Bevor er den ersten Buchstaben hinsetzte, schaute er einige Male ängstlich auf Türen und Fenster, schielte zur dunklen Ikone hinüber, zu deren beiden Seiten sich Regale mit Schuhmacherleisten hinzogen, und seufzte immer wieder auf. Das Papier lag auf der Bank, er selbst kniete davor.

»Lieber Großvater, Konstantin Makarytsch!«, schrieb er. »Ich schreibe dir einen Brief. Ich sende Ihnen viele Grüße zu Weihnachten und wünsche dir alles Gute von dem Herrgott. Ich habe keinen Vater und keine Mama, nur du allein bist mir noch geblieben.«

Wanka ließ die Augen zum dunklen Fenster schweifen, in dem der Widerschein der Kerze flackerte, und stellte sich lebhaft seinen Großvater Konstantin Makarytsch vor, der bei den Shiwarews Nachtwächterdienste tat. Das ist ein kleiner, magerer, aber außergewöhnlich flinker und beweglicher Alter von fünfundsechzig Jahren, mit ewig lachendem Gesicht und betrunkenen Augen. Tagsüber schläft er in der Gesindeküche oder schäkert mit den Köchinnen; nachts aber, in einen weiten Pelz gehüllt, geht er im Gutshof herum und lässt seine Klapper ertönen. Ihm folgen mit hängenden Köpfen die alte Kaschtanka und der junge Rüde Wjun*, der diesen Beinamen wegen seiner schwarzen

---

* Bezeichnung für Neunauge, Schmerle, Aalquappe und andere Fischarten (Anm. d. Übers.).

Farbe und seines langen, an ein Wiesel erinnernden Körpers bekommen hat. Dieser Wjun hat bemerkenswert gute Manieren, ist anschmiegsam und schaut mit dem gleichen rührenden Blick auf die Seinen wie auf Fremde, genießt aber bei niemandem Vertrauen. Hinter seinen guten Manieren und seiner Demut verbirgt sich die ausgesuchte Tücke eines Jesuiten. Keiner versteht es besser als er, sich im rechten Augenblick heranzuschleichen und einen am Fuß zu packen, in den Eiskeller einzubrechen oder beim Bauern ein Huhn zu stehlen. Seine Hinterpfoten sind schon mehr als einmal übel zugerichtet worden, zweimal hat man ihn aufgeknüpft, jede Woche hat man ihn halb zu Tode geprügelt, aber er erholte sich immer wieder.

Jetzt steht der Großvater wahrscheinlich am Tor, blinzelt zu den grellroten Fenstern der Dorfkirche hinüber und schäkert, während seine Filzstiefel gegen den Boden stampfen, mit dem Gesinde. Seine Klapper ist am Gürtel befestigt. Er schlägt die Hände gegeneinander, schauert vor Kälte und zwickt unter greisenhaftem Gekicher mal das Stubenmädchen, mal die Köchin.

»Wolln wir nicht ein bisschen Tabak schnupfen?«, sagt er und hält den Frauen seine Tabaksdose hin.

Die Frauen schnupfen und niesen. Der Großvater gerät in einen unbeschreiblichen Freudentaumel, bricht in ein fröhliches Gelächter aus und schreit: »Reißt los, es ist angefroren!«

Auch die Hunde lassen sie Tabak schnupfen. Kaschtanka niest, verzieht die Schnauze und geht beleidigt davon. Wjun niest wegen seiner guten Manieren nicht und wedelt mit dem Schwanz. Und was für ein herrliches Wetter. Die Luft ist still, klar und frisch. Die Nacht ist dunkel, aber man sieht das ganze Dorf mit seinen weißen Dächern und den Rauchfahnen, die aus den Kaminen kommen, die vom Raureif versilberten Bäume, die verschneiten Hügel. Der ganze Himmel ist von lustig blinkenden Sternen übersät und die Milchstraße zeichnet sich so deutlich ab, als hätte man sie vor dem Feiertag gewaschen und mit Schnee abgerieben . . .

Wanka seufzte, tauchte die Feder ein und schrieb weiter:

»Gestern habe ich Haue gekriegt. Der Meister zog mich an den Haaren in den Hof und prügelte mich mit dem Spannriemen durch, weil ich dero Kind in der Wiege geschaukelt habe und aus Versehen eingeschlafen bin. Und am Sonntag hat mir die Frau Meister befohlen einen Hering zu reinigen und ich habe mir zuerst den Schwanz vorgenommen und da hat sie den Hering gepackt und angefangen mir mit seinem Maul im Gesicht herzufahren. Die Gesellen machen sich über mich lustig, schicken mich in die Kneipe nach Wodka und befehlen mir bei den Herrschaften Gurken zu stehlen und der Herr nimmt zum Prügeln, was ihm gerade in die Hände kommt. Und mit dem Essen ist es überhaupt nichts. Morgens gibt es Brot, mittags Grütze und abends wieder Brot, aber eher platzen die Herrschaften, bevor sie Tee oder Kohlsuppe herausrücken. Und schlafen muss ich im Flur, und wenn dero Kind weint, schlafe ich überhaupt nicht, sondern schaukle die Wiege. Lieber Großvater, erbarme dich um Gottes willen, nimm mich von hier fort nach Hause, aufs Dorf, ich weiß nicht mehr weiter... Ich bitte dich fußfällig und ich werde immer den lieben Gott für dich bitten, nur bring mich von hier fort, sonst sterbe ich ... «

Wanka verzog den Mund, wischte sich mit seiner schwarzen Faust über die Augen und schluchzte.

»Ich werde Tabak für dich zerreiben«, schrieb er weiter, »ich werde zu Gott beten, und wenn was ist, kannst du mich windelweich schlagen. Und wenn du meinst, es gibt für mich nichts zu tun, dann bitte ich um Christi willen den Verwalter, dass ich die Stiefel putzen darf, oder ich werde an Fedkas Stelle Hirtenjunge. Großvater, Lieber, ich weiß nicht mehr weiter, es bleibt nur der Tod. Ich wollte schon zu Fuß ins Dorf laufen, aber ich habe keine Stiefel und ich habe Angst vor dem Frost. Und wenn ich groß bin, werde ich dich dafür ernähren und niemandem erlauben dich zu beleidigen, und wenn du stirbst, werde ich für dein Seelenheil beten, ganz genauso wie für mein Mütterlein Pelageja.

Moska ist übrigens eine große Stadt. Alle Häuser gehören Herrschaften und Pferde gibt es viele, aber Schafe gar keine und die Hunde sind nicht böse. Die Kinder gehen hier nicht mit einem Stern und in den Kirchenchor wird niemand zum Singen gelassen und einmal habe ich in einem Ladenfenster Haken gesehen, die direkt mit der Angelschnur verkauft werden, und für jeden Fisch, die sind beachtlich, ein Haken ist sogar dabei, der hält einen Wels von einem Pud aus. Und dann habe ich welche Läden gesehen, wo alle möglichen Gewehre sind nach der Art wie die von den Herrschaften, sodass jedes vielleicht so hundert Rubel kostet ... Und in den Metzgerläden gibt es Birkhühner und Haselhühner und Hasen, bloß, an welchem Ort sie geschossen werden, darüber sagen die Verkäufer nichts.

Lieber Großvater, wenn bei den Herrschaften der Weihnachtsbaum steht mit den Naschereien, dann nimm für mich eine vergoldete Nuss und verstecke sie in der grünen Truhe. Bitte das Fräulein Olga Ignatjewna, sag, es ist für Wanka.«

Wanka wurde von krampfartigem Seufzen geschüttelt und starrte wieder auf das Fenster. Er erinnerte sich, dass für den herrschaftlichen Tannenbaum immer der Großvater in den Wald ging und seinen Enkel mitnahm. Das war eine lustige Zeit! Der Großvater ächzte und der Frost ächzte, und wenn Wanka sie so sah, musste er auch ächzen. Bevor er die Tanne fällt, pflegt der Großvater eine Pfeife zu rauchen, lange Tabak zu schnupfen und sich über den ganz verfrorenen kleinen Wanka lustig zu machen ... Die jungen Tannen, eingehüllt vom Reif, stehen unbeweglich da und warten, welche von ihnen wohl sterben muss. Und hast du nicht gesehen, fliegt wie ein Pfeil ein Hase über die Schneehügel ... Der Großvater kann es sich nicht verkneifen zu rufen: »Halt ihn, halt ihn ... halt ihn! Ach, du kurzschwänziger Teufel!«

Die gefällte Tanne schleifte der Großvater zum Herrschaftshaus und dort machte man sich daran, sie zu schmücken ... Die größte Mühe gab sich Wankas Liebling, das Fräulein Olga Ignatjewna. Als Wankas Mutter Pelegeja noch am Leben war und bei den Herrschaften als Zimmermädchen diente, hat ihn Olga Ignatjewna mit Kandiszucker gefüttert und ihm aus lauter Langeweile lesen, schreiben und bis hundert zählen beigebracht und sogar, wie man eine Quadrille tanzt. Als Pelageja gestorben war, hatte man die Waise Wanka zum Großvater in die Gesindeküche gegeben und von der Küche nach Moskau zum Schuster Aljachin …

»Komm, lieber Großvater«, schrieb Wanka weiter, »ich bitte dich bei Christus, unserem Heiland, nimm mich von hier fort. Hab Mitleid mit mir, der unglücklichen Waise, sonst schlagen sie mich alle und Hunger habe ich wahnsinnig und langweilig ist es, dass man es nicht sagen kann, ich weine die ganze Zeit. Und neulich hat mich der Meister so mit dem Leisten auf den Kopf geschlagen, dass ich hingefallen bin und nur mit Mühe und Not wieder zu Bewusstsein gekommen bin. Mein Leben geht dem Untergang entgegen, es ist schlimmer als bei jedem Hund … Und dann grüße ich noch Aljona, den einäugigen Jegor und den Kutscher und meine Harmonika gib niemandem. Ich bleibe dein Enkel Iwan Shukow, lieber Großvater, komm.«

Wanka faltete das voll geschriebene Blatt zweimal zusammen und steckte es in einen Umschlag, den er am Vorabend für eine Kopeke gekauft hatte … Und dann dachte er eine Weile nach, tauchte die Feder ein und schrieb die Adresse:

Ins Dorf an den Großvater.

Dann kratzte er sich am Kopf, überlegte und fügte hinzu: »An Konstantin Makarytsch*«. Zufrieden damit, dass er beim Schreiben nicht gestört worden war, setzte er seine Mütze auf, und ohne sein Pelzmäntelchen überzuwerfen, lief er so, wie er war, im Hemd, auf die Straße hinaus …

Von den Verkäufern im Fleischerladen, bei denen er sich am Abend zuvor erkundigt hatte, war ihm gesagt worden, dass die Briefe in Briefkästen geworfen werden und dass sie aus den Briefkästen in Postkutschen von betrunkenen Kutschern unter Schellengeläut über die ganze Erde ausgetragen werden.

---

* Das ist lediglich des Großvaters Vor- und Vatersname, nicht aber sein Familienname (Anm. d. Übers.).

Wanka lief zum erstbesten Briefkasten und steckte den kostbaren Brief in den Schlitz ...

Von süßen Hoffnungen gewiegt, war er eine Stunde später fest eingeschlafen ... Im Traum sah er einen Ofen. Auf dem Ofen sitzt der Großvater, lässt die nackten Beine herabbaumeln und liest den Köchinnen den Brief vor... Um den Ofen geht Wjun und wedelt mit dem Schwanz ...

Der Weihnachtswolf

runo und Paul stammten beide aus Ostpreußen. Sie erzählten gern aus ihren Kindertagen. Eine ihrer schönsten Geschichten war eine merkwürdige Weihnachtsgeschichte.

»Schnee hat bei uns im Winter immer gelegen«, sagte Paul. »Manchmal über einen Meter hoch.«

»Und strenger Frost«, fügte Bruno hinzu, »und das Wolfsgeheul aus den nahen Wäldern tönte herüber. In der Nacht sind dann alle zur Christmette gegangen. Dicke Schafspelze haben wir angezogen und Fellmützen bis über die Ohren gestreift. Wir konnten ja zu Fuß zur Kirche laufen. Aber die Leute von den Gehöften weiter weg vom Dorf, die sind mit den Schlitten gekommen und das Klingeln der Silberglöckchen an den Pferdegeschirren hat sich mit dem Geläut der Kirchenglocken gemischt.«

»Weißt du eigentlich, Bruno«, fragte Paul, »dass der Kleinknecht von Rogalka mal einen jungen Wolf mit in die Mette gebracht haben soll?«

»Ich habe wohl davon bei den Rogalkas gehört, aber was Genaues weiß ich nicht.«

»Das muss so gewesen sein«, begann Paul. »Es war in dem Jahr, als die Russen im Herbst 1914 nach Ostpreußen eingedrungen waren. Wir mussten Hals über Kopf fliehen. Hindenburg hat sie ja dann bald wieder hinausgetrieben.«

»Hat Hindenburg das allein gemacht?«, fragte Bruno spöttisch, aber Paul ging nicht darauf ein.

»In vielen Orten ringsum war alles ausgeplündert und verwüstet worden. Auch in Liebenberg hatten sie gehaust und nicht nur die Russen, auch die

Deutschen haben genommen, was ihnen gefiel. Ist wohl das Recht des Krieges. Aber bis zum Winter hatten wir alles einigermaßen wieder hergerichtet. Merkwürdig war nur, dass die Wölfe aus Russisch-Polen schon sehr früh zu uns herüberkamen, und ungewöhnlich viele waren es auch. So manches Tier wurde abgeschossen, aber auf einen erlegten Wolf schienen drei neue zu kommen. In der Heiligen Nacht war nun eine Menge Neuschnee gefallen. Deshalb brach der Kleinknecht Georg Zatryb schon gegen zehn Uhr auf, auch weil auf dem Schlitten der Rogalkas kein Platz für ihn war. Nun liegt der Hof nur knapp eine Stunde vom Dorf entfernt. Aber Georg wollte einen Umweg machen und am knabigschen Gut vorbei. Er hatte ein Auge auf die Magd Gertrud Wawra geworfen und hoffte sie würde mit ihm zur Kirche gehen. Aber die kicherte und sagte: ›Wir haben Pferde und Fahrzeuge genug. Für uns Leute vom Gut ist reichlich Platz auf dem Schlitten. Was soll ich laufen, wenn ich fahren kann?‹

Auch die anderen Mägde lachten über den Kleinknecht.

Eine rief ihm nach: ›Keine Sorge, Zatryb, die Liebesflamme hält dich warm.‹ Also ging er allein weiter und verfluchte alle Weiber und die Gertrud Wawra ganz besonders. Obwohl er reichlich Zeit hatte, wollte er den Weg abkürzen und quer durch den Wald. ›Kannst ja eine Rast einlegen, Georgche‹, sagte er sich. ›Bis zur Mette ist noch Zeit. Musst nur gut aufpassen, dass du nicht einschläfst. Pirunje, ist schon so mancher bei solcher Kälte in Schlaf gesunken und nie mehr aufgewacht.‹

Nicht mehr weit vom Dorf entfernt, kroch er unter eine große Fichte, deren Äste bis auf den Boden herabhingen. Darunter fand er ein schneefreies, trockenes Plätzchen, setzte sich nieder, schlug den Kragen seines Schafspelzes hoch und lehnte sich mit dem Rücken gegen den Fichtenstamm. Traurig dachte er an die Gertrud Wawra, die ihm so schnöde einen Korb gegeben hatte. Immer noch klang ihm ihr hämisches Lachen in den Ohren. Ehe er sich versah, war er eingenickt. Kein Wunder auch, wenn man seit sieben Uhr auf den Beinen war und die Traurigkeit einem den Kopf schwer machte. Er wäre mit

Sicherheit erfroren, wenn da nicht... Na ja, man sagt, solch ein Tod kommt auf Samtpfoten. Irgendwann, vielleicht erst, wenn die Fichte gefällt worden wäre, hätte man sein Gerippe im zerfledderten Schafspelz gefunden. Die Gertrud Wawra, sicher längst mit einem anderen verheiratet, hätte sich möglicherweise ein Tränchen zerdrückt und die Stunde verwünscht, in der sie ihn hatte ziehen lassen. Aber es kam anders. Georg schreckte plötzlich auf. Zuerst dachte er, er sehe ein Gespenst, und wurde steif vor Entsetzen. Doch dann erkannte er, dass dicht vor ihm eine Wölfin stand. Die blies ihm den stinkigen Atem ins Gesicht und tappte mit ihrer Pfote auf seine Stiefel. Die gelblichen Augen waren keinen halben Meter von ihm entfernt. Er sah den rostroten Fleck in ihrem Nacken. Sie war angeschossen worden und ihr Fell war an der wunden Stelle verklebt und verkrustet. In ihrer Schnauze trug sie einen kleinen Wolf, kaum ein paar Tage alt. Weiß der Deibel, warum sie das Tier so früh und mitten im Winter geworfen hatte. Sie ließ das Junge ganz vorsichtig in Georgs Schoß gleiten, starrte ihn noch ein paar Sekunden an, winselte leise und drückte sich davon. Allmählich kam Georg zu sich. Das Wolfsjunge kuschelte sich in seinen Pelz und war ganz zutraulich. Georg wusste sofort, dass die Wölfin ihm das Leben doppelt gerettet hatte. Es wäre für sie ein Leichtes gewesen, ihm die Kehle aufzureißen. Auch wäre er ohne das Tier erfroren. Stattdessen hatte sie ihm ihr Junges anvertraut. Was blieb dem Georg anderes übrig, er barg den kleinen Wolf an seiner Brust und rappelte sich auf. Von Liebenberg her hörte er die Glocken zur Mette läuten. Im Schnee sah er wie eine Kette aus roten Perlen die Blutspur der Wölfin. Er kam gerade noch rechtzeitig in die Kirche. Aber hinten unter dem Turm, wo er sonst seinen Platz hatte, war alles gestopft voller Männer. Sie schoben ihn immer weiter nach vorn und so fand er sich schließlich dicht vor der Krippe wieder. In unserer Kirche geht es in diesem Gottesdienst immer sehr feierlich zu. In einer Prozession zieht der Pfarrer mit dem Kaplan und den vielen Messdienern zunächst zur Krippe. Hoch über seinem Kopf trägt er das Jesuskind, damit alle es sehen können, ganz behutsam, weil es einerseits Gottes Sohn, andererseits aus Gips ist und leicht zerbrechen könnte. Erst wenn der Pfarrer sich niederkniet und es in die Krippe gelegt hat, stimmt der Chor ›Stille Nacht, heilige Nacht‹ an.

In diesem Augenblick, als er das Kind gerade betten will, hört er auf einmal ein sonderbares, leises Jaulen. Er vergewissert sich, dass es nicht der Chor ist, der diese merkwürdigen Töne von sich gibt, merkt aber dann, woher das Geräusch kommt. Er denkt, es ist der Zatryb. Hat vielleicht rote Bohnen gegessen und Feuer im Bauch. Er winkt Georg heran und flüstert ihm zu: ›Bist in der Kirche, Georg, benimm dich.‹ Genau in diesem Augenblick streckt der Wolf seinen Kopf unter dem Pelz hervor und leckt dem Zatryb den Bart. Der Georg fürchtet, jetzt werde er mit Schande aus der Kirche hinausgejagt, aber der Pfarrer denkt in dieser friedlichen Nacht nicht an so was. Er legt das Jesuskind in die Krippe, gibt dem Chor einen Wink, das ›Stille Nacht‹ noch eine Weile herunterzuschlucken, rupft etwas von dem weichen Moos auf dem Boden des Krippenstalls zusammen und flüstert dem Georg zu: ›Gib her das Tierche.‹ Der tut's und der Pfarrer legt den Wolf zu den Lämmern ganz dicht vor Ochs und Esel. Rundherum brennen die Kerzen und machen's schön warm im Krippenstall. Dem jungen Wolf gefällt es, er rollt sich zusammen und blinzelt in die Flammen. Jetzt singt der Chor das ›Stille Nacht‹. Der Kopf des Wolfes zuckt hoch, aber dann scheint ihm das ›Stille Nacht‹ doch nicht unangenehm, klingt, von unserem Chor gesungen, ja auch ein bisschen wie fernes Wolfsheulen. Wieder rollt er sich zusammen, fester jetzt als zuvor, und scheint in Schlaf zu fallen.

Und was meint ihr? Der Pfarrer legt die Blätter mit der vorbereiteten Weihnachtspredigt beiseite. Er redet frei und spricht von dem großen Frieden, der im Paradies geherrscht haben muss, als der Wolf das Lamm nicht schlug, sondern im Gegenteil mit ihm spielte. Und dann sei dieser große Friede noch einmal aufgeblitzt, in der Arche nämlich, denn wo hätte das denn wohl hingeführt, wenn der Löwe das Kalb gefressen hätte. Ja, und dann in der Nacht, in der der Menschensohn im elenden Stall von Bethlehem auf die Welt gekommen sei, auch damals hätten die Hirten ganz ruhig von ihren Herden weggehen können, denn in dieser Nacht hätte kein Wolf – der Teufel hätte ihn beim Schwanz gepackt und in die Hölle gezogen –, hätte also kein Wolf ein Schaf gerissen. Und das sei alles nur ein Vorgeschmack von dem großen Frieden gewesen, den einmal alle Christenmenschen im Himmel erleben würden, nicht Krieg und nicht Mord und Totschlag, nicht Russen gegen Deutsche und Deutsche gegen Russen, wie man es zur Zeit so bitter erdulden müsse, sondern jener Friede, der große Schalom, wie das Volk Israel sagt, den die Menschen und die ganze Schöpfung herbeisehnen und der gewiss einmal kommen wird. Und dann zeigte er auf den kleinen Wolf im Krippenstall, der da Seite an Seite mit dem Lamm liegt und ganz friedlich ist.

›Und so sollen wir dem Zatryb Georg dankbar sein, dass er uns den Wolf in dieser Nacht in die Kirche getragen hat. Ein schöneres Bild für den Frieden auf Erden, den die Engel uns verheißen haben, hätten wir wohl kaum finden können. Amen.‹

›Amen, amen‹, seufzte vernehmlich die Katharina Waczak. Ihre vier Söhne hatte sie in den Krieg ziehen sehen und sie hat sich wohl nichts sehnlicher gewünscht als den großen Frieden.

Die ganze Gemeinde wiederholte laut und deutlich: ›Amen. Amen.‹

Und nach der Messe hat der Zatryb sein Tierchen wieder unter den Pelz gesteckt. Jetzt war für den Kleinknecht auf einmal Platz im Schlitten der Rogalkas. Er musste die ganze Geschichte, wie er an den Wolf gekommen war, noch in derselben Nacht erzählen. Die Bäuerin hat ihn in die gute Stube gebeten und ihm fette Milch und ein Babyfläschchen herausgestellt, damit er den Weihnachtswolf aufziehen konnte. Der Bauer aber hat ein Fässchen frisch gebrautes Bier aus dem Keller geholt und sie haben auf das Tierche getrunken und wieder und wieder auf den großen Frieden angestoßen. Seitdem hat man in Tribuschs Kneipe immer seltener ›Zum Wohle‹ oder ›Prost‹ gehört, aber immer häufiger haben die Männer dort ›Schalom‹ gerufen, wenn sie sich zutranken. Ja, so ähnlich hat man's bei uns erzählt«, sagte Bruno. »Ob wirklich alles so gewesen ist, wer weiß das. Aber es ist wahr. Es war schön bei uns in Liebenberg.«

JOSEPH VON EICHENDORFF

Weihnachten

Markt und Straßen stehn verlassen,
Still erleuchtet jedes Haus,
Sinnend geh ich durch die Gassen,
Alles sieht so festlich aus.

An den Fenstern haben Frauen
Buntes Spielzeug fromm geschmückt,
Tausend Kindlein stehn und schauen,
Sind so wunderstill beglückt.

Und ich wandre aus den Mauern
Bis hinaus ins freie Feld,
Hehres Glänzen, heilges Schauern!
Wie so weit und still die Welt!

Sterne hoch die Kreise schlingen,
Aus des Schnees Einsamkeit
Steigt's wie wunderbares Singen –
Oh du gnadenreiche Zeit!

FRANK O'CONNOR

Weihnacht

Weihnachten war für mich stets die schlimmste Zeit des Jahres, obwohl es – viele Wochen vor dem eigentlichen Fest – ganz erfreulich mit den Weihnachtsheften begann. Meistens las ich nur Knabenzeitschriften, doch vor Weihnachten erschienen mir alle Zeitungen, die für Erwachsene und die für die Jugend, gleichermaßen begehrenswert, als überhöhe der allgemeine Zauber der Weihnachtszeit noch den besonderen Zauber jeder einzelnen Zeitschrift. Schulgeschichten, Detektivgeschichten und Abenteuergeschichten verschmolzen alle zu einer einzigen herrlichen Weihnachtsgeschichte.

Die Weihnachtshefte waren natürlich Doppelnummern; ihre blassgrünen und roten Umschläge erblühten plötzlich zu funkelnden Farben in einem Kranz aus rot bebeerten Stechpalmen. Selbst von ihren Titeln troff Schnee. Und nun erst die Bilder innen drin! Da waren dick verschneite Landstraßen und dick verschneite Häuser mit Butzenscheibenfenstern, die in der Dunkelheit erstrahlten. Ich verstehe noch heute nicht, was für ein Zauber nun gerade der Schnee auf mich ausübte, denn in Irland sahen wir ihn selten häufiger als zwei oder drei Tage im Jahr, und das war gewöhnlich gegen Ende des Frühlings. Im wirklichen Leben bedeutete der Schnee mir wenig – abgesehen davon, dass ich mir auf Vaters Wunsch hin, um keine Frostbeulen zu bekommen, Gesicht und Hände damit einreiben musste: Er versuchte ja immer mich zu einem möglichst männlichen Jungen zu erziehen, der er in meinem Alter auch gewesen zu sein glaubte. Ich vermute, dass der Zauber des Schnees in den Weihnachtsnummern vor allem auf dem Gegensätzlichen beruhte: Schnee und

Weihnachtskerzen, Stechpalmen mit roten Beeren, Kaminfeuer aus Holz-
scheiten und leuchtende Fenster. Es war der Gegensatz zwischen Hell und
Dunkel, zwischen Leben und Tod; es war die Kälte und Finsternis, die das Re-
giment führten, als das Licht in die Welt kam. Wenn Mutter ihrer Arbeit nachging, konnte sie unvermittelt ein Lied anstimmen:

Natum videte

Regem angelorum ...

und ich fiel dann ein. Es waren phantasiebeschwingte Tage. Das Dumme war
nur, dass ich bereits mehr als genug Phantasie hatte.

Dann war es vorbei mit den Weihnachtsheften, doch gelang es mir, ihre
Stimmung zu bewahren, indem ich, mit Bleistift und Papier an meinem Tisch
sitzend, eigene Weihnachtsbilder zu zeichnen versuchte: dunkle Himmel
und Mauern, leuchtende Schneeflächen und Fenster. Als ich älter war und
Figuren zeichnen konnte, entstanden die Gestalten der Heiligen Nacht, die
ich ausschnitt und auf Pappe klebte, um mir eine richtige Krippe zu schaffen.

Der Heilige Abend war der Höhepunkt der Weihnachtszeit, an dem sich erfüllen sollte, was die Weihnachtshefte versprochen hatten. In den Geschäften
hingen schon grüne und rote Papiergirlanden und am Vormittag schmückte
Mutter unser Haus mit Stechpalmen und Efeugrün. Sosehr ich mich danach
sehnte, hatten wir doch nie Stechpalmen mit roten Beeren, denn die kosteten
mehr. Die Weihnachtskerze – zwei Fuß hoch und ein Zoll dick – wurde in ein
Konfitüre-Glas gestellt, das mit buntem Papier umwickelt und mit Stechpal-
menzweigen bekränzt war. Alles war bereit für das Fest. Den größten Teil des
Tages lehnte ich gegen den Türpfosten oder schlenderte langsam die Straße
entlang und bemühte mich sorglos und gleichgültig zu erscheinen, damit mir
keiner anmerken konnte, dass ich eigentlich auf den Briefträger wartete. Fast
alle Weihnachtspost, die wir bekamen, traf am Heiligabend ein, und obwohl
ich, scheint mir, niemals mit der Post ein Geschenk erhielt, wurden dadurch

meine Erwartungen doch nicht im Geringsten beeinträchtigt. Einerlei, was mich die Erfahrung gelehrt hatte – die Weihnachtshefte lehrten es anders.

Vater arbeitete am Heiligen Abend nur den halben Tag und kam mittags mit dem Wochenlohn in der Tasche nach Hause – das heißt, falls er überhaupt nach Hause kam. Mutter und ich wussten nur zu gut, wie leicht er sich durch Arbeitslose verleiten ließ, die an den Straßenecken herumlungerten und den Männern in fester Stellung auflauerten, weil sie glaubten, dass ihnen am Heiligabend kein Mensch ein Gläschen abschlagen würde. Doch über diese Seite dachte ich nicht groß nach. Ich wartete nicht auf so etwas Alltägliches wie Vaters Wochenlohn. Ich übersah sogar die Tatsache, dass es meistens einen Wortwechsel und häufig einen Streit gab, wenn er endlich kam. Wenn er zu irgendeiner andern Jahreszeit Mutter nicht genug Geld gab, um die Rechnungen zu bezahlen, dann nahm sie es ergeben hin, und wenn ein Auftritt folgte, dann war er es, der ihn angezettelt hatte, indem er fragte: »Ist das etwa nicht genug für dich?« Doch Weihnachten wehrte sie sich, wehrte sich mit aller Verzweiflung.

Eines Heiligabends kam er nach Hause und überreichte ihr mit selbstgefälliger Miene das Haushaltsgeld und sie blickte auf die Münzen in ihrer Hand und wurde bleich. »Großer Gott, was soll ich damit anfangen?«, flüsterte sie verzweifelt und ich hörte es voller Entsetzen mit an, denn sie nahm niemals Gottes Namen auf diese Art in den Mund. Vater platzte plötzlich mit all der Wut heraus, in die er sich auf dem Nachhauseweg hineingearbeitet hatte: er, der arme, schwer arbeitende Mann, dem man sein bisschen Weihnachtsfreude raubte, weil Frau und Kind Verschwender waren. »Wofür willst du's denn haben, he?«, fauchte er sie an. »Wofür ich's haben will?«, erwiderte sie außer sich und las ihre Einkaufsliste vor, die, weiß Gott, bescheiden genug gewesen sein muss. Dann sagte er etwas, das ich nicht verstand, und ich hörte, dass sie eine Antwort flüsterte, in ihrer Stimme lag eine Raserei, deren ich sie nicht für fähig gehalten hätte: »Glaubst du, ich lass ihn ohne das – an dem einen Tag im Jahr?«

Viele Jahre später kam mir der Satz wegen seiner Schönheit wieder in den Sinn und ich begriff, dass es um mich gegangen war, der kein Spielzeug hätte erhalten sollen – »an dem einen Tag im Jahr«. Und doch ließ ich mich damals nicht dadurch stören; ich hegte andere Hoffnungen und ich war sehr glücklich, als wir beide miteinander einkaufen gingen, zuerst die Blarney Lane hinunter und an dem Laden in dem großen, einsamen alten Haus in Goulnaspurra vorbei, wo die Krippen aus bunter Pappe verkauft wurden, die ich mir so wünschte, mit Hirten und Schnee und Krippe und Stern, und danach über die Brücke zu Myles' Spielzeugladen an der North Main Street. Dort stand ich in der regnerischen Dämmerung, bedrängt von Kinderwagen und betrunkenen, in Schals gehüllten Frauen und beiseite geschubst von barfüßigen Kindern aus den Hintergassen, und war voller Vermutungen, was für Schätze mir der Weihnachtsmann wohl vom Ende der Welt mitbringen würde, um mich dafür zu belohnen, wie ich mich in den vergangenen zwölf Monaten benommen hatte. Da er ein unübertrefflicher Mann und ich ein unübertreffliches Kind war, schienen mir die Möglichkeiten des Tages unbegrenzt und ich sah keinen Grund, weshalb sich Mutter nicht meinen Überlegungen anschließen sollte.

Es war meistens völlig dunkel, wenn wir zusammen nach Hause zogen, entweder Wyse's Hill hinauf, wo die ganze Stadt uns lichterfunkelnd zu Füßen lag und wir sahen, wie sich die hellen Straßenbahnen im Wasser unter der Patrick's Bridge spiegelten, oder später, als wir in Barrackton wohnten, den Summerhill hinauf: Mutter trug dann die paar Brocken Fleisch und den Plumpudding von Thompson's Geschäft und ich etwas aus dem Penny-Bazar. Wir waren lange Zeit unterwegs gewesen und ich war von Erwartungen erfüllt, was der Briefträger inzwischen wohl gebracht haben könnte. Selbst wenn er gar nichts gebracht hatte, ließ ich mich dadurch nicht aus der Ruhe bringen, denn ich wusste, dass die armen Briefträger in der Weihnachtszeit furchtbar viel zu tun hatten. Und selbst wenn er auch später nicht erschien, so blieb doch immer noch die letzte Auslieferung am Weihnachtsmorgen. Ich war ein optimistisches Kind und die Stechpalmen über dem Küchenspiegel und die roten Papierstreifen im Krämerlädchen gegenüber bestärkten mich im Glauben, dass die Weihnachtshefte Recht hatten und dass wer weiß was passieren konnte.

Dann waren da die kleineren Freuden, denen man auch erwartungsvoll entgegensehen konnte, wie etwa das Anzünden der Weihnachtskerze und das Anschneiden des Weihnachtskuchens. Als Jüngster der Familie hatte ich die Pflicht die Kerze anzuzünden und dazu die feierlichen Worte zu sprechen: »Das Licht des Himmels leuchtet unsern Seelen am letzten Tage!«, und Mutters größte Sorge war es stets, dass Vater, ehe die Stunde da war, sich in die Kneipe schleichen und somit die Feierstunde verderben könnte, denn der Ritus sollte vom Ältesten und vom Jüngsten der Familie vollzogen werden und Vater galt anerkanntermaßen als der Älteste, obwohl er, wie ich später entdeckte, doch jünger als Mutter war.

Damals sollten Kuchen und Kerze Geschenke des kleinen Ladenbesitzers sein, bei dem wir Tee, Zucker, Petroleum und so weiter einkauften. Wir konnten es uns nicht leisten, in den großen Geschäften zu kaufen, wo zwar alles billiger war, wo man jedoch den armen Leuten nichts auf Borg gab, und wir lebten fast die ganze Zeit auf Borg. Aber jedes Jahr schienen unsere »Geschenke« kleiner zu werden und Mutter äußerte sich ärgerlich über den Geiz der Miss O' oder der Miss Mac, die uns eine winzige Kerze oder einen altbackenen Kuchen gegeben hatten. (Als im Jahr 1914 der Krieg ausbrach, hörten diese Geschenke gänzlich auf.) Mutter mochte es nie recht glauben, dass die Leute so geizig sein könnten, doch wo es uns betraf, schienen sie zu allem fähig. Nach dem Anzünden der Kerze blieben mir noch zwei Hoffnungen: So spät es auch wurde, hoffte ich doch unablässig auf das Anklopfen des Briefträgers, und wenn auch das vergeblich war, blieb noch die Gewissheit, dass der Weihnachtsmorgen alles wieder gutmachen würde.

Doch als ich am Weihnachtsmorgen erwachte, spürte ich, wie mir die Zeit schöner Erwartungen entglitt und die Welt der Wirklichkeit über mich hereinbrach. Wenn das, was mir der Weihnachtsmann vom Nordpol brachte, nichts weiter war als ein Ding, das ich mir für ein paar Pence selber in Myles' Spielzeugladen hätte kaufen können, dann schien er mir seine Zeit zu vergeuden. Danach kam der Briefträger auf seinem letzten Rundgang vor einem Feiertag, der schon angefangen hatte mir endlos zu erscheinen, und entweder brachte er uns gar nichts oder er brachte den Bodensatz der Weihnachtspost, zum Beispiel eine Karte von jemand, der gerade Mutters Weihnachtsgruß erhalten und sich im letzten Augenblick an ihr Vorhandensein erinnert hatte. Oft kam die Karte im Umschlag ohne Marke an und darüber konnte Mutter sich stundenlang aufregen. Es war seltsam, dass einer Frau, für die ein Penny Geld bedeutete, ein Umschlag ohne Marke als der Gipfel schlechter Erziehung erschien, und gleichbedeutend mit der zu kleinen Kerze und dem altbackenen Kuchen: also nicht als eine einfache Sparmaßnahme, sondern als reine, unverfälschte Taktlosigkeit.

Die Weihnachtsgeschenke mit denen der anderen Kinder zu vergleichen beanspruchte nicht viel Zeit und befriedigte nicht sehr und selbst dann wurde es noch getrübt durch die strenge Regel, dass ich nicht zu andern Kindern ins Haus gehen und sie nicht zu mir kommen durften, denn Mutter sagte, es sei ein Familienfest. Das war gut und recht für alle, die eine Familie hatten, doch für ein einziges Kind war es entsetzlich. Es war das Ende der phantasiebeschwingten Zeit und nichts deutete darauf hin, dass sie je wiederkommen würde. Nichts hatte sich so abgespielt, wie es in den Weihnachtsheften geschah. Kein Schnee war gefallen, keine Verwandten aus den Vereinigten Staaten waren mit Geschenken für jedermann zurückgekehrt; kein anderes Erlebnis als die Weihnachtsmesse mit dem Chor, der sein »Natum videte regem angelorum« hervorschmetterte, als ob sie es alle glaubten, und dabei konnte doch jeder Dummkopf sehen, dass alles genauso wie vorher weiterging. Mutter sagte dann wohl seufzend: »Für mich ist's erst richtig Weihnachten, wenn ich das Adeste höre!« Aber wenn das alles war, was Weihnachten für sie bedeutete, dann konnte sie es gern behalten. Meistens hätte ich in den Weihnachtstagen vor Kummer am liebsten laut geheult. Ich setzte Mutter auseinander, dass die andern Jungen ebenso niedergeschlagen waren wie ich und darauf brannten, mich zu sehen, aber ich kann mich nicht erinnern, dass sie mir je erlaubt hätte mich weiter als ein paar Schritte von der Haustür zu entfernen.

Doch so schlimm der Weihnachtstag war, der Stephanstag war fürchterlich. Er erforderte keine Phantasie, nur so viel wie nötig, um zu glauben, dass man wirklich einen toten Zaunkönig auf dem Stechpalmenzweig hatte, den man von Tür zu Tür trug und dazu sang:

> Hab's ihm heimgezahlt mit dem Stecken mein;
> euch zu besuchen, bracht ich ihn herein.

Vater fand es sehr verächtlich, wenn er es mit ansah, und hielt es für ein weiteres Zeichen, dass die Jugend nicht mehr männlich sei, denn in seiner Kindheit wusch man sich nicht nur das Gesicht mit Schnee, sondern man zog auch zu Weihnachten mit dicken Knüppeln aufs Land hinaus und schlug die Zaunkönige tot – die Droleens, wie sie bei uns hießen. Jedermann wusste, dass der Zaunkönig mit seinem Gezirpe die römischen Soldaten im Garten Gethsemane geweckt und ihnen gezeigt hatte, wo Christus verborgen war. Daher hatten sie in Vaters Kinderzeit den toten Zaunkönig noch mit großem Gepränge herumgeführt und alle Kinder waren verkleidet gewesen. Er fand es einfach unmanierlich, wegen eines totgeschlagenen Zaunkönigs, den man überhaupt nicht hatte, um Geld zu bitten. Mutters Sorge dagegen war nicht der fehlende Zaunkönig, denn sie liebte Vögel und fütterte eine ganze Schar durch den Winter hindurch, sondern die Befürchtung, ich könnte andern Frauen lästig fallen, die ebenso arm wie sie waren und keinen Penny für die Droleen-Jungen erübrigen konnten.

Am Nachmittag gingen sie und ich aus, um die Krippen in den Kapellen zu besuchen. (In den Pfarrkirchen befanden sich keine Krippen.) Sie war nie kräftig genug, um alle sieben Krippen zu besuchen, was man tun musste, wenn man die Segnung haben wollte, doch wir gingen stets zur Kapelle des Good-Shepherd-Klosters in Sunday's Well, wo sie in die Schule gegangen war. Sie hing sehr an den Nonnen, an denen, die sie »die alten Nonnen« nannte und die gütig zu ihr gewesen waren, als sie ein Kind war.

Einmal brachte mir der Weihnachtsmann eine Spielzeuglokomotive. Da es das einzige Geschenk war, das ich erhielt, nahm ich es mit zum Kloster und spielte auf dem Fußboden damit, während Mutter und »die alten Nonnen« von der guten alten Zeit sprachen und wie viel netter die jungen Mädchen damals waren. Doch war es eine junge Nonne, die uns dann in die Kapelle zur Krippe führte. Als ich das Jesuskind in der Krippe liegen sah, war ich sehr bekümmert, denn wenn ich selbst auch nur wenig hatte – das himmlische Kind hatte gar nichts! Für mich war es ein neuer Beweis für die Unzulänglichkeit des Weihnachtsmannes, eines Alten, der nicht einmal daran gedacht hatte, dem Jesuskind ein Spielzeug zu schenken, und der schon längst hätte pensioniert werden sollen. Ich erkundigte mich sehr höflich bei der jungen Nonne, ob das Jesuskind sich nichts aus Spielsachen mache, und sie erwiderte gelassen: »Oh, doch – aber seine Mutter ist zu arm und kann ihm keins kaufen«; damit war es entschieden. Meine Mutter war auch arm, doch sie brachte es fertig, mir wenigstens zu Weihnachten etwas zu kaufen, und wenn es nur eine Schachtel mit Buntstiften war. Ich erinnere mich noch genau, wie ich mich zur Krippe stahl und ihm die Lokomotive in die ausgestreckten Arme drückte. Wahrscheinlich führte ich ihm auch vor, wie man sie aufziehen musste, denn ein so kleines Baby war noch nicht so vernünftig, um damit Bescheid zu wissen. Ich erinnere mich auch an das schmerzliche Gefühl unerhörter Großzügigkeit, mit dem ich es, meine Spielzeuglokomotive an seine Brust gedrückt, im nächtlichen Dunkel zurückließ.

Denn irgendwie wusste ich schon damals genau, wie dem Kind zu Mute war, kannte die grenzenlose Verzweiflung, mit der es begriff, dass es vergessen worden war und dass niemand ihm etwas mitgebracht hatte, kannte die Sehnsucht, dass die trübseligen, gräulichen Feiertage vergehen sollten und sein Vater sich endlich aus dem Haus scherte und der Briefträger wieder kam und mit ihm die Aussicht auf bessere Dinge.

WILLIAM SAROYAN

Drei Tage nach Weihnachten

onald Efaw, der sechs Jahre alt war und drei Monate, stand an der Ecke, wo die 37. Straße in die 3. Avenue einmündete. Er solle einen Augenblick hier warten, so hatte ihm sein verärgerter Vater Harry vor einer Stunde gesagt und war in den Laden gegangen, um einen Saft für Alice, die krank zu Bett lag und hustete und weinte. Alice war drei Jahre alt und die ganze Nacht hatte keiner ein Auge zugetan wegen Alice. Das wurde Donalds reizbarem Vater Harry zu viel und Mama musste es ausbaden. Mamas Name war Mabelle.

»Ich hieß Mabelle Louisa Atkins, bevor ich Harry Efaw heiratete«, hatte seine Mutter einmal zu einem Mann gesagt, der gekommen war, um eine Fensterscheibe in der Küche einzusetzen. »Mein Mann hat mütterlicherseits indianisches Blut in den Adern, ich vom Vater. Fernandez klingt eher spanisch oder mexikanisch als indianisch, aber mein Vater war Halbindianer. Wir haben jedoch nie unter Indianern gelebt, wie das einige Mischlinge tun. Wir wohnten immer in Städten.«

Der Junge trug Überziehhosen und einen alten karierten Mantel, den sein Vater abgelegt hatte und den Donald noch hätte tragen können, wäre er nicht viel zu groß gewesen für ihn. Sie hatten einfach nur die Ärmel abgeschnitten, wo Donalds Hände waren, und sonst nichts. Die Taschen waren tief unten und unerreichbar für den Jungen und so rieb er unaufhörlich die Hände, um sie warm zu halten. Es war jetzt elf Uhr morgens.

Donalds Vater war hier hineingegangen und jeden Augenblick würde er herauskommen und dann würden sie nach Hause gehen und Mama würde Alice von dem Zeug geben – Milch und Medizin – und sie würde aufhören zu weinen und zu husten und Mama und Papa würden sich nicht länger streiten.

Das Lokal gehörte Haggerty. Man konnte an der Ecke hineingehen oder von der Seitenstraße her. Schon fünf Minuten nach zehn war Harry Efaw durch den Nebeneingang auf die 37. Straße hinausgetreten. Er hatte den Jungen an der Ecke nicht vergessen, er wollte nur eine kleine Weile für sich sein und ihn nicht sehen und auch nicht die anderen. Er hatte einen kleinen Korn getrunken, der war zu teuer gewesen und das war alles. Er hatte einen Vierteldollar gekostet und das war entschieden zu viel für einen Korn. So hatte er das Zeug hastig hinuntergestürzt und war hinausgeeilt und fortgegangen und er wollte dann nach einigen Minuten dorthin zurückkehren, wo der Junge stand, die Milch und die Medizin kaufen, dann würden sie stracks nach Hause gehen und sehen, was sie mit Alice tun könnten. Aber dann war er plötzlich weitergegangen, einfach weiter.

Endlich ging Donald hinein. Er sah, dass hier nichts so war wie in den Läden, in denen er bisher gewesen war. Der Mann in dem weißen Kittel sah ihn an und sagte: »Hier darfst du nicht hinein. Marsch nach Hause!«

»Wo ist mein Vater?«

»Ist der Vater dieses Jungen hier?«, rief der Mann und alle in diesem Raum, es waren sieben Männer, drehten sich um und schauten auf den Jungen. Aber sie schauten nur einen Augenblick herüber, dann wandten sie sich wieder den Gläsern zu, die vor ihnen auf dem Tisch standen, und die, welche sich unterhalten hatten, setzten ihre Gespräche fort.

»Wer es auch immer sei«, sagte der Mann, »dein Vater ist nicht hier.«

»Harry«, sagte Donald. »Harry Efaw.«

»Ich kenne niemanden, der Harry Efaw heißt. Nun geh aber endlich nach Hause.«

»Er sagte mir, ich solle draußen einen Augenblick warten.«

»Ja, ich weiß. Es kommen so viel hier herein, trinken einen und gehen wieder hinaus. So wird er's auch gemacht haben. Wenn er dir gesagt hat, du sollst draußen warten, dann solltest du das tun. Hier kannst du nicht bleiben.«

»Es ist so kalt draußen.«

»Ich weiß, dass es draußen kalt ist«, sagte der Barmann. »Aber hier kannst du nicht bleiben. Warte draußen, wie dir dein Vater gesagt hat, oder geh nach Hause.«

»Ich weiß nicht, wie«, sagte der Junge.

»Kennst du eure Adresse?«

Offenbar verstand der Junge die Frage nicht, so versuchte es der Barmann anders.

»Kennst du die Hausnummer und den Namen der Straße?«

»Nein. Wir sind zu Fuß gekommen. Wir wollten Medizin für Alice kaufen.«

»Ja, ich weiß«, sagte der Barmann ruhig. »Und ich weiß auch, dass es draußen kalt ist, aber dennoch musst du jetzt verschwinden. So kleine Jungen wie dich darf ich nicht hereinlassen.«

Ein kränklich aussehender Mann von etwa sechzig Jahren, der mehr als nur angetrunken und halb tot war, stand von seinem Tisch auf und ging zu dem Barmann hinüber.

»Ich will den Jungen gern nach Hause bringen, wenn er mir den Weg zeigen kann.«

»Setzen Sie sich hin«, sagte der Barmann, »der Junge weiß den Weg nicht.«

»Vielleicht weiß er ihn doch«, sagte der Mann. »Ich habe selbst Kinder gehabt und die Straße ist nicht der rechte Ort für kleine Jungen. Ich will ihn gern zu seiner Mutter bringen.«

»Ich weiß«, sagte der Barmann. »Aber nun gehen Sie und setzen sich wieder hin.«

»Komm, ich bringe dich nach Hause, Kleiner«, sagte der alte Mann.

»Nun setzen Sie sich endlich!« Die Stimme des Barmanns wurde hart und fordernd. Erstaunt drehte sich der alte Mann um.

»Für wen halten Sie mich eigentlich?«, sagte er leise. »Der Junge hat Angst und ist durchgefroren und braucht seine Mutter.«

»Wollen Sie sich endlich hinsetzen?«, sagte der Barmann. »Ich weiß alles über den Jungen. Und Sie sind nicht der Mann, um ihn nach Hause zu seiner Mutter zu bringen.«

»Aber einer muss ihn schließlich nach Hause zu seiner Mutter bringen«, sagte der alte Mann ruhig und dann rülpste er. Der Barmann musterte ihn von oben bis unten. Das Zeug, das er auf dem Leibe trug, war von der Art, wie es Wohltätigkeitsvereine an Bedürftige verteilen. Wahrscheinlich hatte er noch dreißig oder vierzig Cent in der Tasche, das reichte für ein Bier, und sicherlich hatte er das Geld zusammengebettelt.

»Es ist der dritte Tag nach Weihnachten«, fuhr der alte Mann fort. »Es ist noch nicht so lange nach Weihnachten, dass irgendeiner von uns das Recht hätte zu vergessen, dass hier ein kleiner Junge nach Hause gebracht werden muss.«

»Was ist los?«, fragte ein anderer Trinker von seinem Stuhle aus.

»Gar nichts ist los«, sagte der Barmann. »Der Vater dieses Jungen sagte ihm, er solle draußen auf ihn warten, das ist alles.« Der Barmann drehte sich zu Donald Efaw um. »Wenn du den Weg nach Hause nicht weißt, dann warte gefälligst draußen, wie dein Vater gesagt hat. Du wirst schon sehen, er wird bald zurück sein und dich zur Mama bringen. Nun geh schon raus.«

Der Junge ging hinaus und stand wieder da, wo er schon mehr als eine Stunde gestanden hatte. Der alte Mann wollte dem Jungen folgen.

Der Barmann schwang sich über den Schanktisch, erreichte den alten Mann noch an der Schwingtür, packte ihn bei den Schultern, drehte ihn um und brachte ihn zu seinem Stuhl zurück.

»Nun setzen Sie sich«, sagte er ruhig. »Vergessen Sie den Jungen und behalten Sie Ihre Gefühle für sich. Ich werde schon dafür sorgen, dass ihm nichts passiert.«

»Wofür halten Sie mich eigentlich?«, sagte der alte Mann wieder.

Indem der Barmann, ein gedrungener Ire in den frühen Fünfzigern, von der Schwingtür aus kurz die Straße hinauf- und hinunterschaute, fragte er: »Haben Sie sich einmal im Spiegel beguckt? Sie würden mit dem Jungen an der Hand nicht bis zur nächsten Straßenecke kommen.«

»Warum nicht?«, fragte der alte Mann.

»Weil Sie ganz und gar nicht aussehen wie der Vater oder der Großvater oder der Freund eines kleinen Jungen.«

»Ich habe selbst Kinder gehabt«, sagte der alte Mann.

»Ich weiß«, sagte der Barmann. »Aber bleiben Sie sitzen. Einige dürfen nett zu Kindern sein und andere nicht, das ist alles.«

Er kam mit einer Flasche Bier zu dem Tisch des alten Mannes und stellte sie neben das leere Glas. »Diese Flasche spendiere ich«, sagte er. »Ich darf manchmal nett sein zu alten Leuten, wie Sie es sind, und Sie dürfen nett sein zu Barmännern, wie ich es bin, aber Sie dürfen nicht nett sein zu einem kleinen Jungen, dessen Vater wahrscheinlich hier irgendwo in der Nähe ist. Bleiben Sie einfach sitzen und trinken Sie Ihr Bier.«

»Behalten Sie Ihr dreckiges Bier«, sagte der alte Mann. »Sie können mich in Ihrem dreckigen Lokal nicht festhalten wie einen Gefangenen.«

»Bleiben Sie sitzen, bis der Vater des Jungen kommt und ihn nach Hause bringt, dann können Sie so schnell verschwinden, wie Sie wollen.«

»Ich will aber auf der Stelle hier heraus«, sagte der alte Mann. »Ich habe es nicht nötig, mich von irgendwem in dieser Welt beschimpfen zu lassen. Wenn ich Ihnen ein bisschen über mich erzählte, glaube ich, würden Sie nicht so zu mir sprechen, wie Sie es schon die ganze Zeit über tun.«

»All right«, sagte der Barmann. Er wollte keinen Lärm und kein Aufsehen, und er meinte, er könne den alten Mann im Guten davon abbringen, sich noch weiter um den Jungen zu kümmern. »Sagen Sie mir kurz, wer Sie sind, dann werde ich vielleicht anders mit Ihnen reden.«

»Das werden Sie doch nicht tun«, sagte der alte Mann.

Erleichtert sah der Barmann, dass der alte Mann das Bier in sein Glas goss und ein Drittel trank, und dann sagte der alte Mann: »Mein Name ist Algayler, ja, Algayler.« Er trat noch einen Schluck und der Barmann wartete, dass er weiterspräche. Er stand jetzt am Ende des Schanktisches, so konnte er den Jungen draußen sehen. Der Junge rieb sich die Hände, aber das war alles nicht so schlimm. Er war ein Junge, der an allerlei gewöhnt war, und dieses Warten draußen auf der Straße würde ihm nicht allzu viel ausmachen.

»Algayler«, wiederholte der alte Mann und er sprach leise weiter. Der Barmann hörte nicht, was er sagte, aber das machte nichts, denn er wusste, der alte Mann würde jetzt vernünftig sein, er war wieder ganz bei sich und an seinem Platz.

Eine Frau, die seit einer Woche etwa jeden Nachmittag in das Lokal kam, betrat den Raum mit einem Foxterrier an der Leine und sagte: »Draußen steht ein kleiner Junge in der Kälte. Zu wem gehört er?«

Die Frau schlug ihre falschen Zähne zusammen, als sie von einem zum andern sah, und der Hund, der in der Wärme auftaute, tanzte um ihre Füße.

»Ist schon alles in Ordnung«, sagte der Barmann. »Sein Vater macht eben eine Besorgung. Er wird sofort zurück sein.«

»Er täte gut daran, sich zu beeilen«, sagte die Frau. »Wenn mich etwas aufregt, dann ist es ein Vater, der seinen Jungen auf der Straße warten lässt.«

»Algayler«, sagte der alte Mann mit lauter Stimme und sah sich nach der Frau um.

»Was sagten Sie da zu mir, Sie versoffener Vagabund?«, fragte die Frau. Ihr Hund näherte sich dem alten Mann, er zerrte an der Leine und bellte ein paarmal.

»Gar nichts, Madam«, sagte der Barmann. »Er sagte nur seinen Namen.«

»Wollte ich ihm auch geraten haben«, sagte die Frau und klapperte wieder mit ihrem Gebiss.

Der Hund beruhigte sich etwas, aber tanzte noch immer umher, denn ihm war warm. Er trug das Mäntelchen, das sie ihm bei kaltem Wetter überzog, aber unten an den Füßen fror er umso mehr.

Der Barmann goss Bier in ein Glas und stellte es vor die Frau und sie trank im Stehen. Schließlich stieg sie auf einen Barhocker und vergaß den Jungen und vergaß den Alten und der Hund stand jetzt ganz ruhig und schaute schnüffelnd in die Runde. Der Barmann brachte Algayler noch eine Flasche Freibier, und ohne dass ein Wort oder auch nur ein Blick gewechselt wurde, war klar, dass sie sich auf diese Weise ganz gut verstehen würden.

Ein Mann von etwa fünfunddreißig Jahren, der mit seinem Gesicht und seinem säuberlich gestutzten Schnurrbart ganz manierlich aussah, kam von der 37. Straße her herein und bestellte einen Bourbon, und nachdem der Barmann das Getränk eingeschenkt hatte, sagte er so leise, dass kein anderer ihn hören konnte: »Ist das vielleicht Ihr Junge, der da draußen steht?«

Der Mann hatte das Glas schon an die Lippen gehoben, aber als er die Frage hörte, schaute er zu dem Barmann auf, goss den Bourbon hinunter und ging ohne ein Wort zum Fenster, um einen Blick auf den Jungen zu werfen. Schließlich kam er zum Schanktisch zurück und schüttelte den Kopf. Er trank noch einen Bourbon, dann ging er hinaus und an dem Jungen vorbei und sah ihn kaum.

Nachdem Algayler auch die zweite Flasche Freibier ausgetrunken hatte, sank er in sich zusammen und döste auf seinem Stuhl und die Frau mit dem Foxterrier begann dem Barmann von ihrem Hund zu erzählen.

»Ich habe Tippy seit seiner Geburt«, sagte sie, »und wir sind immer zusammen gewesen. Jede Minute.«

Um Viertel nach zwölf kam ein Mann unter dreißig und halbwegs ordentlich angezogen herein und verlangte einen Johnny Walker Black Label auf Eis mit einem Schluck Wasser drauf, entschloss sich aber noch im selben Augenblick für einen Red Label, und nachdem er getrunken hatte, fragte er: »Wo ist der Fernsehapparat?«

»Haben wir nicht.«

»Kein Fernsehen?«, fragte der Mann fröhlich. »Komische Bar! Ich wusste nicht, dass es in New York noch eine Bar gibt, die kein Fernsehen hat. Aber was machen die Leute denn hier drin?«

»Wir haben nur eine Musikbox.«

»O. K. Schon gut«, sagte der Mann. »Wenn das alles ist, was Sie haben, da kann man nichts machen. Was möchten Sie hören?«

»Ganz wie Sie wollen.«

Der Mann studierte die Titel der Schallplatten, die in der Maschine waren, und sagte dann: »Wie wäre es mit Benny Goodman und Jingle Bells?«

»Ganz wie Sie wollen«, sagte der Barmann.

»O. K.«, sagte der Mann und steckte eine Münze in den Schlitz. »Also Jingle Bells.«

Die Maschine begann zu arbeiten, als sich der Mann wieder auf den Barhocker setzte, und der Barmann machte ihm einen zweiten Red Label auf Eis fertig. Die Musik begann, und nachdem er einen Augenblick hingehört hatte, sagte der Mann: »Ist nicht Jingle Bells. Ist was andres.«

»Sie haben die falsche Zahl gedrückt.«

»Macht nichts«, sagte der Mann fröhlich. »Macht ganz und gar nichts. Die Platte ist auch nicht schlecht.«

Wieder kam der Junge herein, aber die Musikbox machte einen solchen Lärm, dass der Barmann hätte schreien müssen, so ging er zu dem Jungen und brachte ihn hinaus. »Wo ist mein Vater?«, fragte Donald Efaw.

»Er wird jeden Moment kommen. Bleib schön draußen und warte auf ihn.«

Das ging so weiter bis um halb drei, als es zu schneien anfing. Der Barmann wählte einen günstigen Augenblick, um hinauszugehen und den Jungen hereinzuholen. Er ging mehrmals in die Küche und holte dem Jungen etwas zu essen.

Der Junge saß hinter dem hohen Schranktisch, wo ihn keiner sah, auf einer Kiste und aß von einer Schachtel. Nachdem er gegessen hatte, fielen ihm die Augen zu. So legte der Barmann seinen schweren Überzieher über ein paar Bierkästen und deckte drei alte Schürzen aus dem Wäschesack und seine Joppe über das Kind. Die beiden hatten kein einziges Wort gesprochen, seit er den Jungen hereingebracht hatte, und nun, da er ausgestreckt da lag und schon in Schlaf versank, lächelte der Junge und weinte zugleich.

Die Trinker vom Morgen waren nun alle gegangen, auch Algayler und die Frau mit den falschen Zähnen und dem Foxterrier, und während der Junge schlief, kamen andere und gingen.

Es war ein Viertel vor fünf, als sich der Junge aufsetzte. Sofort erinnerte er sich, aber wieder sprachen die beiden kein Wort. Er saß da, als wäre er zu Hause in seinem Bett, und nachdem er zehn Minuten mit offenen Augen geträumt hatte, stand er auf.

Es war jetzt dunkel draußen und es schneite, aber nicht ruhig, sondern in fauchenden Wirbeln. Der Junge schaute einen Augenblick in das Schneegestöber, dann wandte er sich um und sah den Barmann an.

»Ist mein Vater zurückgekommen?«

»Noch nicht«, sagte der Barmann.

Er bückte sich herunter, um mit dem Jungen zu sprechen. »In wenigen Minuten bin ich mit der Arbeit fertig und vielleicht erkennst du euer Haus, wenn du es siehst. Jedenfalls will ich versuchen dich nach Hause zu bringen.«

»Ist mein Vater nicht zurückgekommen?«

»Nein. Vielleicht hat er vergessen, wo er dich gelassen hat.«

»Er hat mich genau hier vor der Tür gelassen«, sagte der Junge, als ob man so etwas unmöglich vergessen könne. »Genau hier vor dem Eingang.«

»Ich weiß.«

Der Barmann für die Nacht kam in seinem weißen Kittel aus der Küche und sah den Jungen.

»Wer ist das, John? Einer von deinen Sprößlingen?«

»Ja«, sagte der Barmann, denn er wollte dem anderen nicht erzählen, was geschehen war.

»Wo hat er denn den Mantel her?«

Der Junge schrak zusammen und blickte zu Boden.

»Ein alter Mantel von mir«, sagte der Barmann. »Er hat natürlich seinen eigenen Mantel, aber ausgerechnet den will er immer tragen.«

Der Junge schaute verwundert zu dem Barmann auf.

»So sind die Blagen, John«, sagte der Barmann für die Nacht. »Wollen immer schon sein wie der alte Herr.«

»Stimmt«, sagte der andere. Er zog den weißen Kittel aus, zog seine Joppe und den schweren Überzieher an und nahm den Jungen bei der Hand.

»Guten Abend«, sagte er. Der Barmann für die Nacht sah ihm nach, wie er mit dem Jungen auf die Straße hinaustrat.

Schweigend gingen sie an drei Häuserblocks vorbei, traten dann in einen Drugstore und setzten sich an die Theke.

»Schokolade oder Vanille?«

»Ich weiß nicht.«

»Ein Schokolade- und ein Vanilleeis mit Soda«, sagte der Barmann zu dem Mixer. Der Barmann nahm die Vanille, der Junge die Schokolade, dann gingen sie wieder in den Schnee hinaus.

»Nun denk einmal scharf nach, wo ihr wohnt. Hast du keine Ahnung?«

»Nein.«

Der Barmann stand im Schnee und überlegte, was zu tun sei. Aber alles war vergeblich und schließlich gab er auf. »Well«, sagte er endlich, »wie wäre es, wenn du mit mir kämst und die Nacht mit meinen Kindern schliefest? Ich habe zwei Jungen und ein kleines Mädchen. Wir werden dir einen Platz zum Schlafen richten und morgen kommt dein Vater und holt dich ab.«

»Ob er auch kommt?«

»Ich bin ganz sicher.«

Sie gingen weiter durch den stillen Schnee und dann hörte der Barmann, wie der Junge leise weinte. Er versuchte nicht ihn zu trösten, denn er wusste, hier gab es keinen Trost. Der Junge beherrschte sich, er weinte nur ganz leise, während er mit seinem Freund dahinging. Er hatte von Fremden gehört und von Feinden und er glaubte immer schon, dies sei dasselbe, aber hier war einer, den er vorher nie gesehen hatte und der weder ein Fremder noch ein Feind war. Dennoch fühlte er sich schrecklich allein ohne seinen verärgerten Vater.

Sie gingen ein paar Stufen hinauf, die mit Schnee bedeckt waren, und der Freund des Jungen sagte: »Hier wohnen wir. Zuerst werden wir etwas Warmes essen, dann kannst du dich schlafen legen und morgen holt dich dein Vater ab.«

»Wann wird er kommen?«, fragte der Junge.

»Morgen früh«, sagte sein Freund.

Als sie in den Lichtschein des Hauses traten, sah der Barmann, dass der Junge nicht mehr weinte. Vielleicht würde er nie mehr weinen.

ERICH JOOSS

Schluss mit Weihnachten!

enn ich an das letzte Weihnachtsfest denke, bin ich traurig und glücklich zugleich. Von diesem Weihnachtsfest möchte ich erzählen. Aber ich weiß nicht, wie ich beginnen soll. Oder würdet ihr gerne über einen Vater reden, der dauernd Wutanfälle bekommt? Die kleinste Kleinigkeit kann ihn ärgern. Irgendjemand hat vergessen das Licht im Gang auszuschalten. Sofort schreit mein Vater. Er schreit auch, wenn der Sportteil der Zeitung fehlt. Er schreit fast immer.

Vielleicht fühlt er sich nicht wohl bei uns, denke ich. Wir können ihm nichts recht machen. Wir sind eine Unglücksfamilie. Am liebsten würde ich mit meinem Vater reden, von Mann zu Mann. Aber ich habe Angst vor ihm. Sobald die blaue Ader auf seiner Stirne erscheint, ist es höchste Zeit zu verschwinden. Wenn ich jetzt noch etwas sage, rennt er hinter mir her! Natürlich bin ich schneller als er. Trotzdem fängt er mich jedes Mal. Er gibt einfach nicht auf, bis er mich erwischt hat. Dann keucht er wie ein Walross und dann ist er noch wütender.

»Warum bist du so blöd und ärgerst ihn?« Diese Frage hat mir mein Bruder schon oft gestellt. Wir sind Zwillinge, aber Max, der Einserschüler, ist ganz anders als ich. Er putzt sich die Zähne dreimal am Tag und trägt den Mädchen ihre Taschen nach. Wenn es daheim Streit gibt, verdrückt er sich. Ich glaube, wir können uns nicht besonders leiden.

Einmal haben wir uns wie Freunde gefühlt, wie richtige Freunde. Das war am Weihnachtstag des letzten Jahres. Begonnen hatte dieser Tag wie immer. Meine Mutter ging früh am Morgen zum Metzger und um neun Uhr klingelte der Bierfahrer, der noch rechtzeitig vor den Feiertagen für Nachschub sorgte.

Gleich nach dem Frühstück nahm sich mein Vater auf dem Balkon den Christbaum vor. Er hackte eine Weile an dem krumm gewachsenen Sonderangebot herum; dann stopfte er die Tanne in den Ständer. Aber kein Christbaumständer der Welt kann windschiefe Tannen wieder gerade biegen. Also holte mein Vater eine Schnur und band den Baum an einen Nagel, den er für solche Fälle in die Wohnzimmerdecke geschlagen hatte.

Der Nachmittag verlief eintönig. Vater saß in der Küche und drehte am Radio. Dabei schimpfte er über die Weihnachtslieder, die wie Honig aus den Lautsprechern tropften. Unsere Mutter hatte sich mit dem Christbaum eingeschlossen. Sie hängte die bemalten Kugeln in die Zweige. Dann kamen die Zinnfiguren an die Reihe, die Engel und die Heiligen aus Salzteig und aus Kunststoff. Immer wieder drückten wir unsere Gesichter gegen die Türscheibe. Aber wir sahen nur den Schatten der Mutter und hörten ein Rascheln und Klirren.

Bald wurde es mir langweilig. Ich zog mich mit meinem Lieblingsbuch in eine Ecke zurück. »Old Jed, der Trapper« heißt das Buch. Es ist schon alt und geht allmählich aus dem Leim. Ein Onkel hat es mir geschenkt. Ich liebe die Bilder in diesem Buch. Am meisten gefällt mir die Zeichnung eines Blackfoot-Häuptlings auf Seite 159. Selbst im Dämmerlicht konnte ich noch das traurige Gesicht des Indianers erkennen. Der Häuptling guckt aus dem Bild heraus. Ich weiß nicht, was er sieht. Vielleicht die toten Büffel oder die Prärie, die unter den Weizenfeldern der Weißen verschwunden ist...

Fast wäre ich über dem Buch eingeschlafen. Da ertönte das Glöckchen. Es bimmelte ungeduldig und hörte nicht auf zu bimmeln, bis die ganze Familie um den Baum versammelt war. Unter den Zweigen lagen die Geschenke. Für mich gab es einen Schal in den Farben des FC Bayern und ein Fußballspiel, ein Tipp-Kick, während mein Bruder einen Chemie-Experimentierkasten bekam. Vor ein paar Wochen hatten wir die Geschenke im Schlafzimmer der Eltern entdeckt. Jetzt schauten wir neugierig und machten aufgeregte Gesichter, was gar nicht so leicht ist, wenn man schon alles weiß.

Wir sangen gemeinsam »Stille Nacht, Heilige Nacht«, dann sollte ich die Weihnachtsgeschichte nach Lukas vorlesen. »In jenen Tagen erließ Kaiser Augustus den Befehl«, begann ich und mein Vater sagte: »Komma!« Beim Komma musste ich die Stimme heben und beim Punkt wollte er, dass ich sie wieder senke. Zwischendurch sagte er auch »Pause« oder »Langsamer lesen« oder »Setz dich gerade hin«.

Mein Vater wäre gern ein Lehrer geworden. Nicht einmal am Weihnachtsabend kann er das vergessen!

In anderen Familien werden jetzt allmählich die Geschenke ausgepackt, bei uns kommt zuerst das Abendessen. Ich erinnere mich genau: Mutter trug eine gebratene Ente herein und dann ging sie ein zweites Mal in die Küche und holte die Knödel, die noch dampften. Wie im Schlaraffenland schmeckte es. Ich goss so viel Soße über die Knödel, dass sie schwammen, und kaute friedlich vor mich hin.

An diesem Abend wäre alles gut verlaufen, wenn Mutter nicht die Idee mit dem Nachtisch gehabt hätte. Es gab nämlich ein Kirschenkompott. Anfangs legte ich die Kerne noch am Rand des Tellers ab. Dann sah ich in das Gesicht meines Bruders. Wir spuckten fast gleichzeitig.

Ich weiß bis heute nicht, warum ich mit dem Kern meinen Vater getroffen habe. Jedenfalls erstarrte er zu einer Säule. Kerzengerade saß er am Tisch und seien Fäuste ballten sich und die Ader auf seiner Stirne schwoll gefährlich an. Kurz bevor sie platzte, schrie er: »Was fällt euch ein? Verschwindet sofort! Ich will euch nicht mehr sehen!« Wir blieben sitzen, bewegungslos, wie die Kaninchen vor der Schlange. Da schrie er noch einmal: »Haut ab! Geht ins Bett! Schluss mit Weihnachten!«

Das war der erste Abend in meinem Leben, an dem ich mich nicht waschen musste. Wir zogen uns im Dunkeln aus, hängten die Kleider über die Stühle und schlüpften unter die Bettdecke. Dann war es still; nur die Stimme meiner Mutter drang vom Wohnzimmer herüber. Sie klang müde und traurig. Nach einer Weile hörten wir noch den Wasserhahn, der in der Küche tropfte. »Schluss mit Weihnachten!«, hatte mein Vater geschrien.

Ich konnte nicht einschlafen. Immer wieder dachte ich an den Kirschenkern, der in eine ganz andere Richtung geflogen war. »Schläfst du schon?«, fragte plötzlich mein Bruder, der Einserschüler. Er leuchtete mit der Taschenlampe in mein Gesicht.

»Nein«, flüsterte ich und hielt schützend die Hand vor die Augen. »Dann komm mit«, forderte er mich auf. Wir tappten zur Tür, öffneten sie so leise wie möglich. Auf Zehenspitzen überquerten wir den Flur. Erst im Wohnzimmer trauten wir uns zu schnaufen.

Max beschäftigte sich gleich mit dem Experimentierkasten. Als er den Brenner herausnahm und nach Streichhölzern suchte, wurde ich böse. »Willst du uns alle in die Luft jagen?«, fauchte ich. »Lies zuerst einmal die Gebrauchsanweisung!« Das begriff sogar mein Bruder. Er schob den Kasten zur Seite und sah mir zu, wie ich das Spielfeld vom Tipp-Kick ausrollte.

»Du hast den roten Kicker«, sagte er auf einmal, während er den gelben nahm. Noch nie hatte sich Max für Fußball interessiert. Ich erklärte ihm die Regeln und er schoss den Ball so oft in mein Tor, dass ich mit dem Zählen durcheinander kam. Direkt vor dem Wohnzimmerfenster steht eine Laterne. Sie gab uns genügend Licht. Nur manchmal, wenn der winzige Ball davonsprang, mussten wir zur Taschenlampe greifen. Im Eifer des Spieles merkten wir nicht einmal, dass die Tür aufging.

»Darf ich mitspielen?«, fragte mein Vater und setzte sich neben uns. Vor Schreck brachten wir keine Antwort heraus. »Dann eben nicht«, sagte er. »Aber lasst mich wenigstens den Balljungen machen.«

An diesem Abend kroch mein Vater unter das Sofa. Er kroch unter den Schrank und unter den Tisch. Auf der Suche nach dem Ball knipste er dauernd die Taschenlampe an. Wir sagten ihm nicht, dass es einen Lichtschalter gab.

Ganz zuletzt kam meine Mutter herein. Sie stellte sich ans Fenster. Mein Vater ging zu ihr und legte den Arm um ihre Schulter. Draußen wirbelte der Schnee. Die Dächer wurden weiß und im Nachbarhaus brannte jemand eine Wunderkerze ab. Sekundenschnell verglühten die Sterne.

»Was ist mit dir?«, fragte mein Bruder und schaute mich an. Fast hätte ich geheult.

MARIE LUISE KASCHNITZ

Alle Jahre wieder

estern hat mich der junge Munk besucht. Es war der dritte Adventssonntag und natürlich kamen wir bald auf Weihnachten zu sprechen und auch auf jenes besondere Weihnachten, das letzte, was der junge Munk in unserer Stadt verlebte. Er war damals elf Jahre alt und seine Freunde, der kleine Sepp und der große Anton, waren ungefähr ebenso alt, sie gingen alle in dieselbe Klasse, und weil sie auch in demselben Mietshaus wohnten, waren sie unzertrennlich, was jedoch nur heißen soll, dass es nach allen Krächen und Schlägereien immer wieder zu einer Versöhnung kam. Ich wohnte in demselben großen Hause, ich kannte die drei Buben und kannte auch ihre Eltern, denen es in den letzten Jahren immer besser ergangen war, sodass sie schon vor jenem besonderen Weihnachten im Sinn hatten wegzuziehen, in schöne Häuser mit Gärten weit vor der Stadt.

Das Haus, in dem wir lebten, war in mancher Beziehung auch unerfreulich. Es war gleich nach dem zweiten Kriege eilig und aus schlechtem Material erbaut worden und seine Wände und Decken waren so dünn, dass man aus den Nachbarwohnungen, aber auch von oben und unten alle Geräusche hörte, Stimmen und Schritte, den Staubsauger und das Radio und natürlich auch am Heiligen Abend die Weihnachtslieder und die kleinen Glocken, mit denen man die Kinder zu den Bescherungen rief. Aber diesem Umstand hatte ich es doch zu verdanken, dass ich in jener nun schon Jahre zurückliegenden Christnacht ahnte, warum die drei Buben sofort nach der Bescherung wegliefen und warum sie erst wiederkamen, als die Mitternachtsglocken ausgeläutet hatten. Was sie in der Zwischenzeit gemacht haben, habe ich freilich erst gestern von

dem jungen Munk erfahren. Es erschien mir gleich wert, es aufzuschreiben, und das will ich tun, aber langsam mit der Vorgeschichte, die aus lauter erlauschten Weihnachtsabenden besteht. Und am Ende will ich auch sagen, was ich über das alles denke und warum mir die traurige Christnacht der drei Buben gar nicht so traurig erscheint.

Die erlauschten Weihnachtsabende – nun, man muss sich nicht vorstellen, dass sie einander glichen, wie eine silberne Christbaumkugel der anderen gleicht. Ich erinnere mich, dass in den ersten Jahren überall im Hause noch Weihnachtslieder gesungen wurden und dass über vielen unreinen und schwankenden Stimmen immer eine schwebte, die so klang, wie man sich die Stimme eines Engels vorstellt, hell, unbeirrbar und rein. Später dann wurde nicht mehr gesungen, man holte sich die Musik aus dem Rundfunk, unterbrach sie auch und ließ Glocken läuten oder einen Redner reden und unterbrach am Ende auch diesen, um sich zu Tisch zu setzen zu diesen Weihnachtsmählern, die in jeder Festzeit üppiger wurden.

In den folgenden Jahren aber war es auch mit der Radiomusik vorbei. Es wurden von den Kindern keine Gedichte mehr aufgesagt, die zitternden Töne der Bescherungsglöckchen waren nicht mehr zu vernehmen und auch nicht die Stimme des kleinen Sepp, der früher dazu angehalten worden war, neben dem brennenden Christbaum die Weihnachtsgeschichte aus dem Lukasevangelium vorzulesen. Übrigens zog um diese Zeit auch der Geruch der Christbaumkerzen schon nicht mehr durch das Haus. Die Eltern des großen Anton hatten es überflüssig gefunden, dem Gymnasiasten noch einen Baum zu putzen, und die Eltern des kleinen Sepp hatten ein künstliches Ding gekauft, das sich mit Glühbirnen besteckt im Kreise drehte und dazu »Stille Nacht« spielte, welche Töne man aber auch abstellen konnte und abstellte, schon im zweiten Jahr.

Nur in der Familie Munk gab es noch einen Tannenbaum mit Lichtern. Aber diese Lichter wurden bereits nach fünf Minuten wieder ausgeblasen, weil der Vater des kleinen Munk jetzt sehr nervös war, immer einen Eimer Wasser be-

reithielt und schon die ganzen fünf Minuten lang mit seiner schrillen Stimme »Ausmachen, ausmachen« rief.

Das waren die Geräusche, die ich hörte oder auch nicht mehr hörte im Laufe der acht Jahre, während derer die Buben heranwuchsen und in die Volksschule und dann in die höhere Schule kamen. Ich hatte mir nie recht klar gemacht, was sich da so langsam veränderte, sodass schließlich von Weihnachten fast nichts mehr übrig blieb als ein Teller voller Geschenke, ein zu fettes Essen und ein unruhiger Schlaf.

An dem Abend, von dem ich erzählen will, aber ging ich kurz vor neun Uhr mit meinem Hund noch einmal auf die Straße und da sah ich das Haus von außen, sah die Eltern Munk in ihrem 220 SE schön angezogen wegfahren, sah den großen Anton in einem kahlen Zimmer allein am Tisch hocken und begegnete an der Ecke den Bekannten, die zu den Eltern des kleinen Sepp zum Kartenspielen kamen. Und ein wenig später sah ich auch die Buben, die sich aus den Fenstern beugten und einander Zeichen machten, und wie sie dann plötzlich alle zusammen aus der Haustüre und die Straße hinunterliefen. Ich hatte da wohl einen Augenblick lang die Absicht sie zurückzurufen, aber ich tat es nicht. Ich folgte ihnen nur ein paar Schritte weit und dabei bemerkte ich, dass an der Ecke ein Mädchen sich ihnen anschloss und dass sie dieses Mädchen mit Schimpfworten und sogar mit Schlägen, aber ganz vergeblich zu vertreiben versuchten.

Wie der junge Munk mir gestern erzählte, hatte er dieses Mädchen schon vorher gekannt. Er hatte es des Öfteren an der Getränkebude getroffen, wo er für seinen Vater Bier holte. Es hatte dort auf einem niedrigen Mäuerchen seltsame Tanzschritte gemacht und dazu so unzusammenhängende Worte gemurmelt, dass er es für schwachsinnig hielt. An jenem Abend nun hatte es ihm dann noch gewinkt und so getan, als habe es ihm Wichtiges mitzuteilen, und darum war der junge Munk es gewesen, der das Mädchen am lautesten angeschrien und sogar geschlagen hatte. Aber dann hatte er sich schließlich nur an die Stirne getippt

und hatte das Kind mitlaufen lassen, weil an diesem Weihnachtsabend ja doch schon alles verdorben und nichts mehr zu retten war.

Denn was ist noch zu retten, wenn man, wie Munk, von einer zügellosen und später nicht mehr begreiflichen Vorfreude erfüllt, den Vater im Nebenzimmer höhnisch sagen hört: Alle Jahre wieder, und, könnte auch einmal ausfallen, dieses blödsinnige Weihnachten, alle zwei Jahre wäre genug. Und was ist noch zu retten, wenn Eltern wie die des Anton nicht einmal an diesem Abend Frieden halten können, sondern sich die schlimmsten Vorwürfe machen und schließlich beieinander hocken, verbissen und stumm. Und was ist noch zu retten, wenn, wie in der Wohnung des kleinen Sepp, das Weihnachtszimmer voller fremder Leute sitzt, die Karten spielen und sich Witze erzählen, und nicht einmal die Schienen kann man zusammenstecken und der kleine schäbige Engel, den man geliebt hat, hängt auch nicht mehr am Baum. Da muss man doch einfach weglaufen und gar nichts mitnehmen als ein paar uralte Murmeln, und das taten die drei Jungen auch und gingen mit ihren Murmeln an einen Ort, den sie kannten, auf ein großes, noch unbebautes Grundstück am Rande der Stadt. Dort versuchten sie noch einmal das Mädchen loszuwerden, indem sie es mit feuchten Erdbrocken bewarfen. Aber das Mädchen blieb trotzdem stehen, wiegte eine aus Stroh geflochtene Puppe und murmelte etwas, das wie Wurmsturmstirnstern, also völlig unsinnig klang.

Es war da draußen ziemlich dunkel, kein Schnee, warme Luft und leise Schritte überall, auch gegen den Park und die Schrebergärten hin, so, als seien viele Kinder an diesem Abend unterwegs. Die Jungen auf dem mit Gras überwachsenen und teilweise schon aufgegrabenen Grundstück fingen an zu spielen, sie spielten mit ihren ganz gewöhnlichen blaugrauen und braunen Murmeln, die sie von einem Grashügel in ein Loch laufen ließen, in dem ein wenig schwarzes Wasser stand. Munk war nicht ganz bei der Sache, er hätte gern erzählt, was er seinen Vater hatte sagen hören, und den Sepp gefragt, ob so etwas überhaupt möglich wäre; aber er genierte sich vor dem großen Anton,

dessen Eltern aus der Kirche ausgetreten waren und der zweimal in der Woche ausschlafen durfte, weil er nicht in die Religionsstunde ging.

Plötzlich lief eine Murmel den Hügel herunter, die anders aussah als die übrigen, größer, glasklar, mit etwas Weißem mittendrin. Munk stürzte hin und holte sie heraus, das Weiße in der Mitte war ein winziges Lamm mit einem Fähnchen aus gelbem Metall. Munk schrie den Weihnachtsgeschichten-Vorleser an, woher hast du die, seit wann hast du die, aber es stellte sich heraus, dass die Kugel dem großen Anton gehörte, der sie bereits vor Monaten von einem katholischen Jungen eingehandelt hatte. Dämlich, sagte Munk, ein Schaf mit einer Fahne, und der Sepp sagte nur, das ist das Lamm Gottes, und gab die Riesenmurmel dem großen Anton zurück. Munk ließ auch diese Gelegenheit zu fragen vorübergehen, er behielt nun alle Fenster am Stadtrande im Auge, einige waren schon dunkel, einige hell, aber von ganz gewöhnlichem elektrischem Licht.

Der große Anton sah auf seine Uhr, legte den Kopf in den Nacken und sagte, Explorer 205, und schon sahen sie das leuchtende Pünktchen zwischen Wolkenfetzen hinziehen und fingen an sich darüber zu streiten, zum wievielten Male der kleine Satellit die Erde umkreiste. Das Mädchen klatschte in die Hände und rief: gehtaufgehtuntergehtabgehtschief, bis ihm die Buben mit Prügel drohten. Danach schlug eine Turmuhr zehnmal und der kleine Munk verkroch sich hinter einem Busch, weil sein Gesicht plötzlich nass und salzig war. Ein paar Tropfen fielen auch vom Himmel und das Mädchen winkte, es schien sich hier auszukennen, es führte die Jungen zu einer halb verfallenen Bretterhütte, die als Geräteschuppen diente.

Der große Anton lief in die Hütte, steckte den Kopf zum Fenster heraus und schrie Muh-Muh, was die anderen nicht ruhen ließ, sodass sie nun alle mit Muh und Bäh und I-A einen gewaltigen Lärm vollführten.

Das Mädchen hatte sich in der Hütte auf einen Holzklotz gesetzt und wiegte da töricht lachend seine Strohpuppe und der große Anton schlich hin, zog seine

Stablaterne heraus und leuchtete ihm ins Gesicht. Munk überlegte, was sie jetzt tun könnten, nach Hause auf keinen Fall, lieber noch weiter fort, und es fielen ihm nur lauter schlimme Dinge ein, von der Autobahnbrücke Steine auf die unten hinrollenden Wagen fallen lassen, eine große Schaufensterscheibe einwerfen, den blöden Strohwisch verbrennen, den das Mädchen da schaukelte wie ein lebendiges Kind. Mit bösen Augen und verkniffenem Mund kroch er an die Tür und wollte seine Vorschläge machen, da sagte der Sepp ganz ruhig, das waren die Tiere, jetzt kommen die Hirten, zog sich die Jacke wie eine Kapuze über den Kopf, ging zu dem Mädchen hin und beugte vor ihm das Knie.

Du bist wohl verrückt, schrie der große Anton und Munk dachte, verrückt, verrückt, und machte dem Sepp schon alles nach, weil er sich plötzlich an die Krippe erinnerte, die früher unter dem Weihnachtsbaum gestanden hatte, aber schon lange nicht mehr, weil den Eltern das Aufbauen zu mühsam geworden war. Der große Anton natürlich tat nichts dergleichen, er ließ noch immer seinen Lichtstrahl wandern, nur manierlicher jetzt, sodass das Mädchen nicht geblendet wurde und wieder sanft und ein wenig irre lächeln konnte. Aber dann knipste Anton seine Laterne mit einem Mal aus und sagte streng, was soll der Quatsch, und gerade in diesem Augenblick dröhnte das Nachtflugzeug nach Irland über die Hütte hin.

Es ist die Weihnachtsgeschichte, sagte der Sepp, als sie wieder miteinander reden konnten, und fing schon an sie zu erzählen, aber nicht in dem alten Wortlaut, den er doch auswendig wissen musste, sondern ganz anders, grausam und hart.

Da war die Heilige Nacht sehr dunkel und sehr kalt, der Josef war ein hilfloser Alter und die schwangere Maria war sehr verzagt. Der Stern funkelte höchst unheimlich und der erste Schrei, den das Jesuskind tat, war ein Schrei der Angst. Die Hirten kamen aus bloßer Neugier und die drei Könige aus dem Morgenland saßen vor dem Stall und überlegten sich, warum sie eigentlich diese weite Reise gemacht hatten.

Aber dann, sagte der Sepp, schlug das Kind die Augen auf. Na und, fragte der große Anton und setzte sich auf die Schwelle der Hütte und die beiden anderen Jungen setzten sich neben ihn, sodass sie nun da im Finsteren hockten wie die alten ratlosen Könige, nur dass kein Kind da war und kein besonderer Stern. Was war dann, fragte der große Anton noch einmal und nicht höhnisch, sondern so, als läge ihm etwas daran, eine Antwort zu bekommen.

Da war die Freude, sagte Munk, und da war die Liebe, sagte Sepp, und weil sie das eigentlich gar nicht hatten sagen wollen, vielmehr etwas aus ihnen heraus gesprochen hatte, eine alte Menschenerinnerung, schämten sie sich so furchtbar, dass sie anfingen mit kleinen Stöcken um sich zu werfen und einander mit Füßen zu treten.

Wieso, warum, fragte der große Anton und nun sollten sie erklären, was sie gesagt hatten, und konnten es nicht. Darum wurde es plötzlich ganz still vor der Hütte, nur dass drinnen das Mädchen die Worte aufgeschnappt hatte und sie vor sich hin plapperte. Freudeliebefreudeliebefreudeliebe, das war wieder zum Verrücktwerden und klang doch auch ganz schön, wie eine Glocke oder wie ein Gedicht. Halt's Maul, schrien die Jungen alle zugleich, aber sie konnten nicht helfen, dass sie plötzlich guter Dinge waren und auf dem Hügel wie die Geißen herumsprangen. Und als das Mädchen jetzt erschrocken zu weinen anfing, wühlten sie in ihren Hosentaschen und förderten etwas zu Tage, das sie dem Mädchen zum Geschenk hinwarfen, der Sepp eine Rolle Bindfaden und der Munk eine Streichholzschachtel mit einem Sternbild darauf. Der große Anton zog sogar seine Riesenmurmel heraus, die mit dem Schäfchen, das seltsamerweise Lamm Gottes hieß. Da, sagte er unfreundlich und gab sie dem Mädchen, das gierig seine Finger um die glasklare Kugel schloss. In diesem Augenblick aber fuhren alle Kinder zusammen, weil es jetzt zu läuten anfing, und zwar sehr heftig und von allen Türmen der Stadt.

Natürlich habe ich dieses Mitternachtsläuten auch gehört. Ich bin auch zusammengefahren und zuerst habe ich mich sogar geärgert, weil diese neuen

elektrisch betriebenen Glocken einen Lärm vollführen, der erschreckend und schon beinahe gesundheitsschädlich ist. Aber dann war ich ganz zufrieden, weil ich mir plötzlich einbildete, dass es gerade diesen lauten, heftigen Glocken gelingen würde, die weggelaufenen Kinder heimzurufen in die Stadt.

Ich hatte da nämlich schon eine ganze Weile am Fenster gestanden und nach den drei Buben Ausschau gehalten und vor etwa einer Viertelstunde waren die Eltern, alle drei Elternpaare, aus dem Haus gekommen, um dasselbe zu tun. Sie hatten sich dabei laut und aufgeregt unterhalten und aus ihren Stimmen hatte Angst geklungen, aber keine Einsicht, weswegen es dann auch, als die Kinder bald nach dem letzten Glockenschlag auftauchten, ein großes Gezeter gab. Die Jungen widersprachen nicht und heulten auch nicht. Freundlich lächelnd und so, als ginge sie das Ganze gar nichts an, standen sie unter der Laterne und gingen am Ende ganz folgsam mit ihren Eltern ins Haus. Ich sah ihnen nach, und obwohl ich doch damals noch gar nicht wissen konnte, wie sie diese Stunden verbracht hatten, taten sie mir nicht mehr Leid.

Ich muss wohl damals schon geahnt haben, was ich seit gestern weiß, nämlich dass die Kinder an jenem Abend ihr Weihnachten selbst gefunden hatten – das richtige, mit dem es nie zu Ende sein kann, weil Freude und Liebe immer neugeboren werden, solange es Menschen gibt.

WILLI FÄHRMANN

Kaschek, mein Freund

ein Großvater Paschmann erzählte gern Geschichten. Eine werde ich wohl nie vergessen. Er hat sie mir wenigstens zehnmal erzählt, aber sie ist mir nie langweilig geworden.

Ich setzte mich neben ihn und sagte: »Opa, erzähle doch mal von Kaschek, deinem Freund.« Er ließ sich nicht lange bitten und begann:

»Weihnachten 1917 hab ich in französischer Kriegsgefangenschaft verbracht. Das war eine elende Zeit. Wir Gefangenen mussten hart arbeiten und bekamen wenig zwischen die Zähne. Ich war zu einer Gruppe eingeteilt worden, die morgens, wenn es noch dunkel war, zu einem Steinbruch marschieren musste. Auf fünf Gefangene kamen zwei Wärter, ältere Männer meist. Sie machten nicht viel Federlesens mit uns. Angetrieben wurden wir, wenn wir unser Werkzeug mal für ein paar Minuten sinken ließen. Geschimpfe, Geschrei, wohl auch Drohungen und alles in der fremden Sprache. Ein Stoß mit dem Gewehrkolben in den Rücken, das war an der Tagesordnung. Nur wenn im Winter die Temperaturen unter den Gefrierpunkt sanken, erlaubten sie uns ein Feuer zu machen, aber wohl hauptsächlich, um selber rundum zu stehen und sich zu wärmen. Oft haben wir abenteuerliche Fluchtpläne geschmiedet, aber das Lager war vielfach gesichert und so gut bewacht, als ob wir alle Schwerverbrecher gewesen wären. Und im Steinbruch zwei Wächter auf je fünf Mann. Dabei war es so, dass aus dem Steinbruch sowieso kein Entkommen möglich war. Es gab nur einen Einschlupf, durch den gerade mal die Fuhrwerke durchpassten, wenn sie die Steine abholten. Ringsum sonst nur hohe Steilwände. Ja, war leicht zu bewachen, der Steinbruch. Und dann zwei Franzosen auf je fünf deutsche Gefangene. Die meisten von uns waren auch wohl viel zu schwach, um wirklich eine Flucht zu wagen.

Mein Freund, der Unteroffizier Kaschek, hielt unsere Arbeitsgruppe zusammen, machte uns auch Mut, wenn wir den Kopf hängen ließen. ›Jeder Krieg ist irgendwann zu Ende‹, sagte er oft. Aber uns kam es vor wie eine Ewigkeit, ja, wie eine Ewigkeit kam es uns vor. Kaschek, mein Freund, war ein Kerl wie ein Bär so stark. Und ähnlich wie ein Bär sah er auch aus, ein bisschen tapsig sein Gang und sein Körper war dicht mit schwarzen Haaren bedeckt. Er hatte sich ein paar Brocken Französisch beigebracht. Und manche von den Wachen hatten es gern, wenn er mit ihnen sprach. Manchmal lachten sie laut auf. Dann hatte Kaschek wohl einen Fehler gemacht und sie riefen sich zu: ›Il est con‹, er ist saudumm. Dabei konnten die meisten von denen kein einziges deutsches Wort. Vielleicht wollten sie auch die von ihnen verhasste Sprache des Feindes nicht sprechen, ich weiß es nicht. Jedenfalls hatte Kaschek, mein Freund, am 24. Dezember die Wachen gefragt, ob sie uns auch Weihnachten zur Arbeit treiben würden. Sie sagten, eigentlich wollten sie das wohl, und wenn es doch nicht geschehe, dann weil sie selber Weihnachten feiern wollten. ›Was für ein Weihnachten‹, habe ich geflüstert. ›Keine Nachricht von der Familie und zum ersten Mal in meinem Leben ein Weihnachtsfest ohne Messe.‹ Kaschek hat zu den Wachen gesagt, er wolle nach Arbeitsschluss, bitte schön, den Herrn Kommandanten sprechen, aber die Wachen haben darüber gelacht und ›nononon‹ gerufen. Als wir dann ins Lager zurückgeführt wurden, da hat Kaschek, mein Freund, laut auf Französisch geschrien: ›Ich möchte, bitte schön, den Herrn Kommandanten sprechen.‹ Das hat er immer wieder hinausgeschrien. Er hat auch nicht zu schreien aufgehört, als sie ihm den Gewehrkolben in den Rücken stießen. Und als er schließlich am Straßenrand im dreckigen Schnee lag und einer ihm den schweren Kolben ins Gesicht drückte, da hat er immer noch geschrien: ›Ich möchte, bitte schön, den Herrn Kommandanten sprechen.‹ Wir wollten Kaschek wegtragen, aber da haben einige

Franzosen ihre Gewehre von der Schulter genommen. Als wir in die Mündungen schauten, haben wir allen Mut verloren. Waren ja auch auf fünf von uns zwei von denen. Dann wurde mit einem Male die Tür der Offiziersbaracke aufgestoßen und er ist selbst herausgelaufen gekommen, der Kommandant, und hatte nicht einmal seinen Uniformrock zugeknöpft. In scharfem Ton hat er den Wachen etwas befohlen und die haben von meinem Freund Kaschek abgelassen.

Der Kommandant hat ihn auf Deutsch angesprochen und gefragt: ›Was schreist du hier herum, Gefangener?‹

Kaschek, mein Freund, hat sich aufgerappelt und ist nur schwer aus dem Schnee hochgekommen. Sein Gesicht sah furchtbar aus, die Nase war eingeschlagen und Blut sickerte ihm in den Bart.

›Ich möchte Musjöh Commandant bitten, dass die katholischen Kameraden morgen am Weihnachtstag eine Messe mitfeiern dürfen.‹

»Fragst du auch für dich selbst?‹

›Nein‹, hat mein Freund Kaschek geantwortet, ›ich bin evangelisch. Aber mein Freund, der Grenadier Paschmann, der ist katholisch. Und auch noch ein paar andere von uns sind katholisch. Und weil doch morgen Weihnachten ist, Musjöh Commandant...‹

Der Kommandant hat sich eine Weile bedacht und seinen Blick nicht abgewendet von meinem Freund Kaschek und hat dann gesagt: ›Ist gut, Kamerad.‹ Er hat wirklich ›Kamerad‹ zu Kaschek gesagt. ›Die Evangelischen können morgen einen Gottesdienst in der Essensbaracke halten und die Katholischen werden um acht Uhr ins Dorf in die Kirche geführt.‹

›Danke, Musjöh Commandant‹, hat Kaschek gesagt, ist in die Knie gebrochen und kopfüber in den Schnee gestürzt. Sie haben ihn ins Krankenrevier geschafft. Wir waren zu fünfundzwanzig Mann, die von den Wachen am Weihnachtsmorgen ins Dorf gebracht wurden. Auf fünf von uns kamen zwei Wachsoldaten, aber es hat keinen Stoß mit dem Kolben gegeben und kein böses

Wort. Die Kirche war gestopft voll. Uns haben sie ganz nach vorn geführt. Gleich hinter den Kindern hatten sie für uns drei Bänke freigehalten. Ich konnte von meinem Platz aus gut die Krippe sehen. Ganz groß und schön war sie aufgebaut worden. Da stand halb hinter der Gottesmutter der heilige Josef und der Stern mit dem Schweif leuchtete hell. Der Josef stand da. Ich konnte ihn ganz deutlich erkennen, da stand er mit seinem schwarzen Bart und seiner Gestalt wie ein Bär und er glich ganz genau dem Kaschek, meinem Freund.«

Opa Paschmann schwieg einen Moment, atmete tief und sagte dann: »Das genau ist es, was ich dir sagen wollte, hinter mir hatte ein riesiger, pechschwarzer Senegalese seinen Platz, neben meiner Bank stand ein Algerier, weiter im Gang ein amerikanischer Soldat und dazu unsere Wachmannschaft und all die Franzosen aus dem Dorf, die Frauen, die Kinder, die alten Männer. Und dann haben wir gesungen: Pater noster, qui es in caelis. Alle, versteht ihr, alle zusammen in ein und derselben Sprache haben wir das Vaterunser gesungen. Wohl viele haben es gespürt, ob Franzmänner, Afrikaner, Deutsche oder der aus Amerika, ob Freund oder Feind, wisst ihr, es gibt etwas, das uns alle zusammenbindet. Pater noster. In diesem Augenblick war für mich Weihnachten.«

ERICH KÄSTNER

Sechsundvierzig Heiligabende

 ünfundvierzigmal hintereinander hab ich mit meinen Eltern zusammen die Kerzen am Christbaum brennen sehen. Als Flaschenkind, als Schuljunge, als Seminarist, als Soldat, als Student, als angehender Journalist, als verbotener Schriftsteller. In Kriegen und im Frieden. In traurigen und in frohen Zeiten. Vor einem Jahr zum letzten Mal. Als es Dresden, meine Vaterstadt, noch gab. Diesmal werden meine Eltern am Heiligabend allein sein. Im Vorderzimmer werden sie sitzen und schweigend vor sich hin starren. Das heißt, der Vater wird nicht sitzen, sondern am Ofen lehnen. Hoffentlich hat er eine Zigarre im Mund. Denn rauchen tut er für sein Leben gern. »Vater hält den Ofen, damit er nicht umfällt«, sagte meine Mutter früher. Mit einem Male wird er »Gute Nacht« murmeln und klein und gebückt, denn er ist fast achtzig Jahre alt, in sein Schlafzimmer gehen.

Nun sitzt sie ganz einsam und verlassen. Ein paarmal hört sie ihn nebenan noch husten. Schließlich wird es in der Wohnung vollkommen still sein... Bei Grüttners oder Ternettes singen sie vielleicht »Oh du fröhliche, oh du selige«. Meine Mutter tritt ans Fenster und schaut auf die weiß bemützten Häuserruinen gegenüber. Am Neustädter Bahnhof pfeift ein Zug. Aber ich werde nicht in dem Zuge sein. Dann wird sie in ihren Kamelhaarpantoffeln leise und langsam durchs Zimmer wandern und meine Fotografien betrachten, die an den Wänden hängen und auf dem Vertiko stehen. In den Büchern, die ich geschrieben habe und die sie auf den Tisch gelegt hat, wird sie blättern. Seufzen wird sie. Und vor sich hin flüstern: »Mein guter Junge.« Und ein wenig weinen. Nicht laut, obwohl sie allein im Zimmer ist. Aber so, dass ihr das alte, tapfere Herz weh tut. Wenn ich

daran denke, ist mir es, als müsste ich, hier in München, auf der Stelle vom Stuhl aufspringen, die Treppen hinunterstürzen und, ohne anzuhalten, bis nach Dresden jagen. Durch die Straßen und Wälder und Dörfer. Über die Brücken und Berge und verschneiten Äcker und Wiesen. Bis ich endlich außer Atem vor dem Haus stünde, in dem sie sitzt und sich nach mir sehnt, wie ich mich nach ihr.

Aber ich werde die Treppen nicht hinunterstürzen. Ich werde nicht durch die Nacht nach Dresden rennen. Es gibt Dinge, die mächtiger sind als Wünsche. Da muss man sich fügen, ob man will oder nicht. Man lernt es mit der Zeit. Dafür sorgt das Leben. Sogar von euch wird das schon mancher wissen. Vieles erfährt der Mensch zu früh. Und vieles zu spät.

Meine liebe Mutter... Nun bin ich doch selber schon ein leicht ergrauter, älterer Herr von reichlich sechsundvierzig Jahren. Aber der Mutter gegenüber bleibt man immer ein Kind. Mutters Kind eben. Ob man sechsundvierzig ist oder Ministerpräsident von Bischofswerda oder Johann Wolfgang von Goethe persönlich. Das ist den Müttern, Gott sei Dank, herzlich einerlei!

Später wird sie sich eine Tasse Malzkaffee einschenken. Aus der Zwiebelmusterkanne, die in der Ofenröhre warm steht. Dann wird sie ihre Brille aufsetzen und meinen letzten Brief noch einmal lesen. Und ihn sinken lassen. Und an die fünfundvierzig Heiligabende denken, die wir gemeinsam verlebt haben. An Weihnachtsfeste besonders, die weit, weit zurückliegen. In längst vergangenen Zeiten, als ich noch ein kleiner Junge war.

An das eine Mal etwa, wo ich ihr einen großen, schönen, feuerfesten Topf gekauft hatte und mit ihm, als sie mich zur Bescherung rief, hastig durch den Flur rannte. Als ich ins Zimmer einbiegen wollte, begann ich strahlend: »Da, Mutti, hast du...« Ich wollte natürlich rufen: »...einen Topf!« Aber nein, Mutters feuerfester Topf kam leider, als ich in die Zielgerade einbog, mit der Tür in Berührung. Er zerbrach und ich stammelte entgeistert: »Da, Mutti, hast du – einen Henkel!« Denn mehr als den Henkel hatte ich nicht in der Hand.

Wenn sie daran denkt, wird sie lächeln. Und einen Schluck Malzkaffee trin-

ken. Und sich anderer Weihnachten erinnern. Vielleicht jenes Heiligabends, an dem ich ihr die »sieben Sachen« schenkte. Verlegen überreichte ich ihr eine kleine, in Seidenpapier gewickelte Pappschachtel und sagte, während sie diese unterm Christbaum vorsichtig und gespannt auspackte: »Weißt du, ich habe doch nicht viel Geld gehabt – aber es sind sieben Sachen und alle sieben sind sehr praktisch!« In der Schachtel fand sie eine Rolle schwarzen Zwirn, eine Rolle weißen Zwirn, eine Spule schwarzer Nähseide, eine Spule weißer Nähseide, ein Briefchen Sicherheitsnadeln, ein Heftchen Nähnadeln und ein Kärtchen mit einem Dutzend Druckknöpfen. Sieben Sachen! Da freute sie sich sehr und ich war stolz wie der Kaiser von Annam.

Oder ihr fällt jeder Weihnachtsabend ein, an dem ich, nach der Bescherung, noch zu Försters Fritz, meinem besten Freunde, lief, um zu sehen, was denn der bekommen hatte. Seinen Eltern gehörte das Milchgeschäft an der Ecke Jordanstraße... Ganz plötzlich kam ich wieder nach Hause. Ich stand, als meine Mutter die Tür öffnete, blass und verstört vor ihr. Försters Fritz hatte eine Eisenbahn geschenkt bekommen, und als ich damit hatte spielen wollen, hatte er mich geschlagen!

Da stand ich nun klein und ernst vor ihr und fragte, was ich tun solle. Zurückschlagen hatte ich nicht können. Er war ja mein bester Freund. Und warum er mich eigentlich geschlagen hatte, begriff ich überhaupt nicht. Was hatte ich ihm denn getan?

Damals hatte meine Mutter zu mir gesagt: »Es war richtig, dass du nicht zurückgeschlagen hast! Einen Freund, der uns haut, sollen wir auch nicht prügeln, sondern mit Verachtung strafen.« – »Mit Verachtung strafen?« Ich machte kehrt. »Wo willst du denn hin?«, fragte meine Mutter. »Wieder zurück!«, erklärte ich energisch. »Ihn mit Verachtung strafen!« Und so ging ich wieder zu Försters und verbrachte den Rest des Abends damit, meinen Freund Fritz gehörig zu verachten. Leider weiß ich nicht mehr, wie ich das im Einzelnen gemacht habe. Schade. Sonst könnte ich euch das Rezept verraten.

Oder meine Mutter wird an einen anderen Heiligabend denken, der nicht ganz so weit zurückliegt. Es sind höchstens zwanzig Jahre her – da gingen wir, nach unserer Bescherung, an den Albertplatz zu Tante Lina, um dabei zu sein, wenn der kleine Franz beschert bekäme. Franz war das Kind meiner früh verstorbenen Base Dora.

Ich war damals ungefähr fünfundzwanzig Jahre alt. Und plötzlich sagte Tante Lina, der Weihnachtsmann, der zum kleinen Franz hätte kommen sollen, habe in letzter Minute wegen Überlastung abtelefoniert und ich müsse ihn unbedingt vertreten! Sie zogen mir einen umgewendeten Pelz an, hängten mir einen großen weißen Bart aus Watte um, drückten mir einen Sack mit Äpfeln und Haselnüssen in die Hand und stießen mich in das Zimmer, wo Franz, der Knirps, neugierig und etwas ängstlich auf den richtigen Weihnachtsmann wartete. Als ich ihn mit kellertiefer Stimme fragte, ob er auch gefolgt habe, antwortete er: Oh ja, das habe er schon getan. Und dann kitzelte mich der alberne Wattebart derartig in der Nase, dass ich laut niesen musste.

Und der kleine Franz sagte höflich: »Prost, Onkel Erich!« Er hatte den Schwindel von Anfang an durchschaut und hatte nur geschwiegen, um uns Erwachsenen den Spaß nicht zu verderben.

Meine Mutter in Dresden wird also an vergangene glücklichere Weihnachten denken. Und in München werde ich es auch tun. Erinnerungen an schönere Zeiten sind kostbar wie alte goldene Münzen. Erinnerungen sind der einzige Besitz, den uns niemand stehlen kann und der, wenn wir sonst alles verloren haben, nicht mit verbrannt ist. Merkt euch das!

Vergesst es nie!

Während ich am Schreibtisch sitze, werden meiner Mutter vielleicht die Ohren klingeln. Da wird sie lächeln und meine Fotografien anblicken, ihnen zunicken und flüstern: »Ich weiß schon, mein Junge, du denkst an mich.«

MARTIN LUTHER

Vom Himmel hoch, da komm ich her

Vom Himmel hoch, da komm ich her,
ich bring euch gute neue Mär;
der guten Mär bring ich so viel,
davon ich singen und sagen will.

Euch ist ein Kindlein heut geborn,
von einer Jungfrau auserkorn,
ein Kindelein so zart und fein,
das soll eu'r Freud und Wonne sein.

Es ist der Herr Christ, unser Gott,
der will euch führn aus aller Not,
er will eu'r Heiland selber sein,
von allen Sünden machen rein.

Er bringt euch alle Seligkeit,
die Gott der Vater hat bereit',
dass ihr mit uns im Himmelreich
sollt ewig leben allzugleich.

Lob, Ehr sei Gott im höchsten Thron,
der uns bringt seinen eignen Sohn.
Des freuen sich der Engel Schar
und singen uns solch neues Jahr.

EVELINE HASLER

Die Weihnachtsschlacht

ur noch sechs Tage«, stellt Nelly fest. Sie spitzt die Lippen und versucht »Oh du fröhliche« zu pfeifen.

»Noch sechs Tage«, wiederholt die Mutter nachdenklich. Sie sagt es nicht fröhlich, nach einer Pause schickt sie den Seufzer nach: »Wenn nur alles schon vorüber wäre!« Nellys Pfeifton bleibt jäh in der Luft hängen. Entgeistert schaut sie ihre Mutter an.

»Freust du dich denn nicht?«

»Schon. Aber der ganze Rummel hängt mir zum Hals heraus.«

Am Nachmittag hat Nelly frei, sie fährt mit einer Freundin Schlittschuh und gegen Abend geht sie in den großen Selbstbedienungsladen, wo die Mutter arbeitet. Da geht es zu wie in einem Bienenhaus. Die Mutter sitzt auf einem Drehstuhl vor einer der sechs Kassen. Die Waren kommen auf einem Förderband auf sie zu, und während ihre rechte Hand auf den Zahlentasten liegt und tippt, dreht die linke die Waren so, dass sie die Preise ablesen kann, und legt dann ein Ding nach dem andern in einen Gitterwagen. Wenn alles getippt ist, drückt die rechte Hand die Additionstaste und reißt den Kassenstreifen ab, die linke Hand stößt den gefüllten Wagen weg, zieht den leeren zur Kasse.

»Toll, wie du das machst«, hat Nelly schon manchmal zu ihrer Mutter gesagt. »Also, bei mir ginge das ganz langsam. So tipp – tipp – tipp – tipp und erst noch die Hälfte falsch.«

»Ach wo!«, hat die Mutter lachend ausgerufen. »Das ist Übungssache. Am

Anfang war ich auch nicht so flink. Ich fand die Preisschilder nicht und vertippte mich ab und zu. Dann murrten die Leute, weil sie warten mussten. Aber jetzt geht es beinahe im Schlaf.«

»Wie ein Roboter!« Nelly lachte.

Ein Roboter als Mutter? Der hätte nie Kopfweh, würde abends nicht müde. Aber ein Roboter hat kein Herz. Da war ihr die Mutter, so wie sie war, doch lieber, auch wenn sie manchmal abends kaum mehr sprechen konnte vor Müdigkeit!

Noch vier Tage.

Noch drei.

Die Warteschlangen vor den Kassen wurden immer länger. Die Leute deckten sich mit Esswaren ein, als dauere Weihnachten ein halbes Jahr. Die automatischen Glastüren gingen mit einem Zischton auf und zu, auf und zu; die Mutter auf ihrem Drehstuhl spürte den Luftzug im Rücken. Auch die Kartonschilder, die an Fäden von der Decke hingen, schwangen im Luftstrom hin und her.

Über Mutters Kopf pendelte eine Weihnachtsglocke. AKTION stand rot darauf: 250 g PRALINEN ZUM SONDERPREIS!

In der Nähe schwebte ein Weihnachtsengel aus Karton, er trug ein Band in den Händen wie der Engel in der Kirche, aber darauf stand nicht »FRIEDE DEN MENSCHEN AUF ERDEN«, sondern »ROLLSCHINKEN ZUM FEST 15,80 DAS KILO«.

Aus den Lautsprechern träufelte Weihnachtsmusik. Das Förderband mit den Waren rollte.

> Oh du fröhliche . . .
> Kalbskopf
> Oh du selige . . .
> Kaffee Milde Sorte
> Clopapier dreilagig
> Gnadenbringende . . .

Taschentücher mit Monogramm

Tafelsenf

Weihnachtszeit . . .

Die Mutter stöhnte, wischte sich mit dem Handrücken schnell die Schweißtropfen über der Oberlippe ab.

Die Wartenden vor der Kasse traten unruhig von einem Bein auf das andere, schauten die Frau an der Kasse nicht an, starrten ins Weite, weil sie schon an den Heimweg dachten mit den schweren Taschen, an die verstopfte Straßenbahn.

Uff.

Noch drei Tage, dann ist es überstanden.

»Ich mache so ein Festessen wie letztes Jahr«, sagte die Mutter am Abend zu Nelly. »Sülze auf Salatblättern, Schweinsbraten, Pommes frites, Bohnen und zum Dessert Schokoladencreme aus der Dose mit Birnen.«

Am 24. Dezember war das Geschäft nur bis 16 Uhr offen.

Anschließend konnten die Angestellten von den übrig gebliebenen Waren kaufen, auf alles gab es einen Rabatt von 15 %. Das lohnt sich, fand Nellys Mutter. Aus diesem Grund hatte sie alle großen Einkäufe bis jetzt aufgespart: eine Schultasche für Nelly, eine Puppe, Farbstifte, eine Windjacke für den Vater, die Esswaren für das Weihnachtsfest.

Im Personalraum gab es für die Angestellten noch einen Imbiss.

»Die große Weihnachtsschlacht ist wieder einmal geschlagen«, sagte der Personalleiter und sprach lobende Worte aus, dann wurden Schinkenbrote gereicht, ein Glas Wein.

Nach dem Imbiss ließ Nellys Mutter ihre dicken Plastiktüten im Personalraum stehen.

Sie merkte es erst, als sie draußen an der Bushaltestelle stand. Meine Geschenke! Alle die guten Sachen fürs Nachtessen!, dachte sie erschrocken.

Aber das Geschäft war schon abgeschlossen.

Vor dem 27. kriegte man da nichts mehr heraus.

Mit leeren Händen kam sie zu Hause an.

Trotzdem feierten sie an diesem Abend Weihnachten. Vater zündete die Christbaumkerzen an und Nelly sagte ein Gedicht auf. Sie wusste nur die ersten zwei Strophen, dann blieb sie stecken. Aber die Mutter fand es trotzdem sehr schön und der Vater hatte gar nicht gemerkt, dass es weitergehen sollte.

Das Essen war kürzer als vorgesehen. Zum Glück hatte die Mutter den Braten schon vorher gekauft und die Kartoffeln ohnehin im Haus, aber es gab keine Vorspeise und keinen Nachtisch. Das heißt, sie knabberten einfach Nüsse und aßen Äpfel.

»Dafür habe ich keinen so schweren Magen wie letztes Jahr«, meinte der Vater. »So schwere Essen bekommen mir nicht mehr.«

Auch zum Auspacken war nicht viel da.

So blieb Zeit.

Viel Zeit.

Nelly holte das Memory-Spiel, das sie zur letzten Weihnacht bekommen hatte; alle Sonntage des verflossenen Jahres hatte sie vergeblich gewartet, dass jemand Zeit fände mit ihr zu spielen.

Jetzt hatten die Eltern Zeit.

Vater hatte noch nie Memory gespielt.

Nach einer Weile hatte Nelly schon sieben Kartenpaare gefunden, Mutter drei und Vater, der sonst immer alles besser wissen wollte, suchte dauernd am falschen Ort. Er versuchte sich mit Tricks zu helfen, indem er heimlich Brotbrösel auf die Karten legte, die er sich gemerkt hatte. Oder er hielt die Hände so auf dem Tisch, dass der Daumen die Richtung markierte, in der eine gewisse Karte lag. Nelly kam ihm auf die Schliche. Sie spielten ein zweites und drittes Mal und Vater ärgerte sich nicht, dass er immer verlor.

Dann spielten sie noch Mühle und den Tschau-Sepp-Jass.

Um Mitternacht löschte der Vater das Licht aus und sie schauten alle drei aus dem Fenster, vom Schnee ging nämlich ein heller Schein aus und man hörte die Weihnachtsglocken läuten.

»In dieser Stunde vor fast 2 000 Jahren ist unser Heiland geboren«, sagte die Mutter und Nelly spürte, dass sie nun doch froh war, dass es Weihnacht geworden war.

Als Nelly ins Bett musste, sagte sie: »Das war aber eine schöne Weihnacht.«

»Wirklich?«, fragte die Mutter erstaunt. »Wir hatten ja kein Festessen und fast keine Geschenke.«

»Aber viel Zeit«, sagte Nelly.

RUDOLF OHLBAUM

Das arme Christkind

Meine Mutter erzählte manchmal in der Weihnachtszeit vom »armen Christkind«. So nämlich nannte sie das Christkind ihrer Kindheit, das in den neunziger Jahren des vorigen Jahrhunderts zu ihr und ihren acht Geschwistern wie zu anderen Kindern armer Leute gekommen sei. Und sie erzählte ungefähr Folgendes:

Ein kalter Wintermorgen – so begann der Heilige Abend. Wir größeren Kinder merkten das, als wir aus unseren Betten in der eiskalten Kammer unterm Dach aufstanden. Mein älterer Bruder Franz war mit dem Vater längst in die Glashütte zur Arbeit gegangen, während wir Schulkinder heute nicht zur Schule zu gehen brauchten; wir hatten ja Weihnachtsferien. Trotzdem hatten wir es nach dem Aufstehen eilig – eilig, in die warme Stube zu kommen. Wir liefen die Treppe hinunter und rissen die Stubentür auf.

Die Mutter wartete schon auf uns. Sie sagte zu uns: »Ihr wisst, heute ist Heiliger Abend und die Leute freuen sich, weil vor vielen Jahren in Bethlehem der Heiland geboren worden ist – als das Christkind. Und deshalb schenken die Leute einander etwas zu Weihnachten und in der Heiligen Nacht kommt das Christkind jedes Jahr wieder auf die Erde und beschenkt die Kinder. Aber, du lieber Gott, wo nimmt es für euch etwas her?«, sagte die Mutter mehr für sich. »Es ist ja kein Geld im Haus. Deshalb werden es wieder armselige Weihnachten sein.« Es fiel der Mutter schwer, das zu sagen, und wir größeren Kinder verstanden sie, aber die kleineren Geschwister hatten nur gehört, dass in der Nacht das Christkind kommt.

»Marie«, wandte sich die Mutter an meine ältere Schwester, »du gehst dann in die Stadt auf den Markt. Ich habe einige Eier gespart − unsere paar Hühner geben jetzt freilich fast keine her. Aber du musst die Eier dort verkaufen, für zwei Kreuzer ein Ei. Zieh dich warm an, es ist kalt draußen. Du kannst dir auch mein braunes Tuch umhängen. Denn übers ›Hofestück‹ bläst sicher ein scharfer Wind.«

»Soll ich das Sonntagskleid anziehen?«, fragte Marie.

»Das sieht man doch nicht unter dem Tuch«, antwortete die Mutter.

Da zog Marie eines ihrer beiden wadenlangen Wochentagskleider und lange Wollstrümpfe an. Doch der Gummi in ihren Strumpfbändern, die doch die Strümpfe über den Knien festhalten sollten, war überdehnt und ich musste ihr meine Strumpfbänder borgen. Die alten Potschen (das sind Filzschuhe), die von einer Tante stammten, waren etwas zu groß und deshalb umwickelte sie ihre Füße mit Lappen, bevor sie sie in die Potschen steckte. Darauf aß sie mit uns das Frühstück: in Körndlkaffee eingebrocktes Brot (Körndlkaffee, das ist aus gerösteter und gemahlener Gerste gekochter »Kaffee« mit mehr oder weniger Milch und Zucker).

Als Marie vom Essen aufgestanden war, zog sie ihre Kalmuckjacke (aus beiderseits aufgerautem Baumwollstoff) an und band sich ein Kopftuch um. Die Mutter hängte ihr ein Körbchen an den Arm und hüllte sie in ein großes braunes Umhängetuch ein, sodass auch das Körbchen und Maries bloße Hände bedeckt waren. Eine große Sicherheitsnadel hielt das Tuch unterm Kinn zusammen, damit es nicht rutschte.

Die Mutter begleitete Marie an die Haustür. »Es sind zwanzig Eier im Korb«, sagte sie, »und merk dir's: eines zwei Kreuzer, also vierzig Kreuzer zusammen! Dafür kaufst du auf dem Nachhauseweg bei der Färber-Marie unterm Bahnhof Weihnachtsplätzchen, damit ihr alle morgen früh etwas vom Christkind bekommen könnt. Und lass um Himmels willen das Körbchen nicht fallen und pass auf, dass du, wenn's auf der Straße glatt wird, nicht ausrutschst und stürzt! Sonst wären die Eier hin und euer Christkind auch!« Und schließlich rief sie ihr noch nach: »Und trödle nicht unterwegs! Du musst mir dann zu Hause noch helfen!«

Marie, die Dreizehnjährige, hatte den weiten Weg in die Stadt vor sich: vom Oberort des Dorfes an Bahnhof und Kirche vorbei, dann durch den Niederort – Kilometer um Kilometer –, wie viel, das zählte sie nicht. Anfangs lag Neuschnee auf der Straße und jeder Schritt, den sie machte, hinterließ einen Tapper. Wo schon der Schneepflug gefahren war, da hieß es aufpassen, um nicht auszugleiten und zu fallen.

Auf dem Hofestück zwischen Dorf und Stadt, wo die Landstraße zwischen Feldern hindurch über eine Höhe führte, hatte der Wind die Straße teils leer gefegt, teils Schneewehen angehäuft, in denen die Füße tief einsanken. Nach etwa zwei Stunden Marsch – die Kirchuhr hatte längst zehn geschlagen – kam Marie auf dem Markt an.

Es waren dort viele Marktfrauen, die auf Tischen und Kisten ihre Waren für die Festtage feilhielten. Marie stellte sich in eine Lücke zwischen zwei mit Grünzeug und Obst gefüllten Tischen, setzte ihr Körbchen auf den Boden, schaute umher und wartete. Sie war noch nie auf dem Markt gewesen und hatte bisher nie etwas feilgeboten. Nur manchmal im Sommer hatte sie Beeren und Pilze zu einer Lehrersfrau oder zur Frau des Glashüttenmeisters getragen und ihnen verkauft.

Hier auf dem Markt waren lauter fremde Menschen. Vor manchen Verkaufsständen drängten sich die Käuferinnen, manche in Begleitung einer Tochter oder eines Dienstmädchens. Aber auf das in ein braunes Tuch gehüllte Schulmädchen, das wartend dastand, achtete niemand. Die Zeit verging, die Kirchturmuhr schlug Viertelstunde um Viertelstunde. Da nahm Marie all ihren Mut zusammen und sprach eine Frau an, die nebenan die Waren musterte und deren Dienstmädchen zwei Einkaufskörbe trug: »Frau, möchten Sie Eier kaufen?« Dabei hob sie das geöffnete Körbchen empor.

»Kosten?«, fragte die Frau kurz von oben herab und musterte Eier und Mädchen.

»Zwei Kreuzer ein Ei«, antwortete Marie.

»Was, zwei Kreuzer? Unverschämt für diese kleinen Eier! Die kannst du selber essen!«, empörte sich die Frau und wandte sich ab.

Marie war über diese Abfuhr zutiefst erschrocken. Sie stellte das Körbchen mit den Eiern wieder vor ihre Füße und begann zu weinen.

Da fiel sie einer Frau auf, die nebenan Gemüse verkaufen wollte. »Warum weinst du denn?«, wollte sie teilnehmend wissen.

»Die Mutter hat mich hergeschickt, ich soll die Eier da verkaufen. Wir haben sonst kein Geld fürs Christkind«, schluchzte das Mädchen.

Die Frau hatte Erbarmen. Sie bückte sich, nahm drei Eier aus dem Körbchen und legte sie vorsichtig in ihre Einkaufstasche.

»Was verlangst du dafür?«, fragte sie.

»Zwei Kreuzer ein Ei«, stammelte Marie verlegen. Und plötzlich hatte sie einen Einfall und setzte hinzu: »Weil's Weihnachten ist.«

»Na dann – weil's Weihnachten ist«, wiederholte die Frau etwas erstaunt und zählte der Marie sechs Kreuzer in die Hand.

Jetzt schlug Maries Stimmung um. Sie freute sich über die sechs Kreuzer, ihr erstes Geschäft, und bekam wieder Mut. Sie trat sogar an vorübergehende Frauen heran und bat: »Kaufen Sie mir ein paar Eier ab, zwei Kreuzer das Stück, weil's Weihnachten ist!«

Sie musste diese Worte zwar oft wiederholen und sie blieben oft erfolglos. Aber zum Mittagsläuten hatte sie alle zwanzig Eier verkauft und vierzig Kreuzer dafür eingenommen. Sie knotete das Geld in das Tüchlein, in das die Eier eingehüllt gewesen waren, und legte es ins Körbchen zurück, und heraus holte sie die von der Mutter noch hineingegebene, mit etwas Zucker bestäubte Doppelschnitte. Sie biss erst einmal kräftig hinein, bevor sie sich, essend und kauend, auf den Heimweg machte – glücklich und stolz über ihren Erfolg und begierig darauf, Mutters zweiten Auftrag zu erfüllen: Backwerk bei der Färber-Marie einzukaufen. Das machte ihr den langen Rückweg leicht: zur

Stadt hinaus, übers Hofestück und durchs Heimatdorf. Sie spürte keine Ermüdung.

Die Färber-Marie hatte jetzt am Nachmittag wie eine Marktfrau einen Tisch vor ihrem Haus aufgestellt. Die essbaren Engelchen mit den aufgeklebten Lockenköpfchen und die mit weißen und roten Zuckerfäden verzierten Sterne, Monde und Herzen lockten die Vorübergehenden zum Kauf oder – vor allem die Kinder – zu begehrlichem Betrachten.

Aber Marie durfte jetzt auswählen und für vierzig Kreuzer einkaufen, was morgen früh das Christkind ihr und ihren Geschwistern bringen würde. Und die Färber-Marie gab ihr überdies – wegen des weiten Weges – noch ein zuckerverziertes Herz umsonst!

Marie war selig. Ihr war, als habe die heilige Weihnacht mit dem Christkind, den Engeln und den Hirten sie erfasst. Sie begann zu laufen, als müsse sie ganz schnell denen zu Hause die Weihnachtsbotschaft verkünden: Seht, ich verkündige euch große Freude!

Aber je mehr sie sich ihrem Haus näherte, umso langsamer ging sie, nein, schritt sie. Sie wollte es auskosten, was sie im Körbchen trug, als ob sie selber ein Engel oder gar das heilige Christkind wäre.

Die Mutter aber, ganz mit ihren häuslichen Sorgen beschäftigt, merkte nichts von all dem, was ihre Tochter erfüllte. Sie sagte nur erleichtert: »Endlich kommst du! Du hast lange gebraucht. Hast du auch alles erledigt, wie ich es dir aufgetragen hatte?«

Marie, aus ihren freudigen Gefühlen herausgerissen, antwortete nicht, sondern reichte nur der Mutter das Körbchen. Die hob den Deckel, schaute kurz hinein und sagte: »Gott sei Dank!«

Marie stand reglos inmitten der Stube und starrte auf die Mutter und das Körbchen. Da fragte die Mutter: »Willst du dich nicht ausziehen und etwas essen? Wir alle haben schon längst gegessen. Ich mach dir auch eine Knoblauchsuppe.«

Meine Schwester legte langsam Tuch und Kopftuch ab, zog Jacke und Potschen aus, noch immer wortlos. Indes zerdrückte die Mutter auf dem Tisch in einem Teller eine Knoblauchzehe mit Salz, schnitt Brot dazu und goss heißes Wasser darüber. Zu Marie sagte sie: »Du wirst doch Hunger haben!« Und Marie setzte sich an den Tisch und begann aus dem Teller die Knoblauchsuppe zu löffeln.

Der weitere Tag verlief wie jeder andere. Nur Vater und mein Bruder Franz kamen früher als sonst heim. Und die kleineren Geschwister waren aufgeregt und tuschelten vom Christkind. Mir erzählte die Schwester, was sie alles an diesem Tag erlebt hatte.

Am anderen Morgen, am heiligen Weihnachtsmorgen, als Vater und Franz aus der Christnachtfeier nach Hause gekommen waren, durften wir Kinder in die Stube hinein. Der Tisch war mit einer Tischdecke bedeckt, darauf lag in der Mitte ein großer Striezel aus Weißmehl und mit Rosinen. Unsere Neugier galt jetzt vornehmlich dem, was jedes von uns Kindern neben seinem Kaffeehaferl liegen hatte: den zwei Stück Backwerk, den paar Walnüssen und gebackenen Birnen und Pflaumen. Josef, der jüngste von uns Kindern, krähte in der Wiege. Auch er hatte vor sich auf der Zudecke ein Stück Gebäck und Nüsse liegen, mit denen er spielte.

Die Mutter sagte: »Kinder, es ist halt wieder nur ein armes Christkind da gewesen. Aber wir müssen ihm auch dafür danken. Es ist ja selber nur in einem Kuhstall zur Welt gekommen, nicht in einem Herrenhaus. Und die Hirten, denen der Engel zuerst die Geburt des Christkinds verkündet hat, waren auch arme Leute. Das Christkind mag auch die armen Leute. Und deshalb wollen auch wir Weihnachten halten.«

Und der Vater fügte hinzu: »Gesegnete Weihnachten wünsche ich euch allen.«

Während wir Kinder uns an unsere Plätze am Tisch drängten und die Gebäckstücke betrachteten und berochen, sah ich doch, wie die Mutter unter ihrer Schürze ein paar selber gestrickte Wollsocken hervorholte und dem Vater in die Hand drückte und wie dann der Vater in die Hosentasche griff und der Mutter ein ganz kleines Päckchen gab. »Mach's auf!«, sagte er. Umständlich löste Mutter das kleine Papier vom Inhalt und hielt dann in der einen Hand das Papier und in der anderen ein kleines Taschentuch. Sie sah erfreut den Vater an: »So ein schönes hab ich mir schon immer gewünscht! Bezahl dir's Gott!«

»Dir auch!«, sagte der Vater, sah ihr in die Augen und legte einen Augenblick lang seinen Arm um sie. Dann kamen sie beide zu uns zum Tisch.

»Komm, Herr Jesus, und sei unser Gast!«, begann der Vater zu beten und wir anderen beteten laut mit. Dann schöpfte die Mutter aus dem großen Kaffeetopf jedem sein Haferl voll mit weißem, gesüßtem Körndlkaffee und schnitt den Striezel auf. Dessen Stücke verschwanden im Nu in den Mündern und die Mutter brachte dann sogar noch einen kleineren Striezel, aber ohne Rosinen, auf den Tisch und ihm widerfuhr das Gleiche: Er wurde völlig aufgegessen.

Als wir alle vom Essen aufgestanden waren, deutete Marie auf das gebackene Engelchen in ihrer Hand und flüsterte mir zu: »Gelt, wenn ich gestern nicht auf dem Markt in der Stadt und bei der Färber-Marie gewesen wäre, ihr hättet alle nichts vom Christkind bekommen! Eigentlich bin doch ich euer Christkind gewesen!«

»Ja, aber nur das arme Christkind«, gab ich ihr zurück. »Du wirst dann in der Kirche beim Hochamt sehen und von den anderen Kindern hören, was sie alles vom Christkind bekommen haben, wie reich ihr Christkind gewesen ist!«

Marie schien betroffen. Doch dann antwortete sie geringschätzig: »Meinetwegen. Aber ich, ich bin doch wirklich euer Christkind gewesen, wenn auch nur das arme.«

WOLFGANG ESCHKER

Peter und Vladimir

Inzwischen war es schon sechs Uhr abends geworden. Die Straßen lagen menschenleer und grau, fast möchte man sagen: ein wenig erschöpft, ein wenig müde. Denn die letzten Tage waren doch reichlich anstrengend gewesen. Was hatte nicht gestern noch für ein Jubel und Trubel in den Geschäften und Straßen der Stadt geherrscht! Immer mehr Menschen waren in die hell erleuchtete Stadt gekommen, um noch schnell die letzten Besorgungen vor dem Fest zu machen. Der eine brauchte dies, der andere das, man kaufte und packte, probierte und tauschte, wollte dieses und jenes und hin und her. Das war ein Lärmen und Gedränge, wie man es eben nur in der Weihnachtszeit kennt.

Heute aber, am Heiligen Abend, war das ganz anders gewesen: Die Menschen waren schon gegen Mittag nach Hause gegangen und je mehr Lichter am späten Nachmittag hinter den Gardinen erstrahlten, desto leerer und stiller wurde die Stadt.

Und inzwischen war es also sechs Uhr geworden, Heiliger Abend, genau sechs Uhr. Der kleine Peter hatte – wie jedes Jahr – einen Brief mit seinem Wunschzettel an das Christkind geschickt und wartete nun ungeduldig auf das Zeichen seiner Eltern, dass er ins Wohnzimmer dürfe, wo unter dem hell strahlenden und glitzernden Tannenbaum all seine Geschenke lagen. In diesem Jahr hatte er nur fünf Wünsche gehabt und in Gedanken zählte er sie alle noch einmal der Reihe nach auf, so wie er sie in seinem Brief dem Christkind aufgeschrieben hatte: eine Lokomotive mit sechs Wagen, ein Paar Schlittschuhe, einen Stabilbaukasten und nicht zuletzt den Fußball und die Fußballschuhe.

Er konnte den ganzen Brief schon auswendig, so oft hatte er ihn vor sich hergesagt. Und gerade wollte er wieder von vorne beginnen, da kam das Zeichen seiner Eltern. Die Tür zum Wohnzimmer ging auf und vor ihm stand der Tannenbaum mit seinen Kugeln und Sternen, Lametta und den vielen Kerzen, die alle angezündet waren.

Sofort hatte Peter die Lokomotive entdeckt. Acht Wagen hatte sie sogar! Da lagen auch die Schlittschuhe und funkelten im Kerzenschein. Und dahinter stand der Stabilbaukasten und auch die Fußballschuhe waren da. Peter probierte sie sofort an. Ja, die Größe stimmte. Das Christkind hatte sich nicht geirrt. Die Schuhe passten wie angegossen.

Doch wo war der Fußball? Der Fußball fehlte. Nirgends im Zimmer ein Fußball zu sehen. Und je länger der kleine Peter seinen Fußball suchte, desto enttäuschter wurde er.

Bis er schließlich – ganz leise – seinen Vater fragte: »Ob das Christkind wohl den Fußball vergessen hat?«

Sein Vater aber schüttelte den Kopf und antwortete ihm ganz ernst: »Nein, Peter. Das Christkind hat den Fußball nicht vergessen. Es hat ihn sogar schon vor einigen Tagen hier abgegeben. Aber stell dir vor, was da passiert ist! – Du kennst doch unsere Nachbarn, die Milanovitschs, die gerade aus Jugoslawien gekommen sind und jetzt bei uns in Deutschland arbeiten?«

»Natürlich kenne ich die. Vladimir ist doch mein Freund. Wir gehen doch jeden Tag zusammen spielen.«

»Ja«, sagte der Vater, »und gestern habe ich Vladimirs Vater in der Stadt getroffen. Und da sagte er mir, dass der Vladimir auch einen Brief an das Christkind geschrieben hat. Nur einen Fußball wollte er haben. Sonst nichts. Aber weißt du, was passiert ist?«

»Nein. Was denn?«

»Der Brief kam wieder zurück!«

»Der Brief kam zurück? Warum denn das?«

»Vielleicht konnte das Christkind den Brief nicht lesen. Wir verstehen den Vladimir ja auch nicht immer. Und weil nun dein Freund gar kein Weihnachtsgeschenk gehabt hätte, habe ich Herrn Milanovitsch deinen Fußball gegeben. Bist du sehr traurig?«

»Ach nein«, sagte Peter nach einer Weile. »Weißt du, mit einem Fußball können wir ja alle zusammen spielen.« Und rasch fügte er hinzu: »Darf ich jetzt gleich mal rüber zu Vladimir?«

»Klar«, sagte der Vater, »und ich komme mit!«

O. HENRY

Die Gabe der Weisen

in Dollar und 87 Cent. Das war alles. Und 60 Cent davon waren lauter einzelne Ein- und Zwei-Penny-Stücke! Penny-Stücke, die sie durch Feilschen beim Kaufmann oder Metzger oder Gemüsehändler erspart hatte. Dreimal zählte Della nach. Ein Dollar und 87 Cent! Und morgen war Weihnachten!

Da blieb einem nichts weiter übrig als sich auf die schäbige kleine Couch zu werfen und zu weinen. Was Della auch tat. Und das legt die Folgerung nahe, dass sich das Leben aus Schluchzen, Seufzen und Lächeln zusammensetzt, wobei die Seufzer überwiegen.

Während Della allmählich vom ersten zum zweiten Stadium übergeht, sehen wir uns in ihrem Heim um. Eine möblierte Wohnung, acht Dollar die Woche. Nicht gerade eine Bettler-Behausung, aber auch nicht sehr weit davon entfernt.

Unten im Hausflur hing ein Briefkasten, in den kein Brief hineinwollte, und daneben war ein Klingelknopf, dem kein menschlicher Zeigefinger einen Laut abschmeicheln konnte. Dazu gehörte eine Karte, die den Namen Mr. James Dillingham Young aufwies.

Das »Dillingham« hatte sich während einer Epoche vorübergehenden Wohlstandes eingestellt, als sein Besitzer 30 Dollar die Woche verdiente. Nachdem das Einkommen auf 20 Dollar zusammengeschrumpft war, nahmen sich sämtliche Buchstaben etwas kümmerlich aus, als ob sie ernstlich daran dächten, zu einem bescheidenen, anspruchslosen »D« zusammenzuschrumpfen. Kam aber Mr. James Dillingham Young in seine kleine Wohnung zurück, so wurde er »Jim« genannt und von Mrs. James Dillingham Young, die uns bereits als »Della« bekannt ist, zärtlich umarmt. Und das war schließlich die Hauptsache.

Della hörte also zu weinen auf und veredelte ihr Äußeres mit der Puderquaste. Dann stellte sie sich ans Fenster und starrte trübselig auf die graue Katze, die über den grauen Zaun des grauen Hinterhofs spazierte. Morgen war Weihnachten und sie hatte bloß 1,87 $, um Jim ein Geschenk zu kaufen. Seit Monaten hatte sie jeden Penny umgedreht, und das war nun das Ergebnis! Mit 20 Dollar Gehalt wöchentlich kann man eben keine großen Sprünge machen. Die Ausgaben waren höher gewesen, als sie geglaubt hatte. Das ist ja immer so. Nur 1,87 $, um Jim ein Weihnachtsgeschenk zu kaufen! Viele Stunden hatte sie damit verbracht, sich etwas Hübsches für ihn auszudenken. Etwas Schönes, Kostbares, Herrliches, etwas, das halbwegs der Ehre würdig war Jim gehören zu dürfen.

Zwischen den beiden Wohnzimmerfenstern hing ein Spiegel. Jeder kann sich so einen Spiegel in einer Acht-Dollar-Wohnung vorstellen. Ein sehr schlankes und behändes Persönchen kann aus einer Aufeinanderfolge vieler Längsansichten einen ziemlich genauen Eindruck ihres Äußeren erhalten. Della, die schlank war, hatte es darin zur Meisterschaft gebracht.

Plötzlich wirbelte sie herum und lief vom Fenster zum Spiegel. Ihre Augen strahlten, aber ihr Gesicht hatte alle Farbe verloren. Flink löste sie ihr Haar und ließ es in seiner ganzen Länge niederfallen.

Nun besaßen die James Dillingham Youngs zweierlei, auf das sie mächtig stolz waren. Das eine war Jims goldene Uhr, die vor ihm seinem Vater und seinem Großvater gehört hatte. Das andere war Dellas Haar. Hätte in der Wohnung jenseits des Lichtschachtes die Königin von Saba gewohnt, so hätte Della gewiss ihr Haar zum Trocknen aus dem Fenster hängen lassen, und zwar nur, um die Juwelen und Kostbarkeiten Ihrer Majestät in den Schatten zu stellen. Und wäre König Salomo Hauswart gewesen und hätte er seine sämtlichen

Schätze im Erdgeschoss aufgestapelt, so würde Jim jedes Mal im Vorbeigehen seine Uhr gezückt haben, nur um zu sehen, wie König Salomo sich neiderfüllt am Bart zupfte.

Dellas schönes Haar fiel also wellig und glänzend wie ein schimmernder brauner Wasserfall nieder. Es ging ihr bis unters Knie und war fast wie ein Gewand. Dann steckte sie es hastig und nervös wieder auf. Einen Augenblick hielt sie inne und stand bewegungslos da, während ein, zwei Tränchen auf den abgetretenen roten Teppich tropften.

Dann schnell die alte braune Jacke an, schnell den alten braunen Hut auf! Mit wehenden Röcken und immer noch blitzenden Augen flog sie aus der Tür, die Treppe hinunter und hinaus auf die Straße. Sie machte erst Halt vor einem Haus mit dem Schild »Mme. Sofronie. An- und Verkauf von Haar aller Art.« Della sprang die Stufen zum ersten Stock hinauf, rang nach Luft und fasste sich. Madame erschien: pompös, kühl, weiß gepudert.

»Wollen Sie mein Haar kaufen?«, fragte Della.

»Ich kauf Haar«, sagte Madame. »Nehmen Sie mal 'n Hut ab und zeigen Sie, was Sie ha'm!«

Der braune Wasserfall wallte nieder.

Madame wog die Flut mit geübter Hand. »Zwanzig Dollar«, sagte sie.

»Geben Sie's her, schnell!«, sagte Della.

Oh, die beiden folgenden Stunden tänzelten auf Rosenfittichen vorüber. (Verzeihung für das zusammengewürfelte Bild!) Della durchstöberte die Läden nach einem Geschenk für Jim.

Endlich fand sie es. Bestimmt konnte so etwas nur für Jim und keinen andern sein! Nirgends hatte sie etwas Ähnliches entdeckt und dabei hatte sie doch in allen Geschäften das Unterste zuoberst gekehrt. Es war eine kurze Platin-Uhrkette von einfacher, unauffälliger Form, deren Wert sich durch das Material verriet und nicht durch billige Verzierungen. Die Kette konnte es mit »der« Uhr aufnehmen. Sobald Della sie erblickte, wusste sie auch schon, dass

Jim sie haben müsse. Sie war wie er: wertvoll und unaufdringlich. Man nahm ihr 21 Dollar dafür ab und mit den letzten 87 Cent eilte sie heim. Mit solcher Kette konnte Jim in der besten Gesellschaft nach der Uhr sehen. Denn so herrlich die Uhr war, er hatte sie wegen des alten Lederriemens, den er an Stelle einer Kette benutzte, manchmal nur verstohlen hervorgeholt.

Als Della wieder zu Hause war, wich der Begeisterungstaumel einer vernünftigen Überlegung. Sie holte ihre Brennschere hervor und bemühte sich die Verheerungen wieder gutzumachen, die Großherzigkeit im Verein mit Liebe angerichtet hatte. Und das ist immer eine Riesenarbeit, liebe Freunde, eine Sisyphusarbeit!

Nach einer halben Stunde war ihr Kopf mit kurzen, krausen Locken bedeckt, die sie in einen richtigen Lausbuben verwandelten. Sie musterte ihr Spiegelbild lange und genau und kritisch.

Wenn Jim mich nicht umbringt, noch ehe er mir einen zweiten Blick gegönnt hat, dann wird er sagen, ich sehe aus wie ein Revue-Mädchen, dachte sie. Aber was hätt ich denn sonst tun können? Ach, was hätt ich denn tun können mit 1,87 Dollar?

Um sieben Uhr war der Kaffee fertig und die Bratpfanne stand hinten auf dem Herd, bereit die Kotelettes aufzunehmen.

Jim war immer pünktlich. Della nahm die Kette in die Hand und setzte sich auf die Tischkante – neben der Tür, durch die er immer hereinkam. Als sie seine Schritte auf der Treppe des ersten Stockwerks hörte, wurde sie einen Augenblick kreideweiß. Sie hatte es sich angewöhnt, für die einfachsten Alltagswünsche einen kurzen, stillen Stoßseufzer zu beten, und jetzt flüsterte sie:

»Lieber Gott, mach, dass er mich noch immer hübsch findet!«

Die Tür ging auf und Jim trat ein und zog sie hinter sich zu. Er sah mager und sehr ernst aus. Der arme Junge, er war ja erst zweiundzwanzig – und hatte schon für eine Familie zu sorgen! Er brauchte eigentlich einen neuen Wintermantel und Handschuhe hatte er auch nicht.

Er blieb auf der Schwelle stehen – unbeweglich wie ein Hühnerhund auf der Fährte. Seine Blicke hafteten starr an Della: ein Ausdruck stand in ihnen, den sie nicht deuten konnte und der sie erschreckte. Es war weder Ärger noch Überraschung, weder Missbilligung noch Entsetzen, überhaupt keins von all den Gefühlen, auf die sie sich gefasst gemacht hatte. Er starrte sie einfach immerfort mit diesem merkwürdigen Ausdruck im Gesicht an.

Della glitt vom Tisch und trat auf ihn zu.

»Jim, Liebster«, rief sie, »schau mich nicht so an! Ich hab mir das Haar abschneiden lassen und hab's verkauft, weil ich Weihnachten ohne ein Geschenk für dich nicht ertragen hätte. Es wächst ja wieder. Du bist mir nicht böse, nicht wahr? Ich musste es unbedingt tun. Und mein Haar wächst furchtbar schnell. Komm, Jim, sag ›Fröhliche Weihnachten!‹ und lass uns vergnügt sein! Du ahnst ja gar nicht, was ich für ein schönes, was für ein wunderbar schönes Geschenk ich für dich habe!«

»Dein Haar hast du abgeschnitten?«, fragte Jim so mühsam, als ob er diese offenkundige Tatsache selbst nach schärfstem Nachdenken noch nicht erfasst habe.

»Abgeschnitten und verkauft«, sagte Della. »Du hast mich doch deshalb genauso lieb, nicht? Ich bin doch auch ohne mein Haar ich selber, nicht wahr?« Jim blickte sich seltsam im Zimmer um.

»Du meinst, dein Haar ist ganz fort?«, fragte er mit fast idiotischer Miene.

»Brauchst es nicht zu suchen«, erwiderte Della. »Es ist verkauft, sag ich dir. Es ist verkauft und weg. Heut ist doch Heiliger Abend, du! Sei lieb zu mir! Deinetwegen hab ich's getan. Vielleicht waren die Haare auf meinem Kopf gezählt«, fuhr sie plötzlich mit reizendem Ernst fort, »aber meine Liebe zu dir kann keiner zählen! – Soll ich jetzt Kotelettes in die Pfanne legen, Jim?«

Da schien Jim aus dem Bann zu erwachen. Er umarmte Della.

Zehn Sekunden lang wollen wir jetzt taktvoll und konzentriert irgendeinen Gegenstand in der andern Zimmerecke betrachten. Acht Dollar die Woche oder eine Million im Jahr – besteht da ein Unterschied? Ein Mathematiker oder ein Witzbold würde uns eine verkehrte Antwort geben. Die Weisen aus dem Morgenlande brachten wertvolle Gaben – doch selbst sie hatten nichts dergleichen vorzuweisen. (Welch dunkle Behauptung später noch näher beleuchtet werden soll.)

Jim zog ein Päckchen aus den Manteltasche und warf es auf das Bett.

»Sei nur unbesorgt, Della!«, sagte er. »Ich kann mir nicht vorstellen, dass ich mein Frauchen wegen eines Haarschnittes oder einer Dauerwelle oder sonst etwas auch nur eine Spur weniger lieben könnte. Aber wenn du das Päckchen aufmachst, wirst du schon sehen, weshalb ich zuerst so sprachlos war.«

Weiße, flinke Finger zerrten an Papier und Bindfaden. Und dann ein begeisterter Freudenschrei – und dann – ach je! – welch typisch weibliche Wendung! – Tränen und Wehklagen. Der Herr des Hauses musste sofort alle ihm zur Verfügung stehenden Trostmittel aufbieten.

Denn da lagen sie, die Kämme! Eine Garnitur von drei Kämmen, zwei für die Seite und einer für den Nacken, – die Della seit langem in einem Broadway-Schaufenster bewundert hatte. Wundervolle Kämme aus echtem Schildpatt mit edelsteinverzierten Rändern – genau der Farbton für ihr wunderschönes, jetzt verschwundenes Haar. Es waren teure Kämme, das wusste sie. Ihr Herz hatte sich danach gesehnt und verzehrt – ohne die kleinste Hoffnung sie je bekommen zu können. Und jetzt gehörten sie ihr – aber die Flechten, die mit den heiß begehrten Schmuckstücken hätten geziert werden sollen, waren fort!

Trotzdem drückte sie sie ans Herz und endlich konnte sie auch unter Tränen lächelnd zu ihm aufsehen und sagen: »Mein Haar wächst ja so schnell, Jim!«

Und dann sprang Della wie ein Kätzchen hoch, das sich verbrannt hat, und rief: »Oh! Oh!«

Jim hatte sein wunderbares Geschenk noch nicht gesehen. Sie hielt's ihm eifrig auf der offenen Handfläche entgegen. Das edle, matt schimmernde Metall schien ihr feuriges, glühendes Herz widerzuspiegeln.

»Ist sie nicht toll, Jim? Ich hab die ganze Stadt danach abgesucht. Jetzt musst du hundertmal täglich deine Uhr ziehen! Gib sie mir her! Ich will sehen, wie es sich macht!«

Anstatt zu tun, was sie verlangte, warf Jim sich auf die Couch und legte lächelnd die Hände unter den Kopf.

»Della«, sagte er, »wir wollen unsere Geschenke noch eine Zeit lang beiseite legen und verwahren. Sie sind zu schön, als dass wir sie jetzt schon benutzen können. Ich habe die Uhr verkauft, um mir das Geld für deine Kämme zu verschaffen. – Und wie wär's, wenn du jetzt die Kotelettes aufsetzt?«

Die Weisen aus dem Morgenlande, das wisst ihr ja, waren weise, sehr weise Männer, die dem Kinde in der Krippe ihre Gaben darbrachten. Von ihnen stammt der Brauch Weihnachten etwas zu schenken. Da sie weise waren, mussten wohl auch ihre Geschenke sehr klug gewählt sein – vielleicht mit dem Vorbehalt sie umzutauschen, sollte zweimal das Gleiche geschenkt werden.

Ich dagegen erzählte euch die unbedeutende Geschichte zweier törichter Kinder in einer armseligen Wohnung, wie sie einander höchst unklug ihren größten Schatz opferten.

Doch den Weisen von heute lasst mich ein letztes Wort sagen; lass' mich's sagen, dass von allen Gebenden diese beiden die weisesten waren. Von allen, die Geschenke geben und empfangen, sind Menschen wie sie am weisesten. Überall. Es sind die wahrhaft Weisen.

WALTER STANIETZ

Die Eisenbahn

ch war ein kleiner Junge von sieben Jahren, aufgewachsen in einer kleinen Stadt Schlesiens, von der aus man die Kette der Riesenberge nur im schwarzen Dämmerblau am Horizont gegen Süden liegen sieht.

Verträumt und verstrickt, wie ich damals war, zogen mich meine unklaren Sehnsüchte oft gegen die fernen, großen Berge hin und besonders zu Weihnachten spielten sie in meinen Wunschträumen keine geringe Rolle. Ich stellte mir dann vor – und dies besonders am Heiligen-Abend-Tag –, dass dort hinten in den Bergen arme Leute hausten, die viele Kinder hatten, und ich malte mir aus, wie wohl der Heilige Abend in so einer geduckten Berghütte sein werde, ob die Kinder viel geschenkt bekämen, ob die Leute auch ihren Weihnachtskarpfen hätten und wie heimlich unheimlich schön es jetzt sein müsse, durch die dunklen Tann- und Fichtenwälder zu laufen und etwa unversehens den Knecht Ruprecht mit einem großen Sack anzutreffen.

Damals in meinem siebenten Jahr, um die Adventszeit herum, hatte ich den brennenden Wunsch gegenüber meinen Eltern geäußert zum Fest eine Eisenbahn geschenkt zu bekommen. Ich weiß noch genau, dass diese Eisenbahn mit ihren vielen Schienen und Weichen und Tunnels mir den ganzen lieben langen Tag im Kopf herumspukte, ja dass ich mit dem Gedanken daran einschlief und davon träumte. Ich wusste, denn ich war ein Schnüffler, dass mein Wunsch wahrscheinlich in Erfüllung gehen würde.

So hatte ich an einem großen Pappkarton, der seit einigen Tagen in der Stube unter dem Sofa stand, herumgeschnüffelt, ein wenig den Deckel eingerissen und etwas Hartes zu fühlen bekommen. Aus Form und Umfang schloss ich, dass das wohl die ersehnte Eisenbahn sein müsse. Ich hütete mich natürlich, meine Entdeckung mit Worten oder Anspielungen meinen Eltern zu verraten, aber ich schlich viele Male am Tag in die Stube, befühlte und liebkoste den Pappkarton und ging im Übrigen mit einem sieghaften Gesicht herum, so als sei es selbstverständlich und ganz in Ordnung, dass man mir meine Wünsche erfüllte.

Meine Eltern waren tagsüber in ihrem Geschäft und ich hatte hinreichend Zeit meinen Träumen nachzuhängen, wie und wo ich am schönsten mit der Eisenbahn spielen würde, ja ich fasste sogar den Plan die große Stube vollständig auszuräumen, um genügend Platz zum Spielen zu haben. Meine Mutter kam am Heiligen Abend immer früher als sonst nach Hause, um das Essen vorzubereiten, also den Karpfen zu schuppen, die Mohnklöße zu bereiten und den Tisch aufzubauen. Das gute und reichliche Essen war schon immer meine Sache gewesen und ich ging ihr an solchen Ausnahmetagen, an denen es wunderbar roch in der ganzen Wohnung, nicht von der Seite, denn sie war mild und gut und ließ mich an einem solchen Tag sogar naschen, obwohl sie das Naschen sonst nicht vertragen konnte.

An diesem Heiligen-Abend-Tag meines siebenten Jahres aber war meine Mutter besonders ernst und nachdenklich nach Hause gekommen. Ich fragte sie, nach einigem Hin und Her, ob ich etwa schuld sei an ihrem Ernst und ihrer Nachdenklichkeit, denn da ich oft und gern Allotria trieb und alle Augenblicke etwas ausfraß, bohrte das Gewissen in mir und ich überdachte rasch alle verübten Schandtaten, ob nicht doch eine dabei sei, die meine Mutter erst heute – und gerade heute – erfahren habe.

Das geschah in der Küche und draußen dämmerte es schon, sodass man das große Gebirge unwahrscheinlich fern am Südhimmel liegen sah. Ich kauerte dabei auf einem Schemel und blickte unverwandt durch das große, hohe Küchenfenster. Meine Mutter kochte den Mohn auf dem Herd und ging ab und

zu zum Ofen, um nachzulegen, denn es sollte ja noch allerhand gekocht werden an diesem Abend.

Plötzlich fühlte ich von hinten einen Augenblick ihre Hand auf meinem
Kopf, und als ich mich umdrehte, blickte ich in ihr tiefernstes und gütiges Gesicht. Ich war erschrocken und dachte im ersten Augenblick, es sei etwas mit
der Eisenbahn nicht in Ordnung, meine Mutter hätte sie vielleicht zurückge-
tragen und sie wollte mir das jetzt schon beibringen. In meinem Herzen zuckte es, hoch in die Stube zu laufen, unters Sofa zu gucken und mich zu über-
zeugen, ob der große Pappkarton noch da wäre.

Meine Mutter stand da und schwieg und mir wurde es allmählich unheimlich zu Mute. Es gab erst ein langes drängendes Hin und Her, als ich erfuhr,
was ihr begegnet war. Sie hatte eine arme Frau mit einem kleinen, ärmlich an-
gezogenen Jungen meines Alters getroffen, die sie seit langem kannte. Die Frau
hatte ihr erzählt, dass sie heute, gerade heute am Heiligen-Abend-Tage, die
Nachricht erhalten hätte, ihr Mann sei im Feld gefallen. Es war nämlich das
erste Kriegsweihnachten im ersten großen Krieg, der damals gerade begonnen
hatte. Meine Mutter erzählte, dass die arme Frau heftig geweint hätte und dass
auch der arme Junge an ihrer Hand betrübt und verstört gewesen sei. Als ich
fragte – und das aus wirklichem Mitgefühl, denn fremdes Leid ging mir schon
damals zu Herzen –, wo die arme Frau und der Junge denn wohnten und ob
ich ihnen nicht ein paar Pfefferkuchen hintragen solle, lächelte meine Mutter
schwach und ernst und antwortete, die Leute wohnten auf der Waldenburger-
straße, nicht weit vom Schlachthof in einem baufälligen, kleinen Haus; sie
selbst hätte schon den ganzen Nachmittag an die Frau und den Jungen denken
müssen und es sei gut und lieb von mir, dass ich ihnen den Pfefferkuchen bringen wollte.

»Dann gehen wir aber gleich«, sagte ich, »sonst wird's zu finster und wir finden das Haus nicht mehr.«

Meine Mutter sah einen Augenblick lang schweigend auf die entfernte Kette der Berge, nickte und wandte sich ab. Sie verließ die Küche und ich hörte sie nebenan kramen und mit Papier rascheln. Als ich neugierig nachschlich, sah ich sie vor dem Wäscheschrank kauern und allerhand Sachen hervorziehen, wollene Hemden, Strümpfe, einen älteren Kissenbezug und einen wollenen Schal, den sie selbst oft trug und den sie einen Augenblick in der Hand hielt, ehe sie ihn zu den übrigen Sachen legte. Ich stand, die Hände in den Hosentaschen, und sah ihr zu.

Als sie fertig war, ging sie zum Küchenschrank und nahm eine hohe Blechbüchse heraus, in der, wie ich wusste, die Pfefferkuchen waren. »So. Das ist also von deinem Teil, den du heute Abend auf deinen Teller bekommen solltest«, sagte sie und sah mich groß an. Ich nickte, aber es zuckte doch ein wenig in mir, als sie nochmals und nochmals zugriff und ich all die guten Plätzchen und Lebkuchen aus der Büchse verschwinden sah, die bald bedenklich hohl klang, wenn meine Mutter mit dem Knöchel daran stieß.

Plötzlich hielt sie inne, sah auf und sagte: »Willst du dem kleinen Jungen nicht auch etwas schenken, das ihm Freude macht?«

Ich nickte und antwortete, ja, das wollte ich gern, und dachte an einen alten, schon arg zerschlissenen braunen Bären, mit dem ich nicht mehr spielte, der aber aus alter Gewohnheit noch immer bei meinen neuen Spielsachen lag. »Den Teddy«, sagte ich nach einer Weile, »den alten Teddy schenk ich ihm. Da wird er sich freuen.«

Meine Mutter sagte nichts und packte nur schweigend an den bereitliegenden Sachen herum. Außer dem braunen Teddybären fielen mir aber bald darauf noch einige alte, zerkratzte Zinnsoldaten ein und ich dachte, dass ich sie auch noch gut und gern entbehren könne. Ein paar davon vermochten kaum noch richtig zu stehen und ich musste sie immer an irgendetwas anlehnen, wenn sie mitspielen sollten.

Ganz glücklich war ich in meiner Seele wohl nicht, als ich nach einigen Schweigeminuten stockend sagte, ich könnte ja auch die alten Zinnsoldaten mitnehmen. Aber ich beschwichtigte meine Unsicherheit und setzte hinzu, der kleine Junge könnte sie noch ganz gut brauchen, er müsse sie nur ordentlich an etwas anlehnen und vielleicht könnte ihm sein Vater eine Art Gestell dazu machen.

»Der Vater des armen Jungen ist aber tot«, antwortete meine Mutter ernst und sah mich unverwandt an, »er ist im Feld, im Krieg draußen, in einem weiten, fremden Land gefallen und der Junge ist nun ohne Vater und ganz allein.«

Ich entgegnete nichts, aber ich fühlte im gleichen Augenblick ein so inniges Mitleid in mir hochsteigen, dass ich Mühe hatte die Tränen zurückzuhalten, die ich schon im Hals fühlte. »Dann ... dann soll er noch meinen Steinbaukasten kriegen!«, rief ich plötzlich und meine Mutter fasste daraufhin meine Hand, denn ihr war meine jähe Bewegtheit nicht entgangen.

Eine lange Weile wurde nichts gesprochen und meine Mutter stand auch einmal auf und ging in die Küche, um nach dem Feuer zu sehen. Als sie zurückkam, stand ich immer noch da, wie sie mich verlassen hatte, den Kopf gesenkt und die Zähne auf der Unterlippe.

»Nun, komm, da wollen wir gehen«, sagte sie und langte nach dem Mantel.

Plötzlich hielt sie mitten in der Bewegung inne und ich hörte sie unterdrückt aufweinen, aber sie hatte sich gleich darauf wieder in der Hand, denn sie liebte es nicht, ihren Gefühlen vor anderen freien Lauf zu lassen. Ich wusste schon damals, dass ihre Verschlossenheit aus einem harten und strengen Leben kam, von dem sie mir oft erzählte, und aus einer einsamen, elternlosen Kindheit, die sie zäh und äußerlich streng, ja manchmal hart gemacht hatte. Dies aber, ihr sekundenlang ausbrechendes Gefühl, erschütterte mich sehr. Und ich stellte mir die verhärmte Frau vor und den kleinen Jungen; ich sah eine schlechte Stube, in der sie hausten, und ich dachte daran, dass der Vater des kleinen Jungen nun nie, niemals mehr in diese Stube kommen würde und dass die Frau und der Junge nun immer und immer und jeden einzelnen Tag ganz allein sein würden. Ich dachte auch daran, wie man mir einmal erzählt hatte, dass der

Weihnachtsmann bei armen Leuten gern vorbeiginge, da es ihm in den kalten Stuben der armen Leute zu schlecht roch.

»Ist der kleine Junge ganz arm?«, fragte ich und meine Mutter nickte und sagte, es würde wohl dort heute Abend kein Weihnachtsmann kommen und wer weiß, ob die Frau und der Junge überhaupt satt zu essen hätten...

Das ergriff mich noch mehr und ich konnte jetzt beim besten Willen meine Tränen nicht mehr zurückhalten, denn ich musste an die Berge denken und an die alten, zerfallenen Holzhütten, in denen die ärmsten Gebirgler und die vielen Kinder um eine einzige Schüssel herumsaßen, wie ich das einmal auf einem Gebirgsausflug mit meinen Eltern beobachtet hatte, als wir eines Gewitters wegen in eine solche Kätnerhütte eintreten mussten. Als ich erst einmal zu weinen angefangen hatte, wurde ich in meinem Herzen immer trauriger, sodass ich endlich laut aufschluchzte.

»Tut's dir so Leid?«, fragte meine Mutter und strich mir übers Haar. Ich nickte, denn sprechen konnte ich nicht, weil mich die Tränen im Hals würgten.

»Nun, komm jetzt!«, mahnte sie, »du kannst die Schachtel mit den Sachen tragen.«

Ich raffte mich auf, wischte mir heimlich die Tränen mit den Ärmeln weg und ließ mir schweigend in meinen grauen Mantel helfen. Und als ich ihn schon anhatte, stand ich immer noch so stocksteif und unbeweglich da, dass mir meine Mutter einen ermunternden Schlag auf die Schulter gab und sagte, ich sollte nun endlich kommen. Da stand plötzlich vor meinem inneren Auge der Pappkarton, und ehe ich's hindern konnte, stieß ich hervor: »Soll ich heute Abend nicht eine Eisenbahn bekommen?«

Meine Mutter sah mich erstaunt und wohl auch erschreckt an und schwieg. »Ich will die Eisenbahn nicht«, sagte ich trotzig, »ich mag überhaupt keine Eisenbahn, das ganze Eisenbahngespiele ist mir viel zu dumm!«

»Woher willst du denn wissen, dass du eine Eisenbahn bekommen sollst?«, fragte meine Mutter und ließ keinen Blick von mir.

Ich schämte mich plötzlich maßlos und das »Ach, ich denk mir's!« blieb mir im Hals stecken, aber etwas in mir zwang mich ihr zu gestehen, dass ich heimlich herumgeschnüffelt hatte und dabei auf den großen Karton drinnen in der Stube gestoßen war. Die Mutter sagte nichts zu diesem Geständnis, aber ich fühlte ihre Augen in Trauer und heimlicher Sorge auf mir ruhen.

»Ich möchte die Eisenbahn, wenn's eine ist«, so setzte ich noch vorsichtig hinzu, »gern dem kleinen Jungen schenken.«

Meine Mutter nahm mich ohne ein Wort an der Hand und ging mit mir in die Stube. Sie bückte sich, zog den Karton unter dem Sofa hervor, schob ihn vor mich hin und sagte: »Es ist eine Eisenbahn, wenn du's nun schon einmal herausbekommen hast!«

»Der ... der arme Junge soll sie haben!«, stieß ich heraus, erstarrte aber vor Schreck, dass ich das so ohne weiteres sagen konnte. Doch ich kämpfte alle aufsteigende Besitzgier tapfer hinunter und machte sozusagen vor mir selber die Augen zu, um mir nicht Neid und Gier vom Gesicht ablesen lassen zu müssen.

»Willst du sie denn wirklich weggeben?«, fragte meine Mutter und setzte hinzu: »Ich hab aber sonst nichts für dich heute Abend.«

Ich nagte schweigend an der Unterlippe und einen Augenblick kam es siedend heiß und besitzhungrig in mir hoch. Ich starrte den grauen Karton begehrlich an. »Quatsch!«, rief ich dann laut, »wenn ich Eisenbahn spielen will, dann geh ich nebenan zum Guderjungen, der hat eine, die noch viel größer ist.«

Meine Mutter lächelte zu diesen Worten, sah mich lange an und strich mir – heute zum dritten Mal, was sie sonst so selten tat – über den Kopf. Da bückte ich mich, riss hastig den Karton an mich und rief: »Komm! Jetzt gehn wir aber!«

Wir gingen die verschneite Straße zum Schlachthof hoch, in ein altes Haus hinein und in eine Stube, in der die Armut aus allen Winkeln und Ritzen her-

vorschaute. Was im Einzelnen in dieser Stube gesprochen wurde, weiß ich nicht mehr. Ich weiß nur, dass ich dem bleich und verweint aussehenden Jungen schweigend den Karton hinhielt und dass er mich eine gute Weile erschreckt anstarrte, ehe er ihn mir aus den Händen nahm. Ich weiß auch, dass die Frau hinter meinem Rücken weinte und dass die Stimme meiner Mutter so tief und voll klang, wie ich sie noch niemals gehört hatte.

Dann weiß ich noch, dass wir Jungen bäuchlings auf der Erde lagen und hingebungsvoll mit der funkelnagelneuen, blitzenden Bahn spielten, während die Frau hinging und die Lichter auf einem winzigen Fichtenbäumchen ansteckte. Ein wenig später kam sie zu mir, hielt mir ein Bunzlauer Töpfchen hin und sagte, ich sollte trinken, es sei frische Ziegenmilch drin. Aber sie konnte das kaum deutlich aussprechen, sie schluckte und schluckte; einmal schluchzte sie unterdrückt auf.

Wenn ich zurückdenke, sehe ich sie eigentlich nur so: Die Blaudruckschürze vors Gesicht geschlagen, auf einem niederen Küchenschemel, und ich höre das stoßweise kommende und gehende Schluchzen, das sich kaum beruhigen wollte. Meine Mutter aber sehe ich neben der Frau stehen, ihre Hand nehmen und sie schweigend halten.

WILLIAM ASHLEY ANDERSON

Erscheinung am Weihnachtsabend

Es war ein bitterkalter Abend, weit und leer. Über Hallett's Hill glitzerte ein heller Stern wie der Silberstern an der Spitze eines Weihnachtsbaumes. Die unbewegte Luft schien zu tönen wie das Innere einer großen ehernen Glocke. Aber in unserem Bauernhaus im pennsylvanischen Bergland verbreiteten die rot glühenden Öfen behagliche Wärme.

Der Abendbrottisch war abgeräumt und soeben hatte ich es mir mit einer Zigarette bequem gemacht, als mein kleiner Sohn Bruce herunterkam, eine geisterhafte Erscheinung in langem, weißem Nachthemd mit einem purpurroten, silberdurchwirkten Überwurf. In der einen Hand hielt er eine hohe Krone aus gelber Pappe mit Flittergold, an der anderen schaukelte ein reich verziertes Weihrauchfass. An den Füßen hatte er leichte Schlurfsandalen.

»Was soll denn das vorstellen?«, fragte ich lachend. Meine Frau betrachtete den Jungen prüfend und gleichzeitig teilnahmsvoll und zärtlich.

»Er ist doch einer der Weisen aus dem Morgenland«, erklärte sie mir fast entrüstet.

Der mahnende Blick, den sie mir zuwarf, erinnerte mich daran, dass ich versprochen hatte Bruce rechtzeitig zu der im Schulhaus stattfindenden Weihnachtsfeier zu bringen. Mir schauderte bei dem Gedanken an die Kälte draußen; dennoch zog ich einen dicken Mantel an und ging tapfer durch die Dunkelheit zur Garage.

Die Batterie meines alten Wagens war längst erschöpft, doch dank einer jener unberechenbaren Launen der Technik sprang der Motor bei der ersten Kurbeldrehung an.

Das war allerdings ein Teufelsstreich, denn ehe wir die Landstraße erreichten, setzte der Motor aus.

Mir sank das Herz. Ich sah Bruce an, der Krone und Weihrauchfass in den Armen hielt und auf den scheinbar endlosen Weg starrte, der sich zwischen den einsamen Hügeln verlor. Die Ortschaft Hallett lag über zwei Kilometer entfernt und bis zur nächsten Tankstelle an der Route 90 waren es mehr als drei Kilometer.

Nun, dachte ich, die Sache ist nicht weiter tragisch. Bruce schwieg noch immer, aber er blickte jetzt auf den hellen Stern, der über dem zackigen Berggrat funkelte. Mir wurde ein wenig unbehaglich zu Mute, denn ich merkte auf einmal, dass der Junge betete. Auch er hatte ein Versprechen gegeben und nun betete er, dass nichts ihn davon abhalten möge, an diesem herbeigesehnten Weihnachtsabend einer der Heiligen Drei Könige zu sein.

Ich mühte mich mit der Kurbel ab, aber vergeblich. Dann kramte ich in der Tasche nach Streichhölzern, um mir eine Zigarette anzuzünden und zu überlegen. Als ich aufsah, war Bruce nicht mehr da. Ein Stück weiter unten eilte er den Weg entlang; mit der einen Hand hielt er sein Königsgewand gerafft, die andere schwenkte das Weihrauchfass; die hohe goldene Krone saß ihm schief auf dem Kopf. Ich wusste nicht, ob ich lachen oder ihn zurückrufen sollte. Schließlich warf ich die Zigarette weg und kurbelte von neuem.

Endlich sprang der Motor spuckend und fauchend an. Ich kletterte in den Wagen, fuhr los und holte Bruce kurz vor der Stelle ein, wo die Straße zur Stadt abzweigte.

»Du hättest nicht so davonlaufen sollen«, knurrte ich. »Es ist viel zu kalt.«

»Ich habe den Weihrauch angezündet«, versetzte er. »Ich bin ganz warm geblieben. Ich habe mich immer nach dem Stern gerichtet und den Weg abgekürzt, quer durch Basoines Farm, und bei dem neuen Haus bin ich wieder auf die Straße gekommen.« Er zitterte vor Kälte.

»Aber deine Sandalen! Du hättest dir die Füße erfrieren können!«

»Es war nicht so schlimm.«

Wir kamen noch beizeiten im Schulhaus an. Ich stand ganz hinten unter den Zuschauern. Als ich Bruce, steifbeinig auf schmerzenden, halb erfrorenen Füßen hereinhumpeln und seine Verse deklamierend, vor der Krippe knien sah, bereute ich, dass ich über ihn gelacht hatte. Ein ungewohntes Gefühl der Ehrfurcht stieg in mir auf und ich spürte, dass ihn etwas Stärkeres als ein Versprechen durch die kalte Nacht zu diesem Weihnachtsspiel getrieben hatte.

Auf dem Heimweg zeigte er mir die Stelle, wo sein Abkürzungsweg in die Straße mündete. »Da wohnen Thompsons«, sagte er und fügte hinzu: »Harry Thompson ist dort gestorben.«

Als wir an Basoines Farm vorbeikamen, waren die Fenster erhellt. Darüber wunderte ich mich. Seit George Basoine fortgezogen war, um sein Glück zu machen, war die alte Großmutter, die ihren Jüngsten im Ersten Weltkrieg verloren hatte, ganz zusammengebrochen und Trübsinn lag über dem Haus.

Ich fuhr langsamer und so konnte ich durchs Küchenfenster Lou Basoine sehen, der Pfeife rauchte und sich mit seiner Frau und der Mutter unterhielt.

Sonst gibt es von diesem Abend nichts weiter zu erzählen. Am ersten Weihnachtsfeiertag aber kam eine freundliche Nachbarin und brachte uns ein Stück Wildpastete und einen Krug sassafrasgewürzten Apfelwein. Sie ging in die Küche zu meiner Frau, die gerade das Weihnachtsmahl zubereitete. Als ich Gelächter hörte, gesellte ich mich hinzu; denn ich habe eine Schwäche für ländlichen Klatsch.

»Hör dir das an!«, sagte meine Frau.

Die Nachbarin sah mich mit erregt glänzenden Augen an, jedoch ein wenig argwöhnisch. »Sie müssen es ja nicht glauben«, begann sie, »aber es ist schon so. Die Leute hier oben in den Bergen sehen mehr als andere Menschen und glauben daran.«

»Was haben Sie denn gesehen?«

»Ich nicht. Es war die alte Mutter Basoine. Gestern Abend, als ihr weh zu

Mute war, kam es ihr vor, als hörte sie etwas hinter der Scheune, und sie schaute hinaus. Nun muss ich von der alten Frau sagen, sie hat noch gute Augen. Der Mond schien zwar nicht, aber es war eine helle Sternennacht, wie Sie wohl wissen. Und da sah sie, so deutlich wie am helllichten Tag, einen der Heiligen Drei Könige aus der Bibel den Hang herunterkommen, mit einer Goldkrone auf dem Kopf und er schwenkte in der Hand so einen Kessel, der rauchte ...«

Meine Frau und ich blickten einander an, doch bevor ich etwas sagen konnte, fuhr die Besucherin eifrig fort: »Lachen Sie nicht! Es gibt noch andere, die es bezeugen können – die Thompsons. Sie wissen doch, die Leute, denen der älteste Sohn gestorben ist. Dort hörten die Kinder ihn zuerst. Er sang ›Herbei, oh ihr Gläubigen‹, ganz deutlich hörten sie es. Sie liefen zum Fenster und da sahen sie einen der Heiligen Drei Könige im Sternenschein den Weg überqueren, mit Goldkrone, langem Gewand, Feuertopf und allem!«

Die Farmersfrau sah mich herausfordernd an. »Jawohl, so ist es. Alte Leute und Kinder sehen Dinge, die wir vielleicht nicht sehen können. Aber eins kann ich Ihnen sagen, Basoines und die Thompsons kennen sich nicht einmal. Die alte Mutter Basoine fühlte sich einsam und dachte trauernd an ihren gefallenen Sohn und den Eltern Thompson war es auch einsam und traurig ums Herz, weil es das erste Weihnachtsfest ohne ihren Harry ist, und sie beteten gerade zum Herrgott. Vielleicht glauben Sie nicht daran, dass Beten etwas ausmacht. Aber ich sage Ihnen, es war ein Trost für sie, so etwas zu sehen und daran zu glauben!«

In der Küche wurde es still. Die beiden Frauen betrachteten forschend mein Gesicht, vielleicht in der Erwartung einen Ausdruck der Ungläubigkeit zu finden, da ich nicht sehr fromm bin. Doch was sie auch erwartet haben mochten, auf das, was kam, waren sie nicht gefasst.

Freilich, ich hatte an diesem Weihnachtsabend kein Wunder erlebt, aber was ich gesehen hatte, das machte mir einen viel größeren Eindruck als jegliche übernatürliche Erscheinung: einen kleinen Jungen aus Fleisch und Blut, der, einem Versprechen getreu, querfeldein dem Stern nachging, welcher vor Jahrhunderten die drei Weisen aus dem Morgenlande nach Bethlehem geführt hatte. Es lag mir fern, die Standhaftigkeit und Gläubigkeit zu verleugnen, die ich in jener Nacht in den Augen meines Sohnes gesehen hatte.

Und so sagte ich mit einer Aufrichtigkeit, die für die beiden guten Frauen gewiss ebenso unverhofft wie sichtlich beglückend war: »Ja, ich glaube, in der Weihnachtszeit ist uns Gott sehr nahe.«

FELIX TIMMERMANS

Die Heiligen Drei Könige

m Tage vor Weihnachten, als es Abend wurde, war in dem fallenden Schnee ein knarrendes Kirmeswägelchen, das ein alter Mann und ein Hund zogen, die Straße entlanggefahren und hinter der Fensterscheibe hatte man das bleiche Gesicht einer schmalen, jungen Frau gewahrt, die schwanger war und große, betrübte Augen hatte.

Sie waren vorbeigezogen, und wer sie gesehen hatte, dachte nicht mehr darüber nach.

Am Tage darauf war Weihnachten und die Luft stand glasklar gefroren, zartblau über der weiten, in einen weißen Pelz vermummten Welt. Und der lahme Hirte Suskewiet, der Aalfischer Pitjevogel mit seinem Kahlkopf und der triefäugige Bettler Schrobberbeeck gingen zu dritt die Höfe ab, als Heilige Drei Könige verkleidet.

Sie trugen mit sich einen Pappstern, der sich auf einer hölzernen Stange drehte, einen Strumpf das gesammelte Geld darein zu bergen und einen Doppelsack, um die Esssachen hineinzustecken. Ihre armseligen Röcke hatten sie umgedreht; der Hirt hatte einen hohen Hut auf, Schrobberbeeck trug eine Blumenkrone von der Prozession her auf dem Kopfe und Pitjevogel, der den Stern drehte, hatte sein Gesicht mit Schuhwichse eingeschmiert.

Es war ein gutes Jahr gewesen mit einem fetten Herbst: Die Bauern hatten alle ein Schwein ins Pökelfass gelegt und saßen, ihre Pfeife schmauchend, mit Speckbäuchen vor dem heißen Herd und warteten sorglos auf den Frühling.

Der Hirte Suskewiet kannte so schöne fromme Lieder aus alten Zeiten, Pitjevogel verstand den Stern so gleichmäßig zu drehen und der Bettler wusste so echte, traurige Bettleraugen zu ziehen, dass, als der Mond rot heraufkam, der Fuß des Strumpfes voll Geld saß und der Sack sich blähte wie ein Blasebalg. Es steckte Brot darin, Schinkenknochen, Äpfel, Birnen und Wurst.

Sie waren in fröhlichster Laune, stießen sich wechselseitig mit den Ellbogen und genossen bereits das Vergnügen am Abend einmal ein ordentliches Glas »Vitriol« in der »Wassernixe« zu trinken und sich mit dem guten und leckeren Essen den leeren Bauch so zu runden und zu prallen, dass man einen Floh darauf würde zerquetschen können.

Erst als die Bauern die Lampe ausdrehten und gähnend schlafen gingen, hörten sie mit ihrem Singen auf und begannen ihr Geld in dem hellen Mondschein zu zählen.

Jungens, Jungens! Genever für eine volle Woche! Und dann konnten sie sich noch frisches Fleisch dazukaufen und Tabak!

Den Stern auf der Schulter, stapfte der schwarze Pitjevogel flink voraus; die beiden anderen folgten und das Wasser lief ihnen im Mund zusammen.

Aber ihre rauen Seelen überfiel nach und nach eine seltsame Bedrücktheit. Sie schwiegen. Kam das von all dem weißen Schnee, auf den der hohe Mond so starr und bleich guckte? Oder von den mächtigen, gespenstigen Schatten der Bäume? Oder von ihren eigenen Schatten? Oder von der Stille, dieser Stille von mondbeschienenem Schnee, in der nicht einmal eine Eule sich hören ließ und kein Hund nah oder fern bellte?

Dennoch waren sie, Schwärmer und Schweifer der abgelegenen Straßen, der einsamen Ufer und Felder, so leicht nicht einzuschüchtern. Sie hatten viel Wunderbares in ihrem Leben gesehen: Irrlichter, Spuk und sogar leibhaftige Gespenster. Aber nun war es etwas anderes, etwas wie die würgende Angst vor dem Nahen eines großen Glückes.

Es presste ihnen das Herz zusammen.

Der Bettler sagte mutig: »Ich bin nicht bange!«

»Ich auch nicht«, sagten die beiden anderen zu gleicher Zeit mit zitternden Kehlen.

»Es ist Weihnachten heute«, tröstete Pitjevogel.

»Und dann wird Gott von neuem geboren«, fügte der Hirte kindlich fromm hinzu.

»Ist es wahr, dass die Schafe dann mit dem Kopfe nach Osten stehn?«, fragte Schrobberbeeck.

»Ja, und dann singen und fliegen die Bienen.«

»Und dann könnt ihr mitten durchs Wasser sehen«, bestätigte Pitjevogel; »aber ich hab es niemals getan.«

Es war wieder diese Stille, die etwas anders war als Stille, wie wenn eine fühlbare Seele im Mondenschein zitterte.

»Glaubt ihr, dass Gott nun wieder auf die Welt kommt?«, fragte ängstlich der Bettler und dachte dabei an seine Sünden.

»Ja«, sagte der Hirt. »Aber wo, das weiß niemand... er kommt nur für eine Nacht.«

Ihre harten Schatten liefen nun vor ihnen he, und das vermehrte noch ihre Furcht.

Auf einmal merkten sie, dass sie sich verlaufen hatten. Schuld daran war der unendliche Schnee, der die gefrorenen Bäche, die Wege und das ganze Land überdeckt hatte. Sie blieben stehn und sahen sich um; überall Schnee und Mondenschein und hie und da Bäume, aber kein Hof, so weit man blickte, und auch die wohl bekannte Mühle war nirgends sichtbar.

Sie hatten sich verirrt und bei dem Mondenlicht sahen sie einer in des anderen Auge die Angst.

»Lasst uns beten«, flehte Susekwiet, der Hirt, »dann kann uns nichts Böses begegnen.« Der Hirt und der Bettler murmelten ein »Ave Maria«; Pitjevogel brummte nur so etwas vor sich hin; denn seit der ersten Kommunion hatte er das Beten verlernt.

Sie gingen um ein Gebüsch herum, und da war es, dass Pitjevogel in der Ferne friedliches Abendlicht aus einem Fensterlein strahlen sah. Ohne ein Wort zu sagen, nur froh aufatmend, gingen sie darauf zu.

Und da geschah etwas Wunderbares. Sie sahen und hörten es alle drei; aber keiner wagte davon zu sprechen.

Sie hörten Bienen summen und unter dem Schnee, da, wo die Gräben waren, schimmerte es so hell, als ob Lampen darunter brannten.

Und an einer Reihe träumender Weiden stand ein lahmer Kirmeswagen, aus dessen Fenster Kerzenlicht kam.

Pitjevogel ging das Trepplein hinauf und klopfte an die Tür. Ein alter Mann mit einem harten Stoppelbart kam vertrauensvoll herbei und öffnete. Er wunderte sich gar nicht über die tollen Gewänder, den Stern und das schwarze Gesicht.

»Wir kommen, um Euch nach dem Weg zu fragen«, stotterte Pitjevogel.

»Der Weg ist hier«, sagte der Mann, »kommt nur herein!«

Verwundert über diese Antwort, folgten sie gehorsam und da sahen sie in der Ecke des kalten, leeren Wagens eine sehr junge Frau sitzen, in blauem Kapuzenmantel, die einem ganz kleinen, eben geborenen Kinde ihre fast leere Brust gab. Ein großer, gelber Hund lag daneben und hatte seinen treuen Kopf auf ihre mageren Knie gelegt.

Ihre Augen träumten voller Trübsal; aber als sie die Männer sah, kam Freundschaft hinein und Zuneigung. Und siehe, auch das Kindlein, noch mit Flaum auf dem Kopfe und mit Augen wie kleine Spalte, lachte ihnen zu und besonders hatte das schwarze Gesicht des Pitjevogel es ihm angetan.

Schrobberbeeck sah den Hirten knien und seinen hohen Hut abnehmen; er kniete auch nieder, nahm seine Prozessionskrone vom Kopf und bereute plötzlich tief seine Sünden, deren er viele auf dem Gewissen hatte, und Tränen kamen in seine entzündeten Augen. Dann bog auch Pitjevogel das Knie.

So saßen sie da, und süße Stimmen umklangen ihre Köpfe und eine wundersame Seligkeit, größer als alle Lust, erfüllte sie. Und keiner wusste, warum.

Unterdessen versuchte der alte Mann in dem eisernen Herdlein ein Feuer anzumachen. Pitjevogel, der sah, dass es nicht ging, sagte dienstfertig: »Darf ich Euch helfen?«

»Es nützt doch nichts, es ist nasses Holz«, antwortete der Mann.

»Aber habt ihr denn keine Kohlen?«

»Wir haben kein Geld«, sagte der Alte betrübt.

»Aber was esst ihr denn?«, fragte der Hirte.

»Wir haben nichts zu essen.«

Die Könige schauten verwirrt und voller Mitleid auf den alten Mann und die junge Frau, das Kind und den spindeldürren Hund.

Dann sahen sie sich alle drei untereinander an. Ihre Gedanken waren eins und siehe, der Strumpf mit dem Geld wurde ausgekehrt in den Schoß der Frau, der Sack mit den Esssachen wurde geleert und alles, was darin war, auf ein wackliges Tischlein gelegt.

Der Alte griff gierig nach dem Brot und gab der jungen Frau einen rosigen Apfel, den sie, bevor sie hineinbiss, vor den lachenden Augen ihres Kindes drehte.

»Wir danken euch«, sagte der alte Mann. »Gott wird es euch lohnen!«

Und sie machten sich wieder auf den Weg, den Weg, den sie kannten, wie von selbst in der Richtung auf die »Wassernixe«, doch der Strumpf steckte zusammengerollt in Suskewiets Tasche und der Sack war leer. Sie hatten keinen Pfennig, kein Krümelchen mehr.

»Wisst ihr eigentlich, warum wir alles diesen armen Menschen gegeben haben?«, fragte Pitjevogel.

»Nein«, sagten die andern.

»Ich auch nicht«, schloss Pitjevogel.

Bald darauf sagte der Hirt: »Ich glaube, dass ich es weiß! Sollte dieses Kind nicht vielleicht Gott gewesen sein?«

»Was du nicht denkst!«, lachte der Aalfischer, »Gott hat einen weißen Mantel an, mit goldenen Rändern besetzt, und hat einen Bart und eine Krone auf, wie in der Kirche.«

»Er ist früher zur Weihnacht doch in einem Stall geboren«, behauptete der Hirt.

»Ja, damals!«, sagte Pitjevogel. »Doch das ist schon hundert Jahre her und noch viel länger.«

»Aber warum haben wir denn alles weggegeben?«

»Ich zerbreche mir auch den Kopf darüber«, sagte der Bettler, dem der Magen knurrte.

Und schweigend, mit Gaumen, die nach einem tüchtigen Schluck Genever und dick mit Senf bestrichenem Fleisch lechzten, kamen sie an der »Wassernixe« vorbei, wo Licht brannte und gesungen und Harmonika gespielt wurde.

Pitjevogel gab den Stern dem Hirten wieder, der ihn aufzubewahren pflegte, und ohne noch ein Wort zu sprechen, aber zufrieden in ihrem Herzen, gingen sie am Kreuzweg auseinander, jeder zu seiner Lagerstätte. Der Hirt zu seinen Schafen, der Bettler unter eine Strohmiete und Pitjevogel in seine Dachkammer, in die der Schnee hineinwehte.

ALOIS JOHANNES LIPPL

Die Heiligen Drei Könige von Saldenreuth und ihr Gefolge

en Weg herauf zog weit voran, hoch über allen, leuchtend der Stern, getragen vom Hallegger im roten Ministrantengewand. Er hatte Mühe mit der langen Stange, aber er machte sich eine Ehre daraus, das Licht ruhig und weisend dem Zug der Könige voranzuführen.

Hinter ihm kamen in weitem Abstand die Musikanten, phantastisch mit bunten Tüchern, Schürzen und turbanartigen Kopfbedeckungen angetan, wie eine Janitscharenbande, und bliesen und hatten sogar einen Schellenbaum dabei, den der Schuster Vinzenz Zellner, der sich auf derlei verstand, nach alten Mustern angefertigt hatte und nun stolz auch selber trug und schlug.

Dann zu Pferd die Könige, voraus der Forstmeister mit langem, grauem Bart, einem kaftanartigen grünen Kleid – ein Vorhang aus dem Pfarrhof hatte dafür herhalten müssen – mit einer breiten Schärpe, einem roten Mantel – ein altes Fahnentuchteil, mit goldenen Ornamenten bemalt – einem Kronenhut, das heißt einer roten Filzkappe mit einem schmalen gezackten Goldreifen.

Hinter ihm ritt auf dem Schimmel des Doktors als der Mohrenkönig, ganz in Weiß – Leintücher aus der Aussteuer der Gertrud, halb gestärkt, gesteckt und geheftet von der Verena –, über dem schwarzen Gesicht einen mächtigen weißen Turban, der mit Perlenschnüren verziert war.

Als Dritter dann der Eglinger-Willi, der sich vom Freiherrn von Poschinger aus dem Frauenberg-Schloss ein paar Harnischtrümmer ausgeliehen und entsprechend hergerichtet hatte und nun schier aussah wie ein sarazenischer Reiter.

Als Krone trug er einen eisenfarbigen Reifen, von der links und rechts, an den

Ohren vorbei, zwei breite silberne Gehänge auf die metallenen Schulterstücke herabhingen und bei jeder Kopfbewegung leise klingelten. Es waren zwei alte Kropfketten seiner Mutter. Er trug einen schwarzen langen Umhang – das Bahrtuch aus der Sakristei.

Dann folgten die drei Berittenen, die die Geschenke trugen, den Kelch für das Gold, das Schiffchen mit dem Weihrauch und ein schwarzes Kästchen mit der Myrrhe.

Die sechs Bannerträger kamen dann und ihnen schloss sich die lange Reihe der anderen Reiter an, von denen die Hälfte brennende Fackeln trug, deren flatterndes Licht fremdartig über dem ganzen Zug hin und her wogte.

Es war ein großes Gepränge, eine stattliche Prozession und die Leute oben staunten, wie die Schar den Hang hinaufritt und in einer großen, wiederholt geprobten Kurve rechts neben der Brechelhütte einschwenkte.

Der Hallegger-Franz stand breitbeinig auf dem flachen Dach der Hütte, eine Leiter war rückwärts angelegt, er war hinaufgestiegen und so strahlte der Stern direkt über den Stall von Bethlehem.

Die Könige hielten an und der Älteste sprach:

ALTER KÖNIG: *Sehet, wie seltsam. Der Stern*
steht still über dem Orte hier!
Lasset uns hingehen und se hen,
ob die Weissagung sich erfüllet hat.

Und sie saßen ab, auch das Gefolge, die Mehrzahl schritt hinter den Königen zur Krippe, die andern blieben bei den Pferden, denen der Atem aus Nüstern und Mäulern rauchig in die Luft ging.

Als die Könige an den Stall kamen, waren die Hirten ehrfürchtig ein wenig zurückgewichen und der junge König erhob seine Stimme und fragte:

JUNGER KÖNIG: *Ist hier der neugeborene König der Juden? Wir haben seinen*
Stern im Morgenlande gesehen und sind gekommen ihn anzubeten!

JOSEPH: *Tretet nah, ihr Herrn.*
  Den ihr suchet, der liegt hier!

DER MOHREN-KÖNIG: *Oh Gnade, es hat sich erfüllt, was geschrieben steht, und der Stern hat recht geführt!*

ALTER KÖNIG: *Die Könige von Tarsis und den Inseln nahen opfernd sich!*

JUNGER KÖNIG: *Die Könige von Arabien und Saba kommen herbei mit Geschenken!*

DER MOHREN-KÖNIG: *Auf, werde licht, Jerusalem! Siehe, es kommt dein Licht, die Herrlichkeit des Herrn ging strahlend auf über dir!*

ALTER KÖNIG: *Denn siehe, Finsternis bedeckt die Erde und Dunkel die Völker!*

JUNGER KÖNIG: *Über dir aber geht auf der Herr und seine Herrlichkeit erscheint in dir. Völker wandeln in deinem Lichte und Könige im Glanz deines Aufgangs.*

ALTER KÖNIG: *Gepriesen seist Du, Kind, Sohn des Höchsten. Nimm hin das Gold zum Zeichen Deines ewigen Königtums.*

JUNGER KÖNIG: *Gepriesen seist Du, Emanuel, nimm hin den Weihrauch zum Zeichen Deiner Gottheit.*

DER MOHREN-KÖNIG: *Gepriesen seist Du, Heil der Welt! Nimm hin die Myrrhe zum Zeichen Deines Leidens und unserer Erlösung.*

ALLE DREI KÖNIGE: *Oh Gott, seit Anbeginn steht fest Dein Thron, Du bist von Ewigkeit!*

MARIA: *Da ihr erkannt Gott, den König,*
  Das Heil der Menschen, geht in Frieden.
  Der Herr fülle eure Herzen mit Frieden, Freude und seiner Liebe!

Und nun geschah etwas nicht ganz Vorgesehenes. Aber es war das, was der Pfarrer gemeint hatte, als er dem apostolischen Protonotar etwas vom »Mittun« gesagt hatte. Von der einen Seite löste sich aus dem Volke der Pfarrer und der Protonotar; ihnen folgten die Theologen, sie schritten durch den Halbkreis der Lichtträger auf die Krippe zu, knieten nieder und der Pfarrer begann:

DER PFARRER: *Ein Kind ist uns geboren,*

Ein Sohn ist uns geschenkt,

Auf seinen Schultern ruht

die Weltherrschaft.

Sein Name ist:

Künder des großen Ratschlusses!

Und mit fester Stimme fuhr der apostolische Protonotar fort:

PROTONOTAR: *Ein hochheiliger Tag ging leuchtend uns auf,*

Kommet, ihr Völker,

betet an den Herrn,

denn ein großes Licht ließ heut

herab sich auf die Erde.

Nun fielen die Theologen ein im Chore:

DIE THEOLOGEN: *Alle Länder der Erde schauen das Heil unseres Gottes! Alleluja!*

DER PFARRER: *Wir bitten Dich, allmächtiger Gott: Gib, dass der heute geborene Heiland der Welt unserer Gemeinde Saldenreuth den Frieden des Herzens schenke, und lass uns nachahmen, was wir feiern, auf dass wir selber teilhaftig werden des neuen Lichtes Deiner Gnade und Deiner ewigen Liebe durch unsern Herrn Jesus Christus.*

Dein Sohn, der mit Dir lebt und regiert in der Einheit des Heiligen Geistes,
Gott: von Ewigkeit zu Ewigkeit.

ALLE: *Amen!*

Wohl kaum einer hatte es nicht gespürt, dass da etwas Besonderes geschah, etwas, was eben weit über ein Spiel hinausging, viele knieten gleichfalls nieder,
die Männer zogen die Hüte, und als der Pfarrer seine Fürbitte beendet hatte,
fielen fast alle in das Amen ein. Sogar dem Steinhauer Reisinger war es unwillkürlich entschlüpft.

Aber nun hoben die Musikanten, der Chor und die Mitspieler an ein fröhliches
Krippenspiel.

JOSEPH WEINHEBER

Anbetung des Kindes

Als ein behutsam Licht
stiegst du von Vaters Thron.
Wachse, erlisch uns nicht,
Gotteskind, Menschensohn!

Sanfter, wir brauchen dich.
Dringender war es nie.
Bitten dich inniglich,
dich und die Magd Marie –

König wir, Bürgersmann,
Bauer mit Frau und Knecht:
Schau unser Elend an!
Mach uns gerecht!

Gib uns von deiner Güt
nicht bloß Gered und Schein!
Öffne das Frostgemüt!
Zeig ihm des andern Pein!

Mach, dass nicht allerwärts
Mensch wider Mensch sich stellt.
Führ das verratne Herz
hin nach der schönern Welt!

Frieden, ja, ihn gewähr
denen, die willens sind.
Dein ist die Macht, die Ehr,
Menschensohn, Gotteskind.

WILLI FÄHRMANN

Roter König – Weißer Stern

m Rand eines Berglandes im weiten Amerika lebte Silbermond. Eines Nachts sah er am Himmel einen weißen Stern. Der zog einen Schweif aus Goldstaub hinter sich her. Silbermond kannte den Sternhimmel gut, doch so etwas hatte er nie zuvor gesehen. Er rief sein Volk zusammen und sagte: »Ein neuer Stern ist aufgegangen. Ich bin sicher, es ist der Stern eines großen Königs. Ich will mich aufmachen und dem neuen König huldigen.« Er nahm viele Geschenke mit. Drei Lamas bekamen Krüge mit Wasser und Öl und Honig auf den Rücken geladen. Auch Maisbrot und Trockenfleisch trugen sie und ein Armband aus kostbarer Jade, einen Beutel mit Goldkörnern und einen bunt gewebten, warmen Umhang.

Silbermond sagte: »Lebt wohl.« Sein Bruder Schneller Hirsch gab ihm noch einen Rat mit auf den Weg: »Schau nicht links, schau nicht rechts, scher dich um nichts, sonst kommst du nie ans Ziel.« Die Mutter aber nahm einen Schmuck mit einer schimmernden Perle von ihrem Hals, legte Silbermond diesen um und sagte: »Das ist mein eigener Brautschmuck. Er soll dich erinnern, dass du jedem hilfst, der eine Hilfe nötig hat.«

Nach Tagen traf Silbermond auf zwei Mädchen und eine Frau. Die litten Hunger, denn der Vater war viele Tage zuvor auf die Jagd gegangen und nicht zurückgekehrt. Da schenkte Silbermond, was er zu essen bei sich hatte, und dachte: Der, der die Sterne, lenkt, wird mich nicht umkommen lassen. Und er zog weiter. Als er ins Gebirge kam, war dort schon der Winter eingekehrt. Silbermond fand einen alten Mann. Der hatte sich vor einem Schneesturm unter eine Tanne geflüchtet und war halb erfroren. Silbermond gab ihm den warmen, bunt gewebten Umhang. Den ganzen langen Winter blieb er bei dem Alten; denn der Schnee lag so hoch, dass Silbermond nicht übers Gebirge gehen konnte. Im Frühling brach er auf. Hinter dem Gebirge lag ein herrliches Wiesenland. Jetzt werde ich schneller vorwärts kommen, dachte Silbermond.

Aber im Grase lag ein Hirtenjunge. Der hatte gegen die Wölfe gekämpft. Doch die Wölfe waren stärker gewesen als er. Sie hatten ihn verwundet und seine Lamas in alle Winde gejagt. Da pflegte Silbermond ihn gesund. Als der Herbst kam, machte er sich wieder auf und zog dem schönen Stern nach. Dem Hirtenjungen schenkte er seine Lamas, denn ein Hirte ohne Herde, das ist ein armer Mensch. Schließlich gelangte Silbermond an die Meeresküste. Ihm fiel ein Schilfboot in die Augen. Darin lagen jedoch ein toter Mann und eine tote Frau. Drei Kinder saßen da und weinten. »Seeräuber haben unsere Eltern umgebracht«, berichtete der Junge. »Das Fischernetz und das Segel haben sie uns geraubt.«

Einen Augenblick dachte Silbermond an den Rat seines Bruders: »Schau nicht links, schau nicht rechts, scher dich nicht drum.« Aber dann taten ihm die Kinder Leid. Er begrub mit ihnen die Toten und tauschte bei anderen Fischern das kostbare Armband aus Jade gegen ein Netz und zwei Segel.

Zum Dank halfen ihm die Kinder ein großes Schilfboot zu bauen. Doch das dauerte seine Zeit und Silbermond konnte erst nach sieben Monaten aufs Meer hinausfahren, dorthin, wohin der weiße Stern ihn führte. Lange, lange sah er nichts als Wasser. Endlich gelangte er an eine ferne Küste. Er hörte, dass hinter der Küste eine große Wüste lag. Eine Karawane war wenige Tage zuvor losgezogen. Da gab Silbermond sein Schiff für ein Kamel und ritt los. Wochenlang zog er von Wasserstelle zu Wasserstelle. Schon war er der Karawane nahe gekommen, da gelangte er an eine Oase. Dort herrschte große Trauer. Die Männer der Karawane hatten einen jungen Mann geraubt. Den wollten sie in Ägypten als Sklaven verkaufen. Am folgenden Abend holte Silbermond die Karawane ein. Er gab all sein Gold hin und kaufte dafür den jungen Mann und ein Kamel. Darauf setzte er den Jungen und ließ ihn zu seiner Oase zurückkehren. Er selbst aber begleitete die Karawane bis nach Ägypten. Dort hörte er von einem neuen König, der im Judenland geboren worden sein sollte. Also zögerte er nicht und folgte dem Stern. Kaum aber hatte er das Judenland erreicht, da verblasste der Stern am Himmel. Überall fragte Silbermond nach dem König der Könige, doch keiner konnte ihm eine genaue Auskunft geben.

Silbermond war schon viele Jahre unterwegs, als er eines Tages in Galiläa in ein Dorf mit Namen Kana kam. Dort wurde gerade eine Hochzeit gefeiert. Silbermond hatte Hunger und bat um Brot. Der Küchenmeister wollte den alten Bettler forttreiben, aber der Bräutigam lud Silbermond ein ins Haus zu kommen. Es war keine reiche Hochzeit. Der Wein ging aus. Ja, die Braut trug nicht einmal Brautschmuck. Silbermond sah, dass sie darüber sehr traurig war. Da nahm er den Schmuck, den seine Mutter ihm gegeben hatte, und legte ihn der Braut um den Hals.

Jetzt war er ganz und gar arm, wirklich ein Bettler. Er ging in den Garten. Die Diener kamen heraus und füllten sechs große Krüge mit frischem Wasser. Silbermond half ihnen das Wasser aus dem Brunnen zu schöpfen. Die Diener trugen die Krüge wieder ins Haus. Da trat ein Mann hinzu. Er war etwa 30 Jahre alt. Er sagte den Dienern, sie sollten dem Küchenmeister etwas von dem, was in den Krügen war, zu kosten geben. Das taten sie. Augenblicklich kam der aus der Küche gerannt und rief: »Was für einen herrlichen Wein habt ihr mir gebracht.« Silbermond blickte zum Abendhimmel hinauf. Da strahlte nach langen Jahren zum ersten Mal wieder der weiße Stern hell und klar. Silbermond schaute auf den Mann, dem sogar das Wasser gehorcht hatte und zu Wein geworden war. Er wusste mit einem Male ganz sicher, dass er am Ziel angekommen war. Er jubelte auf und rief: »Der, der die Sterne lenkt, der hat mich nicht in die Irre geführt.« Er schlich sich zu dem neuen König, berührte ganz heimlich sein Gewand, beugte seine Knie und huldigte ihm. Da erfüllte ihn eine große Freude ganz und gar und er rief aus: »Meine Augen haben das Heil geschaut!«

Der Tanz des Räubers Horrificus

egen Abend nach der ersten Rast wollte Josef mit den Seinen wieder weiterziehen. Er nahm aber den Esel und ritt voraus hinter einen Hügel, um den Weg zu erkunden. Es kann doch nicht mehr weit sein bis Ägypten, dachte er.

Indessen blieb die Muttergottes mit dem Kinde auf dem Schoß allein unter der Staude sitzen und da geschah es, dass ein gewisser Horrificus des Weges kam, weithin bekannt als der furchtbarste Räuber in der ganzen Wüste. Das Gras legte sich flach vor ihm auf den Boden, die Palmen zitterten und warfen ihm gleich ihre Datteln in den Hut und noch der stärkste Löwe zog den Schweif ein, wenn er die roten Hosen des Räubers von weitem sah. Sieben Dolche steckten in seinem Gürtel, jeder so scharf, dass er den Wind damit zerschneiden konnte, an seiner Linken baumelte ein Säbel, genannt der krumme Tod, und auf der Schulter trug er eine Keule, die war mit Skorpionenschwänzen gespickt.

»Ha!«, schrie der Räuber und riss das Schwert aus der Scheide.

»Guten Abend«, sagte die Mutter Maria. »Seid nicht so laut, er schläft!«

Dem Fürchterlichen verschlug es den Atem bei dieser Anrede, er holte aus und köpfte eine Distel mit dem krummen Tod.

»Ich bin der Räuber Horrificus«, lispelte er, »ich habe tausend Menschen umgebracht ... «

»Gott verzeihe dir!«, sagte Maria.

»Lass mich ausreden«, flüsterte der Räuber – »und kleine Kinder wie deines brate ich am Spieß!«

»Schlimm«, sagte Maria. »Aber noch schlimmer, dass du lügst!«

Hiebei kicherte etwas im Gebüsch und der Räuber sprang in die Luft vor Entsetzen, noch nie hatte jemand in seiner Nähe zu lachen gewagt. Es kicherten aber nur die kleinen Engel, im ersten Schreck waren sie alle davongestoben und nun saßen sie wieder in den Zweigen.

»Fürchtet ihr mich etwa nicht?«, fragte der Räuber kleinlaut.

»Ach, Bruder Horrificus«, sagte Maria, »was bist du für ein lustiger Mann!«

Das drang dem Räuber lind ins Herz, denn, die Wahrheit zu sagen, dieses Herz war weich wie Wachs. Als er noch in den Windeln lag, kamen schon die Leute gelaufen und entsetzten sich, »wehe uns«, sagten sie, »sieht er nicht wie ein Räuber aus?« Später kam niemand mehr, sondern jedermann lief davon und warf alles hinter sich und Horrificus lebte gar nicht schlecht dabei, obwohl er kein Blut sehen und kaum ein Huhn am Spieß braten konnte.

Darum tat es nun dem Fürchterlichen in der Seele wohl, dass er endlich jemand gefunden hatte, der ihn nicht fürchtete.

»Ich möchte deinem Knaben etwas schenken«, sagte der Räuber, »nur habe ich leider nichts als lauter gestohlenes Zeug in der Tasche. Aber wenn es dir gefällt, dann will ich vor ihm tanzen!«

Und es tanzte der Räuber Horrificus vor dem Kinde und kein lebendiges Wesen hatte je dergleichen gesehen. Den krummen Tod hob er über sich gleich der silbernen Sichel des Mondes, die Beine schwang er unterhalb mit der Anmut einer Antilope und so geschwind, dass man sie nicht mehr zählen konnte. Er schleuderte alle sieben Dolche in die Luft und sprang durch den zerschnittenen Wind, gleich einer Feuerzunge wirbelte er wieder herab. So gewaltig und kunstvoll tanzte der Räuber, so überaus prächtig war er anzusehen mit seinen Ohrringen und dem gestickten Gürtel und den Federn auf dem Hut, dass sogar die Jungfrau Maria ein wenig Glanz in die Augen bekam. Auch die Tiere der Wüste schlichen herbei, die königliche Uräusschlange und die Springmaus und der Schakal, alle stellten sich im Kreise auf und klopften mit ihren Schwänzen den Takt in den Sand.

Schließlich sank der Räuber erschöpft zu Füßen Marias nieder und da schlief er auch gleich ein. Josef war längst weitergezogen, als er endlich wieder aufwachte und benommen seines Weges ging. Alsbald merkte er auch, dass ihn niemand mehr fürchtete. »Er hat ja ein weiches Herz!«, erzählte die Springmaus überall. »Vor dem Kinde hat er getanzt«, zischte die Schlange.

Horrificus blieb in der Wüste, er legte seinen fürchterlichen Namen ab und wurde ein mächtiger Heiliger im Alter, es soll verschwiegen werden, wie er im Kalender heißt.

Wenn aber einer von euch etwas zu verbergen hätte und nur sein Herz wäre weich geblieben, so mag er getrost sein. Gott wird ihm dereinst verzeihen um des Kindes willen, wie dem großen Räuber Horrificus.

Quellenverzeichnis

Anderegg, Erwin: *Der Stern im Auge* aus: Christine Razum (Hrsg.), »Nach Bethlehem – wohin denn sonst? Weihnachtstexte aus unserer Zeit«, © Friedrich Reinhardt Verlag, Basel/ Berlin 1995.

Anderson, William Ashley: *Erscheinung am Weihnachtsabend* aus: Reader's Digest, Dezember 1945, © The Reader's Digest Assn., Inc.

Andrejew, Leonid: *Der kleine Engel* aus: »Der silberne Wolf. Russische Weihnchtsgeschichten«, übersetzt von Charlotte Kossuth, © Aufbau Verlag, Berlin 1991.

Bergengruen, Werner: *Kaschubisches Weihnachtslied* aus: N. Luise Hackelsberger (Hrsg.), »›Gestern fuhr ich Fische fangen. . . .‹. Hundert Gedichte«, © Arche Verlag AG, Raabe + Vitali, Zürich 1992.

Bolliger, Max: *Sollte es das Christkind gewesen sein?*, © Max Bolliger.

Buzzati, Dino: *Die Nacht des 24. Dezember*, © Arnoldo Mondadori Editore S. p. A., Milano, o.J.

Capote, Truman: *Der silberne Krug* aus: ders., »Die großen Erzählungen«, © Limes Verlag GmbH, München 1976.

Chudozilov, Petr: *Die Spur im Schnee* aus: ders., »Zu viele Engel«, übersetzt von Susanna Roth, © Carl Hanser Verlag, München, Wien 1994.

Dario, Rubén: *Heilignachtgeschichte* aus: »Weihnachtszeit, Texte aus der Weltliteratur«, © Manesse Verlag, Zürich 1995.

Eschker, Wolfgang: *Peter und Vladimir*, © Wolfgang Eschker.

Fährmann, Willi: *Barbara und die Bergleute* aus: ders., »Als die Blüten den Winter besiegten«, © Echter Verlag, Würzburg 1991.

Fährmann, Willi: *Der große Frieden*, © Willi Fährmann

Fährmann, Willi: *Roter König – weißer Stern*, © Willi Fährmann.

Fährmann, Willi: *Manchmal sprechen sie noch* aus: Hans Gärtner (Hrsg.), »Komm, Weihnachtsstern! Neue Geschichten für die ganze Familie«, © Echter Verlag, Würzburg 1992.

Fährmann, Willi: *Paco baut eine Krippe*, Echter Verlag, Würzburg 1993.

Fährmann, Willi: *Mirjam*, © Willi Fährmann.

Fährmann, Willi: *Manuel hat gelacht*, © Willi Fährmann.

Fährmann, Willi: *Timofej, der Bilderdieb* aus: ders., »Timofej oder Der gestohlene Nikolaus«, © Arena Verlag GmnH, Würzburg 1995.

Fährmann, Willi: *Kaschek, mein Freund* aus: ders., »Unter der Asche die Glut«, © Arena Verlag GmbH, Würzburg 1997.

Fährmann, Willi: *Der Weihnachtswolf* aus: ders., »Unter der Asche die Glut, © Arena Verlag GmbH, Würzburg 1997.

Hasler, Eveline: *Die Weihnachtsschlacht*, © Eveline Hasler.

Hausmann, Manfred: *Martin entdeckt den Weihnachtsstern* aus: ders., »Martin, Isabel, Andreas«, © C. Bertelsmann Verlag GmbH, München 1973.

Henry, O.: *Die Gabe der Weisen*, © Elisabeth Schnack.

Henry, O.: *Tscherokis Weihnachtsbescherung* aus: Alan Wood, »Weihnacht der Neuen Welt. Weihnachts-
erzählungen aus Amerika«, übersetzt von Ursula von Wiese, © Verlags AG Die Arche, Zürich 1969.

Jooss, Erich: *Schluss mit Weihnachten!* aus: Hans Gärtner (Hrsg.), »Komm, Weihnachtsstern! Neue
Geschichten für die ganze Familie«, Echter Verlag, Würzburg 1992.

Kaschnitz, Marie Luise: *Alle Jahre wieder*, © Claassen Verlag Düsseldorf, o.J.

Kästner, Erich: *Sechsundvierzig Heiligabende* aus: ders., »Der tägliche Kram«, © Atrium Verlag, Zürich
und Thomas Kästner.

Lippl, Alois Johannes: *Die Heiligen Drei Könige von Saldenreuth und ihr Gefolge*, © Erben Alois Johannes
Lippl.

Mainka, Iris: *Das Dumme an Weihnachten* (Originaltitel: *Fährt Jesus Schlitten*) aus: DIE ZEIT, Nr. 50/1991

Mauriac, François: *Kind mit den Locken* aus: Johann Hoffmann-Herreros (Hrsg.), »Und er ist Mensch
geworden. Zwanzig Weihnachtsgeschichten«, © Matthias Gürnewald-Verlag GmbH, 2. Auflage 1964.

Melach, Anna: *Wer klopfet an?* aus: Hans Gärtner (Hrsg.), »Komm, Weihnachtsstern! Neue Geschichten
für die ganze Familie«, Echter Verlag, Würzburg 1992.

O'Connor, Frank: *Weihnacht* aus: ders., »Einziges Kind«, übersetzt von Elisabeth Schnack,
© Diogenes Verlag AG, Zürich 1964.

O'Donovan, Joan: *Kleines braunes Jesuskind*, © Elisabeth Schnack.

Ohlbaum, Rudolf: Das arme Christkind aus: STADT GOTTES, Heft 12/ 1990, S. 38f.

Polgar, Alfred: *Der Maronibrater* aus: Marcel Reich-Ranicki (Hrsg.), Alfred Polgar, »Kleine Schriften,
Bd.1«, © Rowohlt Verlag GmbH, Reinbek 1982.

Saroyan, William: Drei Tage nach Weihnachten aus: ders., »Unkalifornische Geschichten«,
© The William Saroyan Foundation.

Sigurdsson, Ólafur Jóhann: *Die Hand* aus: »Moderne Erzähler der Welt: Island«, © Horst Erdmann
Verlag, Tübingen, o.J.

Stanietz, Walter: *Die Eisenbahn*, © Uta Stanietz.

Tamási, Aron: *Erlösung* aus: »Moderne Erzähler der Welt: Ungarn«, © Horst Erdmann Verlag, Tübingen.

Timmermans, Felix: *Die Heiligen Drei Könige* aus: »Roman. Jubiläumsausgabe in vier Bänden«,
© Insel Verlag, Frankfurt a.M. 1986.

Trakl, Georg: *Ein Winterabend* aus: ders., »Dichtungen und Briefe. Hrsg. von Walter Killy und
H. Szklenar, Band 1«, Salzburg 1996.

Tschechow, Anton: *Wanka* aus: ders., »Erzählungen«, übersetzt von Kay Borowsky, © Philipp Reclam jun.,
Stuttgart.

Waggerl, Karl Heinrich: *Der Tanz des Räubers Horrificus* aus: ders., »Und es begab sich... «,
© Otto Müller Verlag, Salzburg 1953.

Weinheber, Joseph: *Anbetung des Kindes*, © Joseph Weinheber Gesellschaft.

Wiemer, Rudolf Otto: *Der uralte Hirte von Bethlehem* aus: Christine Razum (Hrsg.), »Nach Bethlehem –
wohin denn sonst? Weihnachtstexte aus unserer Zeit«, © Friedrich Reinhardt Verlag, Basel/ Berlin 1995.

Wohlgemut, Hildegard: *Und das nicht nur zur Weihnachtszeit* aus: Christine Razum (Hrsg.),
»Nach Bethlehem – wohin denn sonst? Weihnachtstexte aus unserer Zeit«, © Friedrich Reinhardt Verlag,
Basel/ Berlin 1995.

Wir danken allen Lizenzgebern für die freundliche Zustimmung zum Abdruck dieser Geschichten.
Sollten, trotz intensiver Nachforschungen des Verlages, Rechteinhaber nicht ermittelt worden sein, so
bitten wir diese sich mit dem Verlag in Verbindung zu setzen.